동아시아 평화공동체를 위한 영토인식과 역사기억

동아시아 평화공동체를 위한 영토인식과 역사기억

초판 1쇄 발행   2015년 12월 30일

편   자 l 아시아 평화와 역사연구소
기   획 l 김한종, 이인석
펴낸이 l 윤관백
펴낸곳 l 도서출판 선인

등   록 l 제5-77호(1998.11.4)
주   소 l 서울시 마포구 마포대로 4다길 4(마포동 324-1) 곳마루 B/D 1층
전   화 l 02) 718-6252 / 6257
팩   스 l 02) 718-6253
E-mail l sunin72@chol.com

정가   22,000원
ISBN   978-89-5933-951-8   93900

· 잘못된 책은 바꿔 드립니다.
· www.suninbook.com

미래사 총서 | 004

동아시아 평화공동체를 위한 영토인식과 역사기억

아시아 평화와 역사연구소 편

도서출판 선인

책을 내면서

한·중·일 삼국의 역사학자와 시민단체 회원들은 매년 나라를 돌아가면서 '역사인식과 평화포럼'을 개최하고 있다. 이 포럼에서는 동아시아에서 전쟁과 폭력을 배제하고 평화를 정착시키기 위해 민간차원에서 기반을 다지기 위해 노력하고 있다. 이를 위해 불행했던 과거의 역사를 반성하고 바람직한 역사인식을 공유하는 방안을 모색하는 것도 포럼의 주된 주제 중 하나이다.

이 책의 글들은 주로 2010년 서울에서 열린 '제9회 역사인식과 동아시아 평화포럼'부터 2013년 광주에서 열린 '제12회 역사인식과 동아시아평화포럼'에서 발표된 글들이다. 그리고 이와 밀접한 관련이 있는 두 편의 글을 더했다. 포럼의 발표들은 동아시아의 평화를 위협하거나 갈등을 불러일으키는 사건들을 파헤치거나 요인을 분석하고, 이를 극복하기 위한 대처 방안을 제시하기도 한다.

이 책은 3가지 주제에 걸쳐 18편의 글을 담고 있다. '제1부. 동아시아 평화를 위한 역사인식'에는 5편의 글이 실려 있다. 이 글들은 동아시아 3국의 평화를 위협하는 과거와 현재 사건들을 파헤치고 그에 어떻게 대처할 것인지를 제안한다. 1980년 한국에서 일어난 광주학살과 민중항쟁, 일본 오키나와와 미국령 괌의 미군기지 설치 문제, 일본 후쿠시마 지방 원자력 발전소의 핵 유출 등이 그런 사건들이다. 이에 반해 한국에서 진행된 동아시아 공동체 논의와 신해혁명 100주년을 맞이한 중국의 역사인식은 평화공동체를 위한 역사인식의 움직임을 보여준다.

'제2부. 동아시아 영토문제와 영토교육'은 삼국 사이에 현안이 되고 있는 영토 문제를 진단하고 영토교육을 어떻게 할 것인지를 제안한다. 독도, 중국명 댜오위다오 · 일본명 조어도 는 삼국 사이에 영토 갈등을 빚고 있는 지역이다. 이 책에 실린 글들에서도 영토문제를 보는 시각이 통일되어 있는 것은 아니다. 글에 따라서는 자국 중심의 관점이 들어 있기도 하다. 그렇지만 포럼 참가자들은 무조건 이 섬들이 자국 땅이라는 식으로 영토교육을 하는 것을 경계한다. 그리고 그 대안을 모색한다. 지식이 아니라 담론으로서 영토교육을 제안한다든지, 열린 민족주의와 민간 연구단체의 설립, 분쟁을 빚는 양국 대중이 함께 정보를 얻을 수 있는 웹사이트 개설을 제안하기도 한다. 한국 · 일본 · 타이완 학생을 대상으로 하는 공동수업을 통해 영토문제의 쟁점과 그 해결 방안을 학생들 스스로 생각해보게 하기도 한다. 이런 관점과 노력들이 모이면 영토문제의 해법에 조금씩 다가갈 수 있을 것이라는 기대를 가지게 한다.

'제3부. 역사기억과 과거사 청산'에서는 한 · 중 · 일 삼국이 역사의 자취를 어떻게 남기고 역사의 책임을 대중에게 어떻게 기억시키려고 하는지를 다루는 8편의 글로 구성된다. 역사기억은 근래 많은 관심을 모으고 있는 주제이다. 동아시아 각국은 역사기억에 힘쓰고 있지만, 국가들 사이는 물론 국내에서도 이 문제를 둘러싸고 논란이 벌어지는 경우가 많다. 3부의 글들은 이 문제가 어디에서 비롯되는지 이해하는 데 도움을 줄 것이다. 글들이 다루는 역사기억 중에는 국가들 간에 논란이 되는 문제도 있고, 국가 내부에서 의견의 차이를 보이는 문제도 있다. 난징대학살이나 야스쿠니신사, 일본군 '위안부' 문제가 전자라면, 베트남전이나 박정희 인식은 후자의 문제라고 할 수 있다. 그렇지만 이런 역사적 사실들의 기억이 별개가 아니라 서로 밀접한 관련이 있는 문제임은 쉽게 알 수 있다.

이 책 글 중에서는 시사적인 내용들도 들어있어서 지금은 이미 책의 내용과는 다른 상황이거나 결말이 내려진 경우도 있다. 그러나 이런 사건이나 상황을 둘러싼 당시 문제들이 무엇이며 어떤 논란들이 벌어졌는지 살펴보는 것도 의미가 있어서 기본적으로 발표 당시의 내용을 그대로 유지하였다. 동아시아 평화를 위협하는 문제들이 무엇이었으며 이에 대처하는 방안이 무엇인지 판단하는 데 도움을 줄 것이라는 생각 때문이다.

이 책에 실려 있는 글들은 포럼 참가자들의 의견을 모은 것이 아니라 발표자의 개인적 견해이다. 그렇지만 포럼 참가자들은 자국만의 이해관계를 넘어서 동아시아 삼국이 평화를 유지했으면 하는 마음을 가지고 있다. 생각의 차이도 이런 생각의 범위를 벗어나지 않을 것이다. 우리는 이 책의 글들이 읽는 사람에게 동아시아에 평화를 둘러싼 여러 문제를 이해하는 데 도움을 주기를 기대한다. 그리고 책의 독자와 시민들이 동아시아 삼국 간의 화해와 평화는 물론, 인권과 민주주의가 정착되는 사회를 만드는 데 힘을 기울이려는 의지를 가졌으면 한다. 그래서 21세기가 진정한 '화해와 평화의 세기'가 되었으면 한다.

여느 때와 마찬가지로 미래사총서 시리즈로 이 책을 선뜻 출간을 해준 도서출판 선인의 윤관백 사장과 편집진에게 깊은 감사를 드린다.

아시아평화와 역사교육연대 김한종, 이인석 씀

차 례

제1부
동아시아 평화를 위한 역사인식

한국의 동아시아 공동체 논의와 과제*

이신철**

1. 머리말

2010년 11월 한국과 일본은 연속으로 두 개의 정상회의를 진행했다. 11월 11일~12일에는 G20 서울회의, 13~14일에는 APEC(Asia-Pacific Economic Cooperation) 요코하마회의가 진행되었다. G20에는 아시아국가 중 한국, 일본, 중국, 인도, 인도네시아가 회원국으로 참석했고, 베트남과 싱가포르가 비회원국으로서 참가했다. ASEAN(Association of Southeast Asian Nations)+3의 13개국 중 6개국이 G20 서울회의에 참여한 것이다(인도는 비회원국). 한편, 2010년 10월 29~30일 베트남 하노이에서는 아시아정상회의, 동아시아정상회의(EAS), 그리고 ASEAN+3 회의가 진행되었다. 동아시아정상회의에는 인도와 미국, 러시아도 포함되어 있다.

APEC 요코하마회의에서는 환태평양경제동반자협정(TPP, Trans-Pacific Partnership)과 ASEAN+3, ASEAN+6(3+인도, 호주, 뉴질랜드)을 중심으로 아

 * 제9회 '역사인식과 동아시아 평화포럼 서울대회(2010. 11. 20~23)에서 발표한 내용을 수정한 것임.
** 성균관대학교 동아시아역사연구소 연구교수.

시아태평양자유무역지역(FTAAP) 실현을 추진해 나간다는 결정이 발표되었다. TPP는 싱가포르, 뉴질랜드, 칠레, 브루나이 등이 2006년 시작해 호주, 페루, 베트남, 말레이시아가 추가로 가입했고, 2008년 중국을 견제할 목적으로 미국이 가입하면서 주목을 받았다. 여기에 일본이 참여를 적극 검토하고 한국도 적극적인 참여의사를 밝힘으로써 새로운 이슈가 되어 결국 미국, 일본이 주도하면서 2015년 10월 TPP는 캐나다, 멕시코가 추가된 12개국이 참여한 자유무역협정으로 체결되었다. 한국은 참여요청을 했지만 2015년 11월 현재 가입되지 않은 상태이다.

이에 맞서 중국은 2013년 10월 아시아 국가들의 사회간접자본 확충을 내세우며 아시아 인프라 투자은행(AIIB, Asian Infrastructure Investment Bank) 설립을 제안했다. 이 기구에는 미국과 일본이 빠진 채 독일, 프랑스, 영국, 이탈리아 등과 한국을 비롯한 아시아 여러 나라가 포함된 21개국이 참여했다.

이처럼 2000년대 들어 동아시아를 둘러싼 각종 정상회의와 경제관련 회의들이 숨 가쁘게 개최되고 있다. 주로 1967년 결성된 ASEAN과 한·중·일, 그리고 미국의 이해관계에 따라 주변 국가들과의 합종연횡이 이루어지고 있다. 게다가 미국(일본)과 중국의 힘겨루기가 다양한 형태로 전개되면서 동아시아의 정세는 하루가 다르게 변하고 있다.

한편 한·중·일은 2010년 5월 제주도에서 열린 정상회담에서 3국 협력을 제도화하는 '3국 협력 사무국'을 설치하기로 합의했다. 11월 하노이에서 다시 만난 3국 정상은 '3국 동반자 관계를 위한 공동성명', '3국 협력 10주년 기념 공동성명', '3국 협력 비전 2020' 등 그동안의 3국 정상회담에서 합의된 사항들을 실천해 나갈 것을 재확인했다. 이처럼 한중일 3국은 동아시아 차원의 경제협력 움직임 속에서 독자적인 협력을 강화하면서 각국의 이해관계에 기반한 전략적 행보를 가속화하고 있다.

그런데 이러한 국가 간 경제협력의 노력들이 시민사회나 각종 NGO들의 의견을 충분히 반영하면서 진행되고 있지는 않다. 물론 한국과 일본의 적지 않은 학자들이 동아시아 공동체논의에 개입하면서 경제협력의 방안에 대해 목소리를 내고 있지만, 이들 이외에 인문학적인 입장의 목소리나 역사학적인 측면의 목소리는 거의 반영되지 못하고 있는 실정이다. 그럼에도 불구하고 한중일 3국의 연구자들과 시민사회는 동아시아 공동체 구성을 위한 다양한 목소리를 내고 있다.

동아시아 공동체가 구성원들의 평화적 공존을 위한 것이라면 시민사회와 인문가치들이 결합되지 않으면 그 실현이 불가능할 것이다. 물론 이러한 결합은 인문적 시각의 다양하고 충분한 연구와 실천이 이루어져야 가능하다. 최근 들어 인문적인 논의가 많이 이루어지고 있지만 주로 이론적인 탐색이 많고, 역사적인 연원이나 흐름에 대한 연구는 그리 풍부하지 못한 형편이다. 이러한 문제의식에서 이 글은 근대 이후 한국에서 동아시아 공동체에 대한 인식이 어떻게 형성 변화되어 왔는지를 살피고, 현재 진행되고 있는 논의의 쟁점과 과제가 무엇인지 시론적인 검토를 해본다.

2. 동아시아 공동체론의 기원, 안중근

> 첫째, 일본이 여순을 3국이 공동으로 관리하는 군항으로 만들고, 3국이 이곳에 대표를 파견하여 동양평화회의를 조직해야 한다. 동양평화회의의 회원에게서 회비를 모금하여 재정에 충당하게 하면 수억 명의 3국 인민이 가입할 것이다.
>
> 둘째, 원활한 금융을 위해 3국공동의 은행을 설립하고, 공용 화폐를 발행해야 한다.
>
> 셋째, 3국 공동의 군단을 편성하고 이들에게 2개국 이상의 어학을 가르치면 서로 우방으로 생각하게 되고 형제의 관념도 높아질 것이다.

넷째, 한·청 두 나라는 일본의 지도 아래 상공업의 발전을 도모할 필
요가 있다.
다섯째, 한·청·일 세 나라 황제가 로마 교황을 방문하여 협력을 맹세하
고 왕관을 받는다면 세계 민중의 신용을 얻을 수 있을 것이다.[1]

안중근이 1910년 2월 옥중에서 고등법원장에게 설명한 동양평화를 위한
5개 조항이다. 여기에는 당시에 아무도 제안하지 않았던 동양평화회의, 공
동의 군대, 공용 화폐 등의 주장이 들어있다. 안중근의 이 같은 주장에 대
해 종교적 평화의식의 발로로 해석하기도 하고, 이토 히로부미를 중심으
로 한 일본 측 주장인 아시아연대론의 또 다른 이름인 동양평화론의 연장
선상에서 보는 경우도 있지만 모두 편향된 일면적 해석이라 할 수 있다.
그것은 안중근의 구상이 종교적인 측면을 뛰어넘은 현실 정치적 대안의
모습을 갖추고 있다는 점이나, 안중근이 일본의 동양평화론을 적극 비판
하면서 자신의 주장을 펼쳤다는 점에서 그러하다.

안중근의 동양평화론은 1880년대부터 문명개화론자들을 중심으로 제기
되기 시작한 삼국제휴론의 영향을 받았다고 보는 것이 일반적이다.[2] 일본
의 제국주의자들은 동양평화론을 앞세우고 아시아연대론이나 대아시아주
의를 주장했지만, 그 속에는 조선의 합병이라는 독소를 품고 있었음은 이
미 여러 학자들이 지적한 바 있다. 역사과정 속에서도 그러한 점들은 충분
히 증명되었다.

대한제국에서 풍미하던 삼국제휴론은 일본의 중심적인 역할을 인정하
지만, 한국과 중국의 독립을 전제로 하고 있다. 이런 점에서 안중근의 동
양평화론과 같은 논리를 가지고 있었지만, 이토 히로부미의 동양평화론과
는 달랐다. 안중근은 동양평화의 전제조건으로 일본이 한국의 국권을 반

---

[1] 안중근, 「청취서」, 『21세기 동양평화론』, 국가보훈처, 1996, 55~57쪽.
[2] 현광호, 「안중근의 동양평화론과 그 성격」, 『아세아연구』 제46권 3호, 2003.

납하고, 청에게 여순을 돌려주어야 한다고 주장했다. 그리고 향후의 평화 체제를 유지할 평화회의의 운영을 3국 민중의 자발적인 재정후원을 토대로 해야 한다고 주장하고 있다.

안중근의 주장은 당시에는 실현 불가능한 이상에 불과했지만, 매우 구체적이고 현실적인 조건이 고려된 주장이었다. 예를 들면, 서양 백인들의 침략에 황인종이 단결해서 막아내야 한다든가, 로마 교황에게 왕관을 받자는 주장과 같은 것들은 아시아연대론의 기세를 일부 반영하고, 서양 제국의 힘에 대한 타협책을 모색한 것이었다. 그 덕분에 그의 주장은 인종주의적 그늘을 완전히 벗어나지 못했다는 평가를 받기도 한다. 또한 로마 교황의 권위를 절대시함으로서 종교적 편향을 보이기도 하고, 유럽 제국주의 정치의 현실을 간파하지 못한 측면을 드러내기도 한다.

안중근의 주장에서 드러나듯이 한국의 동아시아 인식, 또는 동아시아 공동체 필요성에 대한 인식은 서양과 일본의 침략에서 벗어나 보려는 약소국의 반침략운동의 일환으로 제기되었다. 그의 주장은 약한 자의 생존전략이라고도 할 수 있었기 때문에 힘의 균형을 전제로 한 서구식 평화모델과는 질적으로 다른 것이었다. 어떻게 보면 그의 주장은 서구의 평화모델의 동아시아적 변용이기도 했지만, 반제(반서양)적 성격과 시민적 성격이 공존하고 있다는 점에서 그것은 또 다른 모델이었다. 안중근의 주장이 요즈음 새삼 주목받는 것은 그러한 성격 때문일 것이다.

어쨌든 안중근의 주장은 일제의 조선 강제병합이라는 역사를 거치며 현실 정치에서 주목받지 못한 채 이후 한인의 동아시아 인식은 순응과 저항의 과정에서 크게 둘로 나뉘게 된다. 그 하나는 일제의 대동아공영권과 5족협화론 등에 기생하며 생존을 모색한 자들의 대아시아주의이다. 또 다른 하나는 일본의 아시아 침략을 극복하려는 진영에서 생겨난 반일동맹적 성격의 동아시아 인식이다. 후자의 경우는 좌우파를 막론하고 주로 중국과의 연대로 나타났지만, 사회주의자들의 경우 좀 더 분명한 연대의식을 추구하였다.

사회주의자들은 사회주의 국제노선과 통일전선론에 기반하여 공동의 전선을 형성하고 무장투쟁을 전개했다. 그것은 코민테른의 1국1당주의와 맞물려 한중일 혁명운동의 연대로 나타나기도 했다.

개항기 한인의 동아시아 인식은 일본의 필요에 따라 전략적으로 형성된 지역인식과 논리를 한국적 상황에 맞게 수정·적용한 형태[3]라는 평을 받는다. 마찬가지로 항일운동 시기의 동아시아 인식은 일본의 피침략 지역을 중심으로 형성되는 동아시아인의 연대의식을 기반으로 형성되고 있었다고 할 수 있겠다. 물론 이러한 인식이 동아시아적인 지역 인식을 가능하게 했지만, 그것이 공동체 의식으로 확장되었다고 하기는 힘들다. 당시 한인들의 1차적 과제는 근대적 민족의 형성과 국민국가 수립에 있었기 때문이다.

3. 냉전시대 동아시아 인식과 아시아태평양담론

해방 이후 한국인의 동아시아 인식은 크게 1990년대를 전후한 세계사적 변화를 기점으로 나눌 수 있지만, 작게 보면, 1945년~1965년(한일협정), 1965년~1980년(5·18민주화운동), 1980년대, 1990년대 이후로 나누어 볼 수 있다.

한국에 분단정부가 들어서지 않았다면 한국인의 의식은 해외에 있는 한인들과의 네트워크를 통해 훨씬 풍부해 졌을 가능성이 크다. 그러나 분단

---

3) 동북아역사재단편, 『동아시아 공동체 논의의 현황과 전망』, 2010, 122쪽; 정용화, 「한국의 지역인식과 구상(1): 동양평화구상」, 『동아시아와 지역주의: 지역의 인식, 구상, 전략』, 지식마당, 2006; 현광호, 「유길준과 안중근의 동아시아 인식 비교」, 『역사비평』 2006년 가을호.

이라는 장벽은 한국인들의 동아시아 인식마저 이데올로기를 기준으로 나누어 놓았다.

크게 보아 정부수립 직후부터 박정희 정권까지 한국의 동아시아 인식은 냉전적 국제질서와 미국 헤게모니체제 그리고 국토분단이라는 정치구조적 제약 속에서 국가안보 내지 반공을 핵심 테마로 하여 지역을 재구성하는 것에 머물렀고, 그 결과 미일의 전략적 이해를 반영하여 생성된 '아시아 태평양' 개념을 수용하는 과정에서 형성되었다고 할 수 있다.[4]

이승만은 한국과 미국을 축으로 하여 필리핀을 위시한 동남아시아 국가, 호주, 뉴질랜드, 캐나다와 남미 등 환태평양 연안 국가들을 포함하는 '태평양 동맹(Pacific Union)'을 구상했다. 그러나 일본을 배제한 이 구상은 일본을 중심축으로 하는 미국의 아시아정책과 배치되는 것이었고, 미국의 동남아시아회의(Southeast Asia Conference), 동남아시아 조약기구(SEATO, Southeast Asia Treaty Organization) 결성 등이 추진되면서 성공하지 못했다. 대신 이승만은 1954년 '아시아민족반공연맹'을 창설하였다.

이 과정에서 중국은 물론이고 아시아의 사회주의 국가들은 잠재적인 적국으로 간주되었다. 1955년 인도네시아 반둥에서 제2차 세계대전이후의 신생독립국들을 중심으로 비동맹 정책이 논의되었지만, 한국은 참여하지 않았다. 이승만의 미국 편향적 외교정책이 그것을 수용할 수 없었던 것이다. 중국의 영향력과 북한의 관심도 한국의 접근을 불가능하게 하는 요인이었다.

박정희 정권 역시 적극적인 블록가담 정책을 유지했고, 한국은 냉전의 중요한 축으로 기능했다. 한국의 동아시아 인식은 반공의 틀 속에서만 유

---

[4] 동북아역사재단편, 『동아시아 공동체 논의의 현황과 전망』, 2010, 122쪽; 노기명, 「이승만 정권의 태평양 동맹 추진과 지역안보구상」, 『지역과 역사』 11, 2002; 박명림, 「한국인의 지역인식과 구상(2): 김대중의 사례」, 『동아시아와 지역주의: 지역의 인식, 구상, 전략』, 지식마당, 2006.

지되었다. 한국 또는 한국인의 동아시아 인식은 한일협정 체결을 전후해 진통과 변화를 겪게 된다.

한일협정은 지식인 사회에서 반일－민족통일을 주요 내용으로 한 민족담론(5·16 군사쿠데타 이후 표면에 드러나지 않고 잠복해 있던)을 강하게 불러일으켰고, 그 민족담론이 친미－경제 연대를 주요 내용으로 하는 국가담론과 경쟁하는 양상이 벌어졌다. 예를 들면, 당시의 대표적인 잡지 『청맥』(1964.~1967. 5)에는 일본과 미국의 경제적 침투를 경계하는 목소리와 함께 동남아시아 각국과 제3세계 여러 나라의 상황을 소개하는 기사가 대거 등장한다. 물론 이들 기사는 주로 한국을 포함한 후진국의 진로에 미국과 같은 강대국이 악영향을 미칠 수 있다는 우려를 담고 있지만, 한국 또한 그들 국가와 같은 운명에 처해 있다는 공감대가 은연중에 형성되어 있었다는 점에서 동아시아에 대한 인식이 확장될 수 있는 여지가 있었다.

이 같은 분위기는 한일협정 반대시위와 상승작용을 하며 확산되어 갔지만, 한일협정이 체결되면서 민족담론은 힘을 잃게 되고, 국가담론이 점차 우위에 서게 되었다. 이후 민족담론은 박정희식 '민족적 민주주의'라는 용어와 함께 친정부적·반공적 극우 성향으로 변질되었고, 그것이 주류적 경향을 차지하게 되었다.

한일협정의 체결과 한·미·일 공조체제의 시작은 미국의 전후 동아시아전략의 완성이자 출발점이었다. 이후 한국의 국가담론은 동아시아담론에서 점차 멀어지고 아시아태평양 담론을 지역인식으로 삼게 되었다. 아시아태평양 담론은 냉전체제의 정치적 함의가 강하게 반영된 용어였다.

이 같은 변화는 지식인사회나 시민사회조차 점차 동아시아에 대한 인식으로부터 멀어지게 하는 요인으로 작용하였다. 이승만의 시대로부터 박정희시대에 이르는 시기는 실로 한국인에게 동아시아 인식의 암흑기와도 같았다.[5]

1980년 5·18민주화운동은 한국 사회에서 미국에 대한 회의를 전면적으로 불러일으키는 출발점이었다. 이후 1987년의 민주화운동을 거치면서 민족담론이 다시 전면에 등장하였다. 민족담론의 등장은 혈맹적 관계로 인식되었던 한미관계의 균열에서 시작되어 북한에 대한 인식의 변화를 가져오는 계기가 되었다. 한국사회에서 민족담론의 확장은 반공체제에 대한 회의를 의미하는 것이었다. 아이러니하게도 민족담론의 고양이 한국사회에서는 사회주의국가들을 포함한 동아시아를 사고할 수 있게 만들어주는 효과를 발휘했다. 동아시아 담론확장의 주요 장애요인으로 자주 지목되는 민족주의 또는 민족담론이 한국에서는 동아시아담론의 출발로 작용하고 있었던 것이다.

1980년대의 민주화 운동은 남북통일운동으로 이어졌고, 정치권에서는 노태우 정권의 북방정책의 밑바탕으로 작용했다. 러시아, 중국과의 교류는 사회주의권에 대한 인식을 긍정적으로 변화시키는 역할을 하기도 했지만, 한반도를 둘러싼 지역적 조건에 대한 인식을 새롭게 하는 계기로 작용했다. 그중에 가장 큰 변화는 역시 중국의 등장이었다. 한 가지 주목할 점은 한국전쟁이라는 '원한'을 가졌는데도 한국인들에게 중국이 문화적 친근감을 가진 경제협력의 대상으로 인식되었다는 점이다. 오랜 우방이었던 자유중국(타이완)과의 외교관계가 단절되고 적국이었던 중국과의 수교가 진행되었음에도, '반공전사'나 '참전용사'들의 주목할 만한 저항조차 눈에 띄지 않았다.

1980년대의 이 같은 변화는 아직 연구자들의 특별한 주목을 받고 있지는 못하지만, 한국인의 동아시아로의 인식확장의 전제가 되는 '아시아태평양론의 균열'을 의미하는 것이었다는 점에서 매우 중요한 전환이었다.

---

5) 이 시기 민족담론과 국가담론에 관한 논의는 필자의 시론적 가설이다. 이에 대한 구체적 연구는 향후 과제로 미룬다. 이후 1980년대의 인식에 대한 설명도 마찬가지이다.

4. 탈냉전과 동아시아의 재발견

한국에서 동아시아담론이 지식인들의 주요 관심사로 등장한 것은 1990
년대 초였다. 그 원인은 1980년대 말의 사회주의 붕괴라는 세계사적 전환
이었다. 동아시아에 주목한 이들은 주로 '창비그룹'으로 불리는 학자들로,
그들은 "국내의 민주화 진전과 세계적인 탈냉전의 상황에 맞춰 새로운 이
념을 모색하는 과정에서 '동아시아'를 사실상 발견하고, 그것에서 새로운
이념과 문명적 가능성을 찾고자 했다."[6]

이 시기에도 국가차원의 전략은 여전히 아시아태평양에 맞추어져 있었
다. 한국 정부는 1989년에 APEC, 1993년 OECD에 가입하는 등 지역과 세계
경제에서의 역할을 중시하는 정책을 취했지만, 아직까지 동아시아에 대한
정책 변화는 크지 않다. 또한 1993년부터 APEC회의가 정상회의로 바뀌고
미국이 이 기구의 중요성을 인식해 적극적으로 참여하게 되면서, 아시아
태평양 담론은 연안국가의 경제협력을 중심으로 더욱 강해지는 경향을 띠
기 시작했다.

이러한 흐름에 큰 변화를 몰고 온 것은 아시아 경제의 위기상황이었다.
1990년대 말의 경제위기 즉, IMF 사태 이후 아시아 각국은 경제위기를 극
복하고 또한 예방하기 위한 체제를 모색하기 시작했고, 그러한 노력의 결
과로 나타난 것이 'ASEAN+3' 체제였다. 이때부터 한국에서도 수많은 사회
과학자들이 정치·경제영역에서 국가 간 협력체제를 중심으로 한 동아시
아 담론을 주창하기 시작했다. 이후 국가차원에서도 사회과학 차원에서도
아시아태평양이라는 담론보다는 동아시아라는 담론이 우세한 지위를 차
지하기 시작했다.

이 같은 경향은 김대중, 노무현정권을 거치면서 더욱 심화되었다. 특히

---

6) 백영서, 「동아시아론과 근대적용·근대극복의 이중과제」, 『창작과 비평』 2008년 봄호,
   2008. 3, 32~33쪽.

노무현 정권은 전략적으로 '동북아 균형자론'을 내세우며 독자적인 외교노선을 추구했다. 이 노선은 미국과의 일정한 거리두기였을 뿐 아니라, 동아시아를 주목하면서도 동북아를 특화시키는 전략이었다. 또한 '평화와 번영의 동북아시대구상'을 발표하면서, 외교안보 영역에서 주로 논의되던 동북아담론을 경제영역으로 확장하였고 한국의 대표적 지역담론으로 구축되었다.[7] 비록 이 구상은 한국의 미숙한 역량과 주변국가의 냉담한 반응, 국내 지지세력의 미확보 등의 이유로 큰 성과를 거둘 수 없었지만, 남북평화체제에서 한걸음 더 나아가 동북아평화체제와 경제협력체 논의를 총괄적으로 포함한 담론이라는 점에서 많은 것을 시사했다.

한편 노무현 정권의 '동북아시대'에는 또 한 가지 주목할 만한 변화가 있었다. 바로 2000년대의 한중일 역사논쟁의 과정에서 등장한 역사인식의 공유를 통한 동아시아 평화공동체론의 등장이다.

2000년대 한국의 역사인식과 교과서운동은 이전의 운동과는 몇 가지 중요한 차별성을 가지는데 그중에 가장 중요한 것이 바로 동아시아, 특히 한중일이라는 지역으로의 시야 확대였다. 한중일 시민사회 간 연대와 공동대응은 공동의 역사이념을 만들어내게 하였고, 그것은 자연스럽게 반전평화, 민주주의와 인권 등의 사상으로 귀결되었다. 물론 그것은 일본의 과거 침략과 식민지 범죄행위에 대한 청산운동을 중심으로 전개되었고, 최초의 한중일 공동부교재 『미래를 여는 역사』는 그러한 이념을 담은 대안역사교재라고 할 수 있다.

'동아시아사'는 2000년부터 시작된 한일역사분쟁과 2002년 말부터 본격화 한 한중역사분쟁의 과정에서 새로운 대안으로 한국에서 처음 등장한 과목이다. 이 과목의 등장은 역사분쟁의 극복대안으로 한중일 역사학계를 중심으로 논의되고 있던 동아시아 평화공동체론의 영향을 받은 것이라고

---

7) 동북아역사재단(편), 『동아시아 공동체 논의의 현황과 전망』, 2010, 132쪽.

할 수 있다.

동아시아사 과목은 그러한 의미에서 매우 중요한 성과로 평가될 수 있다. 그러나 이 과목의 등장은 국가의 전략과제와 연결되지 않은 국가전략이라는 모순을 안고 있다. 학교 교육은 일정하게 국가의 전망과 논리를 담보할 수밖에 없는 점을 인정한다면, 동아시아사 과목 역시 그러한 측면을 배제할 수 없는 것이다. 그럼에도 한국 정부가 아직 명확한 동아시아 전략을 수립하거나 추진하고 있지 못하다는 측면에서 그것은 설익은 열매이기도 한 것이다.

그렇지만 이 과목이 한국 학생들에게 동아시아와의 문화적 동질성이나 집합적 정체성을 형성시켜 나가는 역할을 할 것이라는 점에서 의미를 찾을 수는 있을 것이다. 또한 이 과목의 등장은 시민사회의 동아시아 공동체 논의가 국가주의의 벽을 뚫고 들어간 사례로 볼 수 있다는 측면에서도 주목할 필요가 있다. 물론 그것은 동전의 양면과도 같아서 향후 이 과목에 국가주의의 논리가 침투할 가능성도 얼마든지 존재한다는 점도 지적하지 않을 수 없다.

현재 한국의 동아시아 담론은 크게 네 가지 차원에서 전개되고 있다고 할 수 있다. 먼저 사회주의 붕괴이후의 대안모색의 과정에서 등장한 동아시아론이다. 특히 이 담론은 분단체제론 이후의 대안으로 주목받고 있다. 분단이라는 민족모순의 해결수단으로 동아시아담론이 적극적으로 모색되고 있다고 할 수 있다. 그리고 이러한 문제의식의 전환에는 한국의 민주화가 바탕에 자리하고 있으며, 분단극복을 위한 민족담론과 연결되어 있다는 점도 주목할 만하다.

또 하나의 큰 흐름은 한국의 경제 성장, 세계화, 1997년 IMF 위기 등의 과정에서 등장한 경제공동체론이다. 이는 주로 국가에 의해 주도되고 있으며, 한중일, 동남아시아+3(또는 +6), 미국과 아시아태평양 국가, 미국과 동아시아국가 간의 견제와 연대가 동시적으로 작용하고 있다. 이러한 흐름의 한편에서는 지역안보체제론이 활발하게 논의되기 시작했다.

마지막으로 한중일 역사논쟁을 중심으로 시민 차원의 새로운 동아시아론이 형성되고 있다. 이 논의는 첫 번째 흐름처럼 근대와 탈근대, 민족과 탈민족의 경계를 넘나들면서 진행되고 있는 점에서는 공통적이라 할 수 있지만, 한중일의 시민연대 속에서 공통의 역사인식을 통한 새로운 대안 모색이라는 점에서 차별성을 갖는다고 할 수 있다.

5. 현안과 과제

위에서 살펴본 것처럼 한국에서 동아시아 공동체에 대한 논의는 2000년대 이후 봇물을 이루고 있다고 해도 과언이 아니다. 그렇지만 이러한 논의들의 앞길에는 쉽게 넘을 수 없는 장벽들이 놓여 있다. 이들 장벽과 그 해결책을 모색해 본다.

첫째, 미·중 간의 신냉전으로 표현 될 수 있는 미국과 중국의 경쟁과 대립이 날로 심해지고 있는 현실을 극복해야 한다는 점이다. 또한 미국의 대리인 역할을 자임하고 있는 일본의 대 중국 견제정책도 마찬가지이다. 미국과 일본은 호주와 인도 등 중국과 국경을 맞대고 있는 국가들을 활용한 중국포위전략을 구체화 하고 있다. 더불어 이에 대응하기 위한 중국의 애국주의와 대중화주의도 주변국들의 긴장을 유발시키고 있는 점도 해결해야 할 중요한 과제 중의 하나이다.

이 같은 지역의 대립을 완화시키기 위해서는 오래된 한·미·일 공조체제(한미동맹+일미동맹)와 조·중·러 공조체제(조중동맹+조소동맹)의 균열이 전제될 수밖에 없을 것이다. 이를 위해서는 한반도 문제의 평화적 해결, 또는 평화체제의 국제적 보장 등의 문제가 선결되어야 한다. 이와 동시에 이들 국가들을 포함한 지역안보체제론이 적극적으로 논의될 필요가 있다. 이를 위해서는 모든 공동체 논의에서 배제되고 있는 북한을 적극적으로 인입해야 할 것이다. 북한을 배제한 동아시아 평화공동체 논의는 공허함을 면하기 힘들기 때문이다.

둘째, 국가중심의 공동체론과 시민사회중심의 공동체론의 경쟁과 협력 모델의 창출이 필요하다. 현재의 동아시아 정세는 국가와 자본의 논리가 압도하고 있다. 경제협력체의 건설이라는 표어 아래 국가 간의 이해관계가 충돌하고 있다. 현실적으로 가장 높은 실현가능성을 가진 공동체의 모태로서 주목해야할 ASEAN+3은 동아시아 지역 내에서 또 다른 경제적 불평등 구조를 제도화할 위험성을 내포하고 있다는 사실에 주목할 필요가 있다. 동아시아 경제규모의 대부분을 차지하는 한중일의 국가 경제적 이해관계가 나머지 10개국을 '지역식민화'할 가능성에 대해 끊임없는 경계가 필요한 것이다. 이를 위해서는 이들 10개국에 대한 시민사회적 이해가 높아질 필요가 있다. 동시에 자본의 논리를 극복할 노동의 논리를 적극 개발하고 관철시켜나가야 할 것이다. 한편으로 이 지역 공통의 경험인 식민과 전쟁을 매개로 한 반식민지, 반전과 같은 역사인식의 공유를 확장해 나갈 필요도 있다.

셋째, 유럽공동체 모델을 벗어난 동아시아 공동체의 새로운 모델을 만들고 보편화시킬 필요가 있다. 유럽공동체가 제국주의적 균형론에서 출발했음은 주지의 사실이다. 한편으로 이데올로기적 공동체를 바탕으로 형성된 경제공동체라는 특징을 가지고 있다. 동구 사회주의권의 공동체 편입은 사회주의의 몰락과 자본주의체제로의 전환이 이루어진 이후에 실현되었다.

터키의 경우에는 오랜 유럽화 노력을 거쳤고, 2005년부터 공식적으로 EU가입을 요구하고 있지만, 현재까지도 거부당하고 있다. 여기에는 종교, 문화적 요인도 작용하고 있다. 최근 EU소속 국가들의 극우 정당들은 회합을 갖고 터키의 EU가입을 반대했다. 이 회합을 주도한 오스트리아 자유당의 하인츠-크리스티안 슈트라헤 당수는 이번 회의에서 "비유럽 국가가 EU에 가입할 경우 유럽이 아주 잘못된 길로 들어서는 것"이라면서 "이것은 EU의 종말, 그리고 유럽평화계획에 반하는 유라시아-아프리카 연합의 시작을 의미하는 것"이라고 주장했다.[8] 이들의 주장은 EU의 구성원리에 자본주의 전일체제와 유럽중심주의가 강하게 도사리고 있음을 반증하고 있다고 할 수 있다.

동아시아의 경우에는 역사적 경험이 다를 뿐더러 현실적 조건도 다르다. 그중 가장 중요한 차이는 바로 이데올로기가 공존할 수 있는 공동체를 지향하고 지역중심주의에서 벗어난 공동체를 만들어야 한다는 점일 것이다.

넷째, 동아시아 공동체는 이상인가 현실인가의 문제를 정면에서 제기하고 풀어나가야 한다. 현재 동아시아 공동체는 경제협력체의 측면에서 본다면 이미 상상에서 구성의 단계로 진입했다고 볼 수 있다. 그렇지만 평화공동체의 측면에서 본다면 아직 그것은 상상의 단계에서 이상으로 존재한다고 해도 과언이 아니다. 만약 동아시아 공동체를 현실의 문제로만 사고한다면, 현재 우리가 달성할 수 있는 공동체는 명백히 제한된 경제공동체에 머물 가능성이 높다. 장기적으로 정치공동체를 거쳐 평화공동체를 전망한다면 끊임없이 이상(理想)이 상상되고 그 실현을 위한 노력이 전개되어야 할 것이다. 개별 국가 간 패권경쟁이나 개별 국가의 경제, 군사적 이익추구의 목표를 뛰어넘는 공동의 가치 창출이 중요하다.

물론 그러한 공동의 가치가 지역주의에 매몰되어 다른 지역 공동체와의 경쟁으로부터 동아시아를 지키려는 목표에[9] 머물러서도 곤란하다. 그럴 경우 EU나 NAFTA 등이 가상의 경제적 안보적 적국이 될 위험이 내재될 것이다. 동아시아 공동체는 그것을 뛰어넘는 전 인류적 가치실현의 단위로 자리매김 될 필요가 있다. 그러한 공동체는 동아시아 평화공동체가 되

---

8) 「유럽 극우정당 "터키 EU가입 국민투표해야"」, 『연합뉴스』 2010년 10월 24일.
9) 동북아역사재단(편), 『동아시아 공동체 논의의 현황과 전망』, 2010, 118쪽.

어야 할 것이다. 그러한 평화의식의 확립과 확산은 역시 역사인식의 공유에서 출발할 수 있다. 물론 그것은 시민사회의 몫으로 남겨져 있다.

다섯째, 개별 국가와 동아시아 평화공동체 간의 관계설정의 문제이다. 개별국가 간 이해관계의 충돌을 피할 수 없다면 각국이 달성한 가치의 확산을 통해 개별 국가의 민주화와 시민사회의 성장을 상호 견인해 나갈 필요가 있다. 동아시아 평화공동체의 실현과정은 탈국가와 국가적 가치실현의 순환적 과정이 될 수밖에 없다.

일본의 평화헌법 9조는 동아시아 국가들이 앞으로 지향해야 할 헌법조항이다. 평화헌법 9조 수정 저지에 동아시아국가의 시민연대를 확장해 나가는 일은 곧 각국의 헌법에 대한 수정요구를 내포하게 될 것이고, 각국의 헌법수정을 장기적인 목표로 설정할 수 있게 할 것이다. 이러한 시민연대의 확산은 동아시아 평화공동체의 이념을 만들어가는 일이며, 그것을 개별국가로 확산시켜 나가는 일이기도 하다.

동아시아 평화공동체의 구체적 모습을 상상해 보자. 평화공동체가 만들어지면 어떤 변화가 있을 것인가? 무비자 자유왕래, 단일통화, 긴밀한 경제협력과 같은 일들이 일어날 것이다. 그렇게 되면 무엇이 좋아지는가? 경제적 수준이 높아진다고 하더라도, 개인의 삶, 특히 소외된 자들의 삶의 질이 향상되지 않으면 아무런 의미가 없는 것이 된다.

결국 동아시아 담론은 각국 사회를 민주화하고 평등하게 만드는 일에 복무할 필요가 있다. 한국의 경우 동아시아공동체 담론이 남북통일에 기여해 무력 대결구도를 소멸시키는 것도 중요한 과제이다. 동아시아의 영토분쟁 완화의 지렛대 역할도 가능하다. 영유권과 다르게 관광권이 보장되고, 제한적인 이용권의 공유와 같은 방법이 모색될 수 있을 것이다.

다시 한 번 정리하자면, 동아시아 공동체는 경제협력체, 안보협력체, 정치공동체의 단계를 거쳐 평화공동체로 나아가는 이상실현의 과정으로 사고할 필요가 있다는 것이다.

이 같은 이상의 실현을 위해서는 국가나 동아시아 공동체에서 시민사회의 목소리가 반영될 수 있는 구조를 마련하는 것이 매우 중요하다. 유럽공동체 EU는 2009년 12월 발효된 리스본 조약에 EU 주민 100만 명 이상의 청원이 있을 경우 EU 집행위가 청원 내용을 반드시 검토하도록 의무화하는 조항을 담았다.

6. 맺음말

한국의 동아시아 공동체 논의는 침략과 식민의 위기에서 시작되었다. 한국은 식민의 결과 분단과 전쟁의 아픔을 겪었다. 한국의 동아시아 공동체론은 그래서 분단극복과 평화실현이라는 과제를 벗어나서는 상상조차 할 수 없다.

한국의 동아시아 공동체 실현의 과정에서 역사문제는 그래서 중요하다. 안중근이 상상했던 평화와 시민참여의 꿈은 여전히 유효하다. 그가 극복하지 못했던 한계들은 2000년대의 역사논쟁 과정을 겪으면서 극복의 대안을 마련해 가고 있다.

아직 한국의 동아시아 평화공동체 실현의 과정에는 많은 과제가 놓여 있다. 배제된 북한과의 연대를 모색하고 통합을 실현시켜야 한다. 동시에 민족담론의 한계를 극복한 탈 민족 담론의 일반화를 이룩해야 한다. 동아시아담론은 그것의 중요한 매개가 될 것이다.

역사문제는 이중적이다. 갈등의 요소이면서 화해의 요소이기도 하다. 탈식민, 반전 평화, 민주주의, 인권의 이념은 역사갈등의 극복 요소이면서 동아시아 평화공동체 실현의 주요 요소이기도 하다. 그래서 역사갈등의 극복과정과 동아시아공동체의 실현 과정은 함께 갈 수밖에 없다. 한국에서 동아시아 인식의 변화과정을 살피는 일은 바로 역사인식의 변화

과정을 살피는 일이라고도 할 수 있다. 동아시아 인식의 변화에 대한 역사적 고찰을 통한 역사인식의 확장은 한국인들의 지역인식의 확장을 도울 것이며, 동아시아 공동체라는 이상을 현실로 만드는 데에도 크게 기여할 것이다.

【참고문헌】

동북아역사재단(편),『동아시아 공동체 논의의 현황과 전망』, 2010.
백영서, 「동아시아론과 근대적용·근대극복의 이중과제」,『창작과 비평』2008년 봄호,
    2008. 3.
안중근, 「청취서」,『21세기 동양평화론』, 국가보훈처, 1996.
현광호, 「안중근의 동양평화론과 그 성격」,『아세아연구』제46권 3호.

광주의 평화 갈구(渴求)와 위기에 처한 동아시아 평화*

서중석**

1. 광주민중항쟁과 미국 · 일본

지금부터 33년 전인 전두환 · 신군부에 의한 학살과 이에 맞선 민중 항쟁이 일어났던 광주에서 '역사 인식의 공유'를 통한 동아시아 평화와 협력을 추구하는 제12회 역사인식과 동아시아 평화포럼을 갖게 된 것은 대단히 뜻깊은 일이라고 하겠다.

33년 전인 1980년 한국은 박정희 1인 독재체제인 유신체제를 청산하고 민주주의와 인권, 평화가 찾아올 '서울의 봄'에 부풀어 있었다. 그렇지만 '서울의 봄'은 그해 5월 박정희가 키우고 또 박정희와 지역적 기반을 같이 하는 전두환 등 유신잔당 위협으로 풍전등화의 위기에 처해 있었다. 5월 중순에 들어서면서 전두환 · 신군부에 대항하는 학생들의 시위가 커졌다. 그러한 시위는 광주에서 한층 더 강도 높게 전개되었다. 그러나 전두환 등 유신잔당은 5월 17일 전년의 12 · 12쿠데타에 이어 두

* '제12회 역사인식과 동아시아평화포럼 광주대회'(2013. 5. 16~19)에서 발표한 글을 수정한 것임.
** 아시아평화와 역사교육연대 상임공동대표, 전 성균관대학교 교수.

번째로 쿠데타를 일으켜 정권을 탈취하고 김대중 등 민주인사를 체포하였다.

광주에서 대규모 민중항쟁이 전개된 것은 전두환·신군부의 야만적인 만행이 직접적인 계기였다. 5월 18일 시위는 경찰력으로 대처할 수 있었다. 그런데 공수특전단 병력이 오후 4시경 시내에 출현해 학생뿐만 아니라 일반 시민, 심지어 노인까지 무차별적으로 군홧발로 차고 대검으로 찔렀으며, 학생들을 피투성이인 채로 끌고 갔다. 목불인견(目不忍見)의 '인간사냥'이었다. 같은 날 오후, 다른 지역에 있는 공수 여단에 광주 출동명령이 떨어졌다. 전두환·신군부가 상상을 넘어서는 과도한 폭력적 진압에 나선 것은 광주가 자신들의 권력 탈취에 저항할 수 있는 주된 지역이어서, 주민들을 무한한 공포를 통해 철저히 짓밟는 것만이 권력을 공고히 하고 영구집권을 도모할 수 있다고 믿었기 때문이었다. '피의 공포'를 통해 광주를 확고히 지배하고자 한 것이다.

그렇지만 광주는 전두환·신군부 의도대로 되지 않았다. 공수부대의 만행에 치를 떨던 주민들이 어느 틈에 성난 민중, 적극적이고 능동적 민중으로 바뀐 것이다. 박정희정권에 의해 일본에서 백주에 납치되었고 투옥된 바 있는, 민주주의의 상징적 정치인인 김대중이 5·17쿠데타와 함께 다시금 체포된 것도 주민들을 분노하게 했다. 분노한 시민과 학생들은 시내 곳곳에서 총칼에 맞서 공수부대 군인들과 처절한 백병전을 벌였다. 얼마나 무섭게 분노했으면 내란·폭동 진압을 위해 특수훈련을 받은 공수특전단 부대를 5월 21일에는 시외곽으로 철수하게끔 했을까? 이때부터 광주는 '해방구'로 시민자치구역이 되었다.

자치를 맞아 광주는 항쟁의 정신을 이어가면서 동시에 평화를 갈구했다. 그러나 사망자만 2백 명 가까이 되었지만, 그러나 갈구하던 평화는 오지 않았다. 새 내각의 총리서리는 5월 21일 광주 부근까지 와 주민들을 폭도로 모는 '호소문'을 읽고 가버렸으며, 다음날 계엄사령부는 김대중이 시위를 배후조종하고 정부전복을 기도했다는 터무니없는 발표를 했다. 25일에는 사태수습에 기대를 걸었는데도 최규하 대통령이 광주 부근까지 왔다가 되돌아갔다. 전두환·신군부는 모든 평화의 길을 차단했다. 하지만 천주교사제 등은 평화를 위해 시민군에게서 무기 회수를 서둘러 상당 부분의 무기를 안전하게 보관했다. 광주항쟁 정신을 드높이기 위해 도청에 들어간 사수대(死守隊)는 소수여서 경찰 병력으로 대처할 수 있었는데도, 3·7·11 공수여단, 20사단, 31향토사단 등 대규모 병력이 27일 새벽 도청을 무자비하게 공격한 것도 광주의 저항정신을 완전히 짓밟겠다는 전두환·신군부의 의지에 따른 것이었다.

광주에서 참혹한 비극이 발생한 데는 미국 및 일본의 책임이 컸다. 미국은 20사단의 광주 이동을 승인했고, 평화적으로 광주사태를 해결하기 위한 노력을 기울이지 않았으며, 전두환정권을 적극 지지했다. 미국에 비해 영향력은 약하지만, 일본은 미국과도 다르게 처음부터 전두환·신군부의 쿠데타를 지지했고, 그들의 집권을 적극 지원했다. 전두환·신군부는 미국에는 비밀로 하면서 스노베 주한일본대사에게는 12·12쿠데타를 미리 알렸고, 일본정부는 그 무렵부터 1980년 1월에 걸쳐 5회 이상 외무성이나 내각조사실, 공안조사처 등을 통해 북한 남침 등의 허위 정보를 전두환·신군부 측에 제공했는데, 특히 5월 10일에 전달한 남침 정보는 전두환이 5·17쿠데타를 일으키는 데 유용하게 활용되었다. 일본은 또한 광주학살·항쟁이 한창이었던 5월 20일에 마에다를 특명전권대사로 파견했고, 6월 9일 기우치 외무성 아시아국장의 방한에 이어 이달 하순과 8월초에 세지마 류조가 비공식 특사로 두 번이나 한국에 왔다(한국일보 2000. 5. 18). 또 나카소네정부는 전두환정권에 40억 달러에 이르는 경제지원을 했다.

2. 광주민중항쟁의 정신을 이어받은 6월항쟁

전두환·신군부의 잔혹한 진압작전도 광주를 무릎 꿇게 하지 못했다. 광주항쟁정신을 이어받아 민주주의와 자유, 평화와 인권을 살려내려는 결연한 투지는 1980년대에 민주화운동, 반미자주화운동으로 활짝 꽃피었다. 반미자주화운동은 1961년 5·16군부쿠데타 이후 처음 보는 현상이었다. 민주화운동·자주화운동은 1987년 6월항쟁으로 진전되었다. 6월 10일에 있었던 6·10국민대회에 전국 22개 도시에서 24만 명이 참여해 격렬한 시위투쟁을 벌였다. 6·10국민대회에 이어 서울과 지방에서 하루도 쉬지 않고 학생·시민의 시위투쟁이 전개되었다. 6·18최루탄추방대회에는 18개 도시에서 6·10대회보다 훨씬 규모가 큰 시위가 있었는데, 특히 부산의 시위에는 십수만 명이 참여했습니다. 각계각층의 독재타도 시위는 그 뒤에도 계속되었고, 6·26평화대행진에는 38개 시·군에서 한국 역사상 최대 규모의 시위가 전개되었다. 1919년 독립만세를 외친 3·1운동과 여러 면에서 유사한 형태로 전개된 6월항쟁에 드디어 전두환·신군부정권은 무릎을 꿇지 않을 수 없었다. 한국은 이제 민주주의와 자유, 평화와 인권을 향해 성큼 전진을 하게 되었다.

6월항쟁 이후 한반도 평화에도 서광이 비쳤다. 1988년부터 통일운동이 거세게 일어났고, 1991년에는 남과 북의 총리가 서명한 '남북 사이의 화해와 불가침 및 교류 협력에 관한 합의서'가 발표되었으며, 2000년 6월 15일에는 남한의 김대중대통령과 북의 김정일 국방위원장이 남북공동선언을 발표하기에 이르렀다. 분단 정부가 들어선 이래 최대의 획기적 사건으로, 이 선언 이후 남북관계는 급진전되었고, 한반도 평화도 밝아보였다.

3. 전 세계의 평화와 인권 확대 움직임

1980, 90년대는 한반도에서만 평화와 자유, 인권과 민주주의의 확대되었던 것은 아니었다. 세계적으로 인종 차별이 한층 약화되었다. 미국에서 흑인과 유색인종 차별이 완화되었고, 일본에서 재일한국인(조선인) 차별도 줄어들었다. 인종 차별의 대표적 지역이었던 남아프리카공화국에서는 1983년에 아파르헤이트체제를 변경하는 헌법개정안이 통과되고, 10년 후에는 잠정 헌법안을 통과시켜 흑인의 참정권을 인정하기에 이르렀으며, 1996년에는 신헌법이 공포되어 아파르헤이트체제에 종지부를 찍었다. 같은 시기에 아르헨티나, 칠레, 브라질, 우루과이, 과테말라 등 남미 각국에서 백색테러와 군정이 종식되었다. 1989년에 베를린장벽이 무너지면서 동유럽 관료주의적 사회주의체제가 붕괴되고 소련 연방도 해체되면서 발트 3국 등 여러 나라가 독립되었을 뿐만 아니라, 반세기 가까이 위세를 떨치던 냉전체제가 종식된 것은 역사의 획을 그은 대사건이었다. 20세기가 끝나가는 1999년에 EU에 단일통화로 유로가 출현하고 북아일랜드에 개신교·가톨릭 자치정부가 발족한 것도 세계 평화와 인류 상생에 한걸음 다가서게 했다. 서독의 브란트 수상의 동방화해정책과 궤를 같이 하여 독일과 폴란드, 독일과 프랑스간의 역사인식 차이를 좁히기 위한 노력, 그와 함께 진행된 유럽 공통의 역사교과서 편찬 작업은 21세기에 들어와서도 지속되고 있다.

세계는 인종차별, 제국주의와 식민주의, 패권주의와 국가주의를 지양하기 위한 활동을 끊임없이 추구하였다. 국제연합은 전지구적 인종차별 문제를 극복하기 위해 1970년대 초반부터 30년간 '인종주의와 인종차별에 대항하는 기간'을 지정했고, 1978년에는 제네바에서 남아프리카공화국의 아파르헤이트정책을 논의했으며, 1983년에는 역시 제네바에서 세계 인종차별 철폐회의를 가졌다. 1983년 회의가 있은 지 18년 후인 2001년에 150여

고위급 정부대표와 NGO 대표가 참여해 남아프리카공화국에서 가진 더반
회의에서는 인종차별주의, 외국인 혐오 및 이와 관련된 불관용 철폐를 위
한 선언문을 채택하였다. 이 회의 선언문은 노예제와 노예무역을 '인류에
반하는 범죄', 곧 반인도적 범죄로 규정하고 팔레스타인의 자결권 및 독립
국 건설 권한을 인정했다는 점에서 주목할 만하지만, '역사인식과 동아시
아 평화포럼'과 관련해서 "식민주의로 인한 고통을 인정하며, 발생장소와
시기에 관계없이 식민주의는 비난받아야 하며, 그 재발은 방지되어야 함
을 확인한다"는 부분이 중요하다고 생각된다. 이 부분은 한반도 긴장과 함
께 동아시아 평화를 위협하는 주요 현안인 도서(島嶼) 분쟁 해결의 기본정
신을 제시하고 있기 때문이다.

　동아시아에서도 그동안 양심적 지식인·문화인과 시민운동가들은 제국
주의와 식민주의는 비난받아야 마땅하며 영원히 사라져야 한다고 역설한
바 있다. 일본의 한국 강제병합조약 100년을 맞는 2010년을 전후해 동아시
아 평화와 협력을 추구하는 한국과 일본의 시민, 문화인·지식인은 여러
형태의 학술회의나 NGO대회 등을 통해 한일병합조약을 불법으로 인정하
고 다시는 그러한 잘못이 되풀이 되어서는 안 된다고 경고했다. 나는 2009
년 일본 도쿄에서 열린 동아시아 평화포럼 기조연설 '한일합병 100주년과
동아시아 평화'에서 "한·일 양국이 한일합병을 중시하는 것은 한국인이
심대한 피해와 고통을 입었고, 일본의 아시아 침략에서 중요한 위치에 있
기 때문"이라고 지적하고, 한일합병에 대한 조명이 동아시아 평화를 모색
하고 문화적 정신적 공동의 장(場)을 형성하는 데 의미가 있다고 피력한
바 있다. 또한 '강제병합 100년 공동행동 한일실행위원회'에서는 「식민주
의의 청산과 평화 실현을 위한 한일시민공동선언」에서 "식민주의를 청산
하고 동아시아의 평화로운 미래를 구축하는 일은 남북한과 일본, 동아시
아 시민의 공통과제이며, 이를 실현하기 위해 손을 잡고 함께 나아가야 할
때"라고 강조했다.

4. 위기에 처한 동아시아 평화

1987년 6월항쟁 이후 한국의 민주주의와 자유, 인권은 과거로 역행하기 어렵게 폭이 커졌고, 남과 북의 화해와 협력으로 한반도에 평화가 정착하는 듯했다. 세계적으로도 인종차별, 군부의 권위주의체제가 크게 약화되고 제국주의, 식민주의에 대한 반대운동도 강화되는 가운데, 민주주의와 인권의 신장이 눈에 띄게 좋아지고, 세계 평화, 인류 상생으로의 길이 한층 넓어졌다.

그렇지만 동아시아에서 평화와 협력은 2000년대, 그리고 최근에 들어와 어느 때보다도 거센 도전에 직면하고 있다. 한때 한반도의 긴장은 극단적인 상황으로 치달았으며, 동아시아에서 과거사 청산, 역사 인식 공유도 험난하고 힘든 상황이고, 도서 문제를 둘러싼 해양제국주의 · 국가주의의 거센 풍파가 평화와 공존, 협력을 위협하고 있다.

2013년 봄이 오면서 한반도는 일촉즉발의 위기에 처했고, 핵전쟁도 불사하겠다는 소리가 들려왔다. 원래 핵무기는 1957년에 남한에 배치되었으나 미국은 1991년 핵을 철거했고, 이해 12월 31일 남과 북은 한(조선)반도 비핵화에 관한 공동선언에 합의했다. 그런데 남한이 동유럽, 소련에 이어 중국과 수교하였는데, 북 · 미 · 일 관계는 호전되지 않고, 동유럽과 소련 사회주의가 붕괴하는 상황에서 체제 위기에 직면하자 북은 핵개발에 착수했던 것이다. 핵개발 문제를 둘러싼 북 · 미 관계는 클린턴대통령 말기에 호전되었으나 부시정부가 들어서면서 급격히 악화되었다. 급기야 돌파구를 열기 위해 2003년 남과 북, 미국과 중국, 일본과 러시아가 참여하는 6자회담이 열렸으나, 미국의 제재가 심해지자 북은 2006년 핵실험을 강행해 동아시아 평화에 거대한 먹구름이 드리우게 되었다. 새로 출범한 미국의 오바마정부와 이명박정부가 보조를 같이 해 대북강경정책을 펼치자, 북한은 2009년 2차 핵실험을 강행하기에 이르렀다. 남과 북의 관계는 2010년

천안함사건을 계기로 이명박정부가 대북 교역과 교류를 중단함으로써 6
월항쟁 이후 최악의 상태에 빠졌다.

　북은 오바마정부가 제2기를 맞고 한·중·일에 새 정부가 들어서게 되
는 2013년 2월 12일 세 번째 핵실험을 하였고, 3월 초 국제연합 안전보장이
사회는 대북 고강도 제재안을 만장일치로 통과시켰다. 그리고 한·미 연
합 독수리훈련이 진행되는 가운데 핵폭탄 투하에 쓰일 수 있고, 북을 초토
화시킬 수 있는 B-52 전략폭격기가 3월 19일부터 괌기지에서 날아와 세 차
례 이상 출격했고, 북이 이에 대응하겠다고 하자 스텔스 B-2 폭격기와 세
계 최강의 전투기로 평가되는 F-22 전투기 두 대를 일본 기지에서 출동시
켰으며 핵잠수함 샤이엔을 배치하였다. 그러자 북은 3월 26일 조선인민군
최고사령부 성명을 통해 지금까지 사용하지 않았던 '1호 전투근무태세'를
전략로케트군부대와 장거리포병부대에 내리고 스텔스기가 출격하는 괌,
하와이, 미 본토 공군기지를 타격하겠다고 나왔다. 미국의 강경 대응도 계
속 이어져 이지스구축함을 한반도 해역으로 이동시키고 괌 기지에도 강도
높은 미사일방어시스템을 배치하자, 북은 개성공단을 잠정 폐쇄하고 북의
외국공관원 및 국제기구 활동가 철수와 남한 외국인 철수를 요청하는 등
전쟁 분위기를 가열시켰다. 캐리 미국무장관이 한국과 중국에 달려옴으로
써 급한 불은 껐지만, 이번에는 박근혜정부가 개성공단 인원 철수를 지시
함으로써 남북 교류·협력과 한반도 평화의 마지막 보루였던 개성공단은
폐쇄의 위기에 부딪혔다.

　한반도와 동아시아 평화를 위해 북의 핵보유는 반드시 저지시켜야 할
것이다. 그러기 위해서는 한국과 미국, 중국은 북과 대화를 하는 길밖에
없다고 생각한다. 북의 변화는 대결로는 되지 않는다는 것이 지금까지의
과정이 말해주는 교훈이다. 중국의 경우가 시사하듯이 북의 경제적 변화
는 다른 변화를 수반하게 되어 있다. 일본은 이것에 일역을 맡을 수 있을
것이다.

5. 우려할 만한 일본의 우경화

한반도의 긴장 고조만이 동아시아 평화를 위협하는 것이 아니다. 섬을 둘러싸고 벌어지고 있는 분쟁도 평화를 크게 위협하고 있다. 지난해 2012년 동아시아는 순식간에 전쟁에 휩쓸릴 것 같은 위기를 겪었다. 이러한 위기를 초래하는 데 미국이 한몫을 할 수 있다는 점도 문제를 더욱 심각하게 하고 있다. 도서 분쟁은 평화적으로 해결되도록 관계 당사국과 주민들이 노력하지 않으면 안 된다. 해양제국주의나 국가주의 또는 과도한 애국주의가 이 문제에 개입하는 것을 자제해야 한다. 도서 분쟁을 해결하는 데 역사적인 접근과 동아시아 공동체 형성으로의 노력은 핵심적인 열쇠가 될 수 있다.

동아시아는 19세기에서 20세기 전반기에 걸쳐 불행한 역사적 경험을 했다. 침략을 하는 국가와 침략을 당하는 국가로 양분되어 있었다. 당시 국제법이라고 하는 것은 제국주의 침략을 합리화시키고 있었다. 앞에서 식민주의가 평화와 상생, 인권에 커다란 해독이 되었음을 상기시키는 결의가 이루어졌음을 언급했지만, 약육강식의 제국주의 논리는 더 이상 용납되어서는 안 된다. 국제법을 포함해 약육강식의 낡고 잘못된 논리에 근거해 분쟁을 격화시키고, 더구나 그것을 국가가 앞장서서 하는 행위는 없어야 한다. 그와 함께 분쟁 도서 지역을 포함해 자유롭고 평화롭게 교류하고 왕래하며, 생활과 생계를 더불어 함께하는 상생의 공동체 논리에 따라서 해결되도록 해야 할 것이다.

도서 분쟁이 동아시아 주민들의 역사 인식 공유를 가로막는 현안이 되고 있지만, 과거사 청산이 되고 있지 않으며, 이와 긴밀히 연결되어 있는 극우세력(일본에서는 이들을 '우익'이라고 부르지만)의 준동도 동아시아 평화를 위협하는 주요 요소이다. 일본에서 극우세력은 중앙정부와 지방정부에서 중요 지위에 있으며, 주요 정치세력이기도 하다. 2012년 12월 중의

원 선거에서 유권자 전체의 4분의 1을 득표한 자민당은 압도적으로 많은 의석을 차지하여 정권을 잡았다. 자민당은 자위대의 국방군 격상, 일본군 성노예 존재를 사실상 부인하고 도서 문제에서 강경한 공약을 내걸었고, 수상 아베는 역사인식과 과거사 문제 대해서 이전이나 지금도 극단적인 주장을 많이 하고 있다. 각료들도 "창씨개명은 조선인이 원한 것이었다"는 등 망언을 한 사람들이 다수 포진되어 있다. 이미 2012년 10월에 각료와 의원들이 대거 야스쿠니 신사를 찾았지만, 이제 한층 더 '전쟁 할 수 있는 강성국가'를 향한 움직임이 커질 것으로 전망되고, 1982년에 일본정부가 발표한 '근린제국 조항'을 사문화하려고 하고 있다.

우려할 만한 현상은 더 많다. 하시모토와 이시하라가 이끄는 일본유신 회(이는 한국형 파시즘인 박정희 유신체제를 상기시킨다)가 민주당과 불과 3석 차이로 제3당이 된 것이다. 파시스트 냄새가 풍기는 하시모토 오사카 시장이 왜 선풍적인 인기를 끌고 있는지 이해가 가지 않는다. 이시하라는 망언을 많이 해 한국에서는 '망언제조기(機)'라고 불리는 낡은 극우인데, 어떻게 해서 78세의 나이에도 도쿄도지사 선거에서 압도적 득표로 4선을 했는지 그것도 이해가 되지 않는다. 1960, 70년대에 중앙정부는 자민당 독무대였어도 일본을 상징하는 도시 지사들이 진보인사였던 것을 생각할 때 격세지감이 들지 않을 수 없다. 이러한 도시에서 특히 위험한 교과서가 많이 사용된다는 점도 이해가 가지 않는 것은 마찬가지이다.

6. 동아시아 평화를 지키는 길

2013년 1월 하순 일본 자민당 간부들이 '다케시마의 날' 행사에 참석할 것이라고 산케이 신문이 보도한 그때, 독일 메르켈 총리는 "독일은 나치가 저지른 범죄에 대해 영원한 책임이 있다"고 지적하면서 "우리는 역사를 직시하고 어떤 것도 숨기거나 억누르려고 해서는 안 된다"고 역설했다. 메르켈의 주장은 독일인 다수의 의견을 반영한 것이었다. 메르켈 발언이 있은 3일 후 조사단은 69년 전 학살을 재조사하기 위해 현지를 방문했다.

1980년대부터 중남미와 세계 각지에서 행해졌고 1990년대에는 시대적 소명으로 인식되던 과거사 청산은 2000년대에 한국에서 특히 광범위하게 전개되었는데, 2010년대에도 계속되고 있다. 아르헨티나 법정은 '더러운 전쟁'의 주역인 비델라 전대통령에게 50년형을 선고했고, 브라질에서는 한 대령이 기소되었다. 최근 몇 년 동안 세계 각국에서 일본군 성노예에 대한 일본의 태도를 비판했는데, 2013년에는 뉴욕주, 뉴저지주 등 미국의 주(州) 의회에서도 그러한 결의안을 채택했다.

일본의 상황은 엄혹한 것 같다. 2013년 1월 한 통신사 조사에 의하면 아베 총리의 야스쿠니 신사 참배에 56%가 찬동을 표시했던바, 2006년 한 신문 여론조사의 43%보다 훨씬 높은 비중이었다. 2013년 4월에는 야스쿠니 신사에 아베는 공물을 바쳤고, 부총리 등 각료들과 국회의원 168명이 참배했다. 아베는 한 걸음 더 나아가 태평양전쟁을 침략으로 인정할 수 없다고 말하면서 야스쿠니신사 참배를 정당화해 한·중 양국의 반발에 직면했고, 각국 언론의 비판을 받았으나, 스케줄대로 밀어붙여 처음으로 '주권 회복의 날' 행사를 대대적으로 벌리고 천황 부부 앞에서 "천황폐하만세!"를 외쳤다. 그러나 일본이 어떻게 되려고 이러나 하는 우려의 목소리가 있고, 2013년 3월 극우들이 "조선인 위안부는 거짓이다" "한국인 죽여라"라고 외치는 섬뜩한 집회들에 맞서 양심의 소리를 들려주는 활동이 전개되었다. 탈(脫)원전운동 같은 시민운동도 지속적으로 전개되고 있다. 2014년부터는 2000년대처럼 헌법 9조 지키기 운동이 전개되고 있다.

제12회 역사인식과 동아시아 평화포럼은 광주학살과 항쟁이 일어났던 자리에서 열렸다. 시위가 시작된 다음날인 5월 19일부터 학생과 시민은 일순간에 적극적이고 능동적인 민중이 되어 특수훈련을 받은 사납고 잔혹한 공수특전단 군인들에 맞서 3일간 사생결단의 태세로 사투를 벌였고, 끝내는 그들을 광주외곽으로 물리쳤다. 무엇이 그토록 시민과 학생들을 분노케 하여 역사의 전면(前面)에 나서게 했을까? 그들은 무엇을 갈구했고, 그들의 절규에는 어떠한 세상이 담겨 있었을까? 동아시아의 평화가 위협 받고 역사인식이 후퇴하고 있는 이 시점에서, 그 정신을 다시 되새겨야 할 것이다.

일미동맹과 오키나와 · 괌*

아라이 신이치(荒井信一)**

1. 후텐마 기지의 현 내 이전이 어려워지다

후텐마(普天間) 기지 이전 문제는 1996년 일미 양 정부가 SACO(Special Agreement on Okinawa, 오키나와에 관한 특별합동위원회)합의에서 "5~7년 이내에 후텐마 기지 전면반환"을 약속하면서 시작되었다. 당시 대체시설을 오키나와 현 북부로 이전하는 것이 반환조건이었지만, 2006년이 되어서야 일미정부는 나고(名護)시 헤노코(辺野古) 해안에 V자형 활주로 건설에 합의하였다. SACO합의는 전년도 미군병사의 소녀폭행사건으로 극에 달한 현민의 분노를 달래고자 '기지의 정리 · 축소 및 통합', '소음방지' 등의 기지부담을 경감을 명목으로 제시했지만, 2006년 합의에는 오히려 세계적 미군재편의 일환으로 후텐마의 해병대원 8천 명을 괌으로 이전시키려는 계획이 추가되었다.

미군 재편계획은 역사적으로는 냉전시대의 군사전략을 태평양으로 주

* '제9회 역사인식과 동아시아 평화포럼 서울대회'(2010. 11. 20~23)에서 발표한 글을 수정한 것임.
** 일본 이바라기대학 명예교수.

무대로 하는 세계전략으로 전환(transformation)을 의미했다. 그 중요한 핵심이 바로 괌의 군비 현대화와 증강이다. 해군장관 보좌관 M·J 펜에 따르면, 그것은 '국방총성이 지금까지 계획한 프로젝트 중 최대 규모'로, 괌 기지를 '군사력 투입의 중추 거점으로 규정하고 〈창의 화살〉, 〈태평양 요새〉, 〈가라앉지 않는 미국의 항공모함〉'으로 만드는 것이다.

괌을 허브로 하는 미국의 태평양전략 중에서 오키나와는 알래스카, 하와이와 함께 미국 본토와 직결하는 삼각형으로 자리매김된다. 해병대의 괌 이전은 이듬해 '재일미군재편을 위한 일미 로드맵'에 따라 오키나와에 4천명 남짓의 부대원을 남기고 사령부 요원과 지휘부대 8천 명이 이전하도록 되었다. 이전에 따른 괌의 시설과 인프라 확충을 위한 비용 102.7만 달러 중 약 40%인 60.9억 달러는 일본 부담으로 결정되었다.

괌의 '가라앉지 않는 항공모함' 역할을 위한 군비 현대화 및 증강과 연계됨으로써 후텐마 이전 문제는 미국의 글로벌 패권주의전략, 군사력 증강의 일환이라는 성격을 더욱 강화시켰다. 해병대는 낙후된 레이더밖에 없는 후텐마 대신 헤노코 신기지에 '수준 높은 군사기술을 갖춘 최신식 기지'(赤旗 2009. 10. 29)를 기대한다고 한다. 미국은 오키나와, 오스트레일리아, 필리핀, 한국 등에 해병대 이전을 받아들이도록 요청했지만 받아들여지지 않았고, 일본정부만 받아들였다. 또한 일본정부는 후텐마를 공군기지로 남김과 동시에 해병대 이전과 관련된 괌의 시설 및 인프라 정비 비용 부담도 받아들였다. "이런 의미에서 괌의 기지 건설은 '일미공동계획'이라 할 수 있는 것이다.[1]"

2009년 여름 총선거에서 민주당이 대승하고 하토야마(鳩山) 내각이 탄생했다. 하토야마 수상은 선거 전에 후텐마 문제에 관해 '적어도 현 밖으로 이전'을 공언했다. 그러나 내각에서는 대미관계에 민감한 외무상, 방위

---

[1] 吉田健正, 『沖縄の海兵隊はグアムに行く』, 高文研, 2010, 22쪽.

상 등이 다른 의견을 제출하고, 시설 이전 후보지였던 자치단체로부터 대부분 거부당했다. 후텐마 문제로 정권이 허우적대는 가운데 오키나와 현지에서는 현 내 이전에 반대하는 여론이 급속히 표면화되었다. 나고시장 선거(2010. 1)에서는 이전에 반대하는 이나미네 스스무(稻嶺進) 후보가 당선되었고, 다음 달에는 현의회가 현외 이전을 요구하는 의견서를 만장일치로 채택했다. 하토야마 수상은 일미동맹과 오키나와의 여론 간의 심각한 모순을 어느 정도 인식하고 맞서보려 했으나 후텐마 문제와 연계된 오바마 정권의 세계전략=미군재편에 대해서는 인식이 허술했다. 기대했던 미국의 양보는 얻을 수 없었을 뿐만 아니라, 5월 말에는 헤노코 해안의 신기지 건설, 도쿠노시마(德之島)와 본토 미군 훈련의 '분산이전'을 골자로 하는 일미 합의를 인정해 버렸다.

후텐마 기지 이전문제는 헤노코로 되돌아 온 결과가 되었고, 하토야마 수상이 현내 이전을 공식화함에 따라 오키나와 현민의 분노가 폭발했다. 특히 큰 변화로 지적되는 것은 보수파 정치가나 각 단체장 등 보수지도층이 "지금까지 말하지 않았던 속내를 말하기 시작했다"는 점이다. 앞서 말한 바와 같이 2월 현의회에서 '현외 이전'을 요구하는 의견서를 만장일치로 채택한 것은 "말하자면 '모든 오키나와인'의 의사표명인 셈이었다. 이나미네(稻嶺) 시장으로 대표되는 보수파의 입장에서 말하자면, 마침내 속내를 드러내기 시작했다는 것이다.[2]"

4월 25일 현민 대회에는 9만 명, 즉 현민 10명 중 한 명꼴로 참가하여, 더 이상 오키나와에 미군기지가 밀려드는 것을 받아들일 수 없다는 민중의 의지를 일본과 미국 정부에 전했다. 9월 현의회에서는 나카이마 히로카즈(仲井真弘多) 지사가 나고시 헤노코 이전을 명기한 일미공동성명을 수정하여 현 밖으로 이전할 것을 정부에 요구하기로 처음 표명했다. 이로

---

2) 岡本厚, 「普天間基地問題とは何か」, 『歴史評論』, 2010년 10월호.

써 정부가 '현내 이전'을 강행하는 것은 어려워졌다.

2. 미군기지의 괌 이전과 반대 움직임

2006년에 미태평양군이 발표한 계획에서 미군재편에 따른 괌 '태평양요새' 현대화의 골자는 아시아·태평양 지역의 핵전쟁 능력과 전방 전개 능력 강화를 기초로 하는 억제 효과와 안전보장 강화가 목적이었다. 괌 태평양 요새 현대화 계획을 구체적으로 살펴보면 다음과 같다.

① 오키나와의 해병대 8천 명, 한국의 육군 천 명 이동
② 해병대 기지 및 훈련시설 확장 및 신설
③ 괌을 모기지(母基地)로 하는 B52폭격기, 하와이, 알래스카, 미 본토의 B1초음속강습기 및 B2스텔스전략폭격기 순회기지를 포함한 글로벌 강습군(Global Strike Force)을 위한 앤더슨 공군기지의 기능강화
④ 잠수함과 항공모함을 위한 미국 해군기지 확장: 이미 원자력잠수함 3척의 모항화, 3척 추가계획. 작전가능한 원자력 항공모함의 일시정박을 포함한 확장
⑤ 자산에 대한 공격을 방해하기 위한 탄도미사일 방위능력

미국에서는 대규모 사업을 벌일 때, 환경에 미치는 영향을 평가하고 그 결과를 공개해서 관계기관의 의견을 물어야 하는 의무가 법률로 정해져 있다. 괌의 통합적 군비계획이 결정된 단계인 2009년 11월, 괌과 북마리아나에 대한 국방총성 군비계획을 토대로 미해군이 '환경영향평가안(Draft Environment Impact Statement 이하 DEIS로 칭함)'을 공표했다. DEIS는 9권에 약 1,100쪽 분량에 달하며, 내용 소개는 다른 연구(앞의 吉田健正 책)를 참조하기 바라며, 여기에서는 괌 도민의 대응에 관해 대략적으로 살펴보

고자 한다.

 DEIS에 의한 괌 기지 확장계획이 괌의 자연환경이나 사회경제, 문화, 생활에 광범위하게 미치는 영향을 알게 되자, 괌 사회에서는 여러 분야의 사람들이 다양한 방법으로 반대 목소리를 높이기 시작했다. 이들의 목소리에 밀려서 괌의 보수적 지도층도 동요하기 시작하여 계획 변경을 요구했다. 괌에서 선출된 미합중국 하원의원인 매들린 보달로(Madaleine Bordallo)는 2010년 2월 10일, 괌 의회에서 병사기지 확장에 필요한 토지취득을 위한 강제수용권 발동에 공식적으로 반대 의견을 통고했다.

 2월 16일 보달로 의원은 재차 국방총성 관련시설의 군비확장의 제한, 산호초를 대량 소멸시키는 항공모함 정박계획 철회, 오키나와에서 이전해오는 해병대의 생활용수확보를 위한 굴착공사 반대 등 7개 항목을 제시하며 계획 변경을 요구했다. 펠릭스 카마초(Felix Camacho) 괌 주지사도 이에 동의하고 해병대 이전은 그 영향을 최소화하기 위해 기간을 연장 실시하도록 요청했다. 미합중국 상원 군사위원회 일원이자 외교위원회 동아시아태평양문제 소위원회의장 짐 웹(Jim Webb) 상원의원도 괌을 방문한 후 "미군은 괌 토지의 3분의 1을 점령 또는 보유하고 있으므로 새로운 토지를 취득할 필요가 없다고 본다"라며 토지수용을 반대했다.

 오키나와와 동일하게 막대한 비용의 투입에 따른 지역진흥 효과가 강조되었다. 2010년 1월, 괌 상공회의소는 "우리 모두를 윤택하게 만들어 줄 기회: 우리는 왜 군비증강을 필요로 하는가"라는 주제로 백서를 만들고, 비용 창출, 사업·기업 촉진, 수입 향상, 관광 발전 등의 경제효과를 강조했다. 그러나 DEIS에 명시된 대로, 첫째 고용 하나만 보더라도 기지건설을 위한 계약노동자는 하와이, 필리핀, 기타 태평양제도에서 괌으로 돈을 벌러 온 자들이고 이들 대부분이 번 돈을 자국으로 송금하기 때문에 그 대부분은 괌으로 환원되는 것이 아니라는 점, 둘째 오키나와에서 오는 해병대와 그 가족들은 기지 안에서 살기 때문에 생활비 대부분을 그 안에서 소비

한다는 점 등이 지적되었다. 게다가 해병대 이전으로 건설공사를 맡은 7개 기업 중 4곳은 하와이의 공동기업체라는 점도 전해졌다.3) 오키나와로부터 이전과 기지관련 공사 등에 의한 인구급증으로 괌 정부의 지출이 늘어날 가능성이 높다는 우려도 나왔다.4) 8월 초 괌 정부는 해병대 이전에 따라 기지 규모가 확대되는 것을 반대하는 서신을 미해군성에 보내 어디까지나 현재 시설에 한하여 수용할 것을 요구했다.

DEIS의 검토결과를 근거로 9월 20일 미국방총성은 '최종보고서(Record of Decision, 이하 'ROD'로 칭함)'를 발표했다. 해병대 이전의 진행속도를 완화할 것을 명시함으로써 일미 양 정부가 합의한 2014년까지 해병대 이전 완료는 어려워졌다. 기지확장공사의 예정이 늦어지는 최대 이유는 인구의 급격한 증가에 따른 상하수도 등의 인프라 정비가 대응하지 못하는 것이라 한다.5)

ROD는 2014년 완료할 예정으로 해병대가 이전했을 경우 인구증가에 대해 다음과 같이 상정하고 있다. 군 요원과 가족 이외의 건설노동자 등 직·간접적인 외부 인구 유입이 절정을 달하면 2014년/15년 인구는 7만 9천 명으로 급증한다. 현재 인구(17만 천 명) 대비 47% 증가이다. 게다가 정점을 지난 2017년에 이전과 기지확장 공사가 일단락되고 난 후 인구는 단기간에 급격이 감소할 것이다. 인구의 증감은 괌 정부의 세 수입에서 도민의 취업상황, 소득, 주거, 소비, 교육 등 도민생활의 모든 면에 심각한 파급효과를 불러온다. ROD가 오키나와에서의 이전속도를 늦추고자 하는 데에는 인구변동의 충격을 완화해서 도민 생활에 대한 영향을 줄이기 위해서이다.

---

3) 「괌의 40억 달러 계획, 하와이를 살찌우다」, *Honolulu Star Bulletin*, May 12 2010.

4) Lisa Linda Natividad and Gwyn Kirk, "Fortress Guam: Resistance to US Military Mega-Buildup", *The Asia-Pacific Journal: Japan Focus,* 19-1-10, May 10, 2010.

5) 『아사히신문』, 2010년 9월 21일.

ROD는 기지 확장공사가 직접적으로 미칠 영향력의 완화책을 제안하고 이전 속도를 늦추면 인구 증가가 절정을 이룰 때에도 4만천 명으로 줄일 수 있지만, 계획완료 후의 인구는 이전하기 전보다 3만 3천 명(19%) 증가할 것으로 보인다. 한편 기지 확장으로 군용지는 현재의 섬 면적의 1/3에서 약 40% 증가한다. 때문에 지금보다 좁은 토지에 더 많은 수의 도민이 몰리게 되고, 다른 문화적 배경을 지니는 사람들의 대량 유입이 괌 사회의 통합을 어렵게 만들며, 사회는 문화 분쟁으로 혼란해질 개연성이 높아지는 등 괌의 미래상에 영향을 끼칠 것이라는 것을 ROD도 부정할 수는 없다.

지금도 많은 경작지를 군용지로 빼앗겼기 때문에 괌의 식량 자급률은 겨우 5%밖에 안 되고, 차모로 인구의 25%가 빈곤 인구로 분류된다. 많은 젊은이들이 교육이나 일자리의 기회를 찾아 미본토로 이주하여 현재 미본토에 있는 차모로 사람이 괌에 거주하는 차모로 인구수를 넘어섰다. 해병대 이전에 따른 괌의 군비확장은 차모로 사회에 직격탄을 날려, 그 존립을 위협하는 문제가 되었다.

기지 확장계획이 괌 사회에 커다란 파문을 일으키던 6월 23일, 차모로인들에 의한 '인간사슬'이 앤더슨 항공기지를 에워쌌다. 파갯(Pagat)이라는 차모로 부락에 해병대를 위한 사격훈련장을 건설하는 계획이 발표되었기 때문이었다. 차모로의 성지 파갯에는 선사시대의 역사유적이 있기 때문에, 이곳에 군사훈련 시설을 건설하려는 계획은 차모로인에게 깊은 상처를 주었다. '인간사슬'은 차모로인의 잃어버린 문화와 정체성, 그리고 존재의 증거를 지키려는 저항이었다.

3. 싹트기 시작한 차모로인의 자주시민의식

최근 오키나와에 관한 기사를 읽으면, 사회주의사상의 선구자였던 히가

슌조우(比嘉春潮)가 한일병합 당시 적은 일기가 자주 인용된다. "일한병합, 만감이 교차해 뭐라 말할 수 없다. 알고 싶은 것은 그 진상이다. 사람들이 류큐는 장남, 타이완은 차남, 조선은 삼남이라 한다. 아, 다른 부현민으로부터 류큐인이라고 멸시당하는 것도 이유가 없는 것은 아니다."[6]

메이지 정부는 1879년에 500년 이어온 류큐왕국을 오키나와현으로 강제통합했다. 히가는 이것을 타이완과 조선의 식민지화에 앞서는 것으로 보고, 여기에서 류큐인이 다른 부현민으로부터 '멸시' 당하는 이유를 찾는다. 현재의 기지문제에서도 보이는 '다른 부현'의 차별적 태도가 새삼스레 히가의 언어를 상기시킨다 할 수 있다.

괌 대학의 마이클 스톨 조교수는 DEIS가 괌 도민에게 준 충격에 대해 "연방 정부의 일방적 처신에 대한 분노가 자결의식을 고양시켰고, 마치 식민지처럼 취급하는 것에 의구심이 커졌다"고 전했다. 그리고 이 상황은 "미군병사의 소녀 폭행사건(1995년)이 발생한 후의 오키나와 정서와 같다"고 밝혔다.[7] 사실 2009년부터 2010년에 걸쳐 계속된 기지 이전문제를 둘러싼 괌과 오키나와의 사태는 '군사 식민지' 체험을 공유하게 만들고 있다.

'군사 식민지' 체험의 공유는 기지반대를 둘러싼 새로운 연대 감정을 발전시키는 것처럼 보인다. 예를 들자면 앞의 Japan Focus 논문은 다음과 같이 지적하고 있다.

> 오키나와의 해병대를 이전하는 것을 포함하는 군비증강 제안을 둘러싼 여러 차모로 그룹과 오키나와의 기지반대 활동가, 일본본토의 지원조직과 동맹이 세 지역의 군사기지 확장에 대한 반대를 강하게 만들었다. 군부가 하나의 사회를 다른 사회와 부딪히게 만드는 것을 막기 위해 운동가들이 일어섰기 때문이다.

---

[6] 山下靖子,「比嘉−春潮·静観, 湧川: 境界を越えた知の連帯」, 津田塾大学國際關係研究所 Working Paper, 2006.

[7] 『아사히신문』, 2010년 4월 4일.

제2차 세계대전 말 괌과 오키나와의 상황에도 공통점이 있다. 괌은 진주만 공격 직후 일본군에 점령되었다. 이후 미군이 탈환한 1944년 7월까지 32개월간 일본군 점령하에서 원주민인 차모로인은 비행장 건설을 위한 강제노동, 강제퇴거와 강제행진, 구금, 강간, 일본군 위안부 동원 등 가혹한 지배를 받았다. 학살된 차모로인은 7백 명이라고 전한다.[8]

탈환 후 미국은 괌 출입을 금지시켰다. 일본과 싸울 기지 건설을 위해 차모로인의 토지 수백만㎡를 수용하고, 군이 지정하는 곳에 주민을 이주시켰다. 괌과 티니언,[9] 사이판에서 출발한 B29 폭격기는 일본의 각 도시를 공격했다. 오키나와에서도 엄청난 주민의 희생을 초래한 오키나와전이 끝나자 미군은 본토상륙작전을 준비하기 위해 주민을 배제하고 막대한 토지를 수용하여 기지를 확보했다.[10] 전후에는 괌과 오키나와는 모두 한국전쟁과 베트남전쟁의 출격기지로서, 미국의 군사전략에 없어서는 안 될 거점이 되어 '기지의 섬' 역할을 수행했다.

미국 의회는 1945년에 괌 훈공청구법을 제정하고, 일본군 점령 당시 민간인이 받은 재산피해와 사상자의 보상을 실시하였다. 그러나 그 대상을 미국시민으로 한정했기 때문에 시민권을 얻지 못한 차모로인 등 섬 주민은 보상을 받지 못했다. 1950년에 오가닉법(organic law)이 실행되어 원주민에게도 시민권이 주어졌지만 보상청구 기한(1년)은 이미 끝나 있었다.

이후 전후보상 문제는 미국시민으로서 차모로인이 갖는 정체성 확보 문제로 남았다. 보상운동을 끈질기게 실시한 결과, 비로소 2002년에 연방의회에서 괌전쟁 청구조사위원회법이 제정되었다. 이 법을 근거로 진상규명이 실시되어 2004년 4월에는 대통령과 의회에 조사보고서가 제출되었는

---

8) 자세한 사항은 山口誠, 『グアムと日本人』 제1장, 岩波新書, 2007 참조.

9) 태평양 서쪽 마리아나 제도의 작은 화산도로 현재는 미국의 자치령. 태평양 전쟁 때 미·일의 격전지. 전쟁 말에는 일본 본토를 폭격하기 위한 미군의 전초기지였다. 히로시마에 원폭을 투하한 B29도 이 섬에서 이륙했다. (편집자).

10) 林博史, 『沖縄戦が問うこと』, 大月書店, 2010.

데, 이를 통해서 괌 점령 중 일본군이 저지른 비인도적 만행의 실태가 드러났다. 보고서는 보상 대상이 아니었던 괌 주민에게 보상을 권고했고, 이것을 받아들여 2005년 4월에는 '제2차 세계대전 당시 괌의 충성을 인정하는 법안'(이하 '괌 충성법'으로 칭함)이 의회에 제출되었다.[11]

현재 괌 충성법은 연방의회 양원을 통과하고 있는 중이다. 2011년도 국방예산법안에서 하원이 충성법의 조문을 첨가하여 보상을 위한 재원이 확보되는 추세이다. 하지만 상원의원 중에는 보상에 반대하며 수정안 삭제를 요구하는 의원도 있어서 아직 결과를 장담할 수 없는 형국이다. 괌 의회의 의원은 괌 점령 당시에 섬에 살던 주민은 2만 2천 명이지만, 현재 남은 인구는 천 명도 넘지 않는다며 그 위기감을 드러낸다. 충성법을 연방의회에 제출한 지 5년이나 지났음에도 아직 보상이 실현되지 않는 것은 괌 '태평양요새' 계획의 표면화와 함께 주민의식의 변동을 초래했다. 법의 명칭에 '충성'이라는 단어가 있는 것처럼 전후 보상문제의 해결은 미국시민으로서의 괌 주민과 합중국의 유대를 강화하려는 발상이 있었다. 그러나 근래의 상황은 오히려 차모로의 자결의식을 각성시키고 있다.

2010년 6월 24일 열린 USSF(미국 사회 포럼)에서 괌의 크리스티나 이렐모는 "우리들(=차모로)은 1950년대부터 미국시민이었지만 대통령 선출권도, 연방상원의원 선출권도 없고 괌 대표 하원의원은 본회의에서 평결권도 없다"고 서두에 밝히고, 대규모 군비증강이 차모로의 문화, 환경, 생활의 질을 위협할 뿐 아니라 인권을 침해하는 것임을 강조했다. "우리들은 미국인이다. 그러나 또한 아무 것도 아닐 수도 있다." 최근 그녀는 차모로 활동가들이 캘리포니아에서 조직한 Famoksaiyan이라는 단체에서 활동한다. Famoksaiyan이 제시하는 것은 군비확장에 대항하기 위한 인권, 특히 시민의 자결권 확보이다. 괌 주민들이 받아들일 수 있는 평화가 목적인 것

---

11) 荒井信一, 『歴史和解は可能か』, 岩波新書, 2006, 258~265쪽.

이다. Famoksaiyan의 의미는 '교육을 위한 장소와 시간' '한걸음 내딛자, 그
리고 앞으로 나아가자'라고 한다. 군비증강 반대, 인권과 자결권에 기초한
평화라는 주장이 괌의 현실 속에서 아직 싹트기 시작한 것에 불과하다는
것은 어느 누구보다도 그들 자신이 잘 알고 있다. 그러나 동시에 이 주장
이 지닌 보편성이 없다면 태평양의 평화를 만드는 힘, 다른 지역에서 일어
나는 평화를 위한 움직임과 연대가 이루어지지 않는다는 것을 그들은 확
신하고 있다.[12]

4. 동아시아의 평화를 유지하는 길

일본에서는 오키나와와 괌을 구별하고는 하지만, 미태평양군의 군사전
략 측면에서는 양쪽 모두 북서태평양의 전초거점이다. 두 개의 '기지의 섬'
을 전초거점으로 본다면, 그 맞은편의 동아시아는 기본적으로 자신의 진
영과 구별시켜야 하는 타자이자 전략상의 대상지역이다. 동아시아는 여전
히 자타의 군사력이 대치하는 지역으로 자리매김되지만, 이것을 전제로
한다면 동아시아의 평화유지에는 두 가지 방법이 있다. 하나는 대치하는
군사력의 균형(balance of power)이고, 다른 하나는 군비축소=최종적으로
는 비전(非戰) 공동체로 나아가는 길이다.

최근 일본의 간(菅) 수상의 사적 자문기관 보고서『새로운 시대의 일본
안전보장과 방위력의 미래구상』안의 문제점이 밝혀졌다.[13] 보고서에는
중국의 해양진출과 북한의 핵탄도미사일 개발 등으로 '미국이란 나라의
힘의 우월이 절대적이지' 않게 되었음을 지적하고 일본의 역할을 강조하
면서, 미국을 향하는 미사일을 쏴서 떨어뜨린다거나 중국 해군이 활발히

[12] West Coast Famoksaiyan, June 28, 2010.
[13]『아사히신문』, 2010년 7월 27일.

활동하는 남서제도 주변에 자위대를 배치할 것, 잠수함을 늘릴 것 등을 제안하고 있다. 일본의 핵무기 보유를 미국이 인정하라는 목소리도 높아지고 있다.

보고서는 동아시아의 안전보장에 문제를 제기하지만, 기본적으로는 대립하는 진영의 세력균형(Balance of power)의 틀로 안전보장을 보고 있다. 대립하는 상대국가와의 힘의 균형을 도모하고, 상대보다 우위의 입장에 있는 편이 상대의 행동을 억제할 수 있다고 보며, 여러 국가가 군사동맹을 맺고 공동의 적과 대항하는 전통적 방식이 세력균형이다. 그러나 이러한 방향으로 세력균형을 추진하는 것은, 서로 우위에 서기 위한 군비확충 경쟁을 격화시키고 오히려 전쟁의 발생을 가속화한다는 것이 20세기에 발생한 두 번의 세계전쟁으로 증명되었다. 제2차 세계대전 이후에는 관련 국가 전체가 모여서 서로 안전을 보장하는 집단적 안전보장이 주류가 되었다.

미국의 우위가 쇠퇴하는 것을 보완하기 위해 일본의 군사적 공헌도를 증강시켜야 한다는 사고방식은 기본적으로는 세력균형론에 의한다. 지금도 상호 간의 군용기나 함선의 활동 및 군비 변동이 미치는 곳에서 파문이 일고 동아시아의 해역은 '평화의 바다'라고 부르기 어렵게 되었다. 이 상태를 동아시아가 주체적으로 극복하는 길은 한 가지 밖에 없다. 지금까지 사람, 물건, 돈의 교류로 형성되어 온 동아시아 각국 및 지역의 결합을 더욱 강화시켜 안전보장 공동체, 나아가 비전(非戰) 공동체로의 이행을 가능하게 만드는 평화의 전략을 짤 필요가 있다. 오키나와와 괌의 '군사 식민지' 상태를 해결하기 위해서도 이것은 반드시 필요하다.

【참고문헌】

岡本厚,「普天間基地問題とは何か」,『歴史評論』, 2010년 10월호.

吉田健正,『沖縄の海兵隊はグアムに行く』, 高文研, 2010.

林博史,『沖縄戦が問うこと』, 大月書店, 2010.

山下靖子,「比嘉-春潮-静観, 湧川: 境界を越えた知の連帯」, 津田塾大学國際關係研究所
　　　　　Working Paper, 2006.

荒井信一,『歴史和解は可能か』, 岩波新書, 2006.

'3 · 11' 이후의 변화와 3개국에 미치는 영향*

고모리 요이치(小森陽一)**

1. 되돌아보아야 할 고이즈미 정권 10년과 '3 · 11'

'역사인식과 동아시아 평화포럼'의 10년을 총괄하면서 '3 · 11¹⁾'을 어떻게 인식하고 역사 속에 자리매김할 것인가는 실로 중요한 의미를 갖는다. 고이즈미 준이치로 정권이 일본에서 추진한 신자유주의 정책의 문제점을 확실히 드러냈다. 고이즈미 정권은 10년 전에 정권을 잡고 야스쿠니신사 공식참배를 시작으로 대중적 내셔널리즘을 선동하는 것을 정권 부양책으로 삼으며 중국이나 한국과의 관계를 악화시켰다. 또한 신자유주의 구조개혁 노선으로 지방자치체제의 기능이 파괴되고 사회복지와 사회보장제도, 공공의료가 붕괴되었다.

일본국헌법 제25조 제2항은 국가의 의무로서 "국가는 모든 생활에서 사회복지, 사회보장 및 공중위생의 향상과 증진을 위해 노력해야 한다"고 명

---

* '제10회 역사인식과 동아시아 평화포럼 북경대회'(2011. 11. 25~28)에서 발표한 글.
** 도쿄대학 대학원 교수.
¹⁾ 1911년 3월 11일 일본 도호쿠(東北) 지방에서 일어난 대지진. 대규모 쓰나미로 전원 공급이 끊어지면서 후쿠시마현의 원전 가동이 중단되고 방사능 누출 사고가 일어났다. (편집자 주)

시하고 있다. 그러나 고이즈미 정권은 매년 2천억 엔 이상의 사회보장비를 줄이고 지방자치체에 대한 교부금을 삭감했다. 고이즈미 정권은 명확히 헌법을 위반한 정권이었다. 이러한 헌법위반의 구조개혁과 규제완화로 대표되는 신자유주의 정책이 천재지변에 의한 피해와 희생자의 규모를 크게 만들어서, 8개월 이상 지난 지금도 부흥과 복구를 더디게 만들고 있다. 가장 큰 책임은 국가에 있다. 그러므로 '3·11' 피해 중 어디까지가 천재지변이고 어디까지가 인재인지를 모든 영역에 걸쳐 살펴보고 책임의 소재를 규명해야 할 것이다.

또한 고이즈미 정권 10년 동안은 대일본제국이 추진했던 제국주의적 전쟁과 식민지 지배를 미화하려는 노력이 '새로운 역사교과서를 만드는 모임' 등을 중심으로 역사를 부인하고 날조하는 일본사회의 동향이 일시에 고조된 시기이기도 했다. 그 10년간을 되짚어 보고 '3·11' 이후 일본사회 역사인식의 바람직한 자세를 되묻는 작업이 요구되고 있다.

2. 3·11과 8·15

'3·11' 직후부터 이 재난의 의미를 1945년 8월의 패전에 이른 전쟁과 결부시켜 이해하려는 움직임이 반복적으로 계속되었다. 3·11 재난으로 온갖 잡동사니로 변해버린 피해지 광경을, 미군 공격 후 타다 남은 잔해나 원폭투하 후의 히로시마나 나가사키 광경과 비교하는 등, 차원은 다르지만 '3·11'과 '8·15'를 묶어서 생각하려는 움직임이 많은 논자들 사이에서 나타나고 있는 듯하다. 두 가지 광경을 모두 '국난'으로 여기는 것이다.

지진과 쓰나미라는 천재지변과 인간이 만든 국가에 의해 수행된 인재인 전쟁을 희생자의 수나 참상의 정도로 동일시 할 수는 없다. 국가의 통치권자나 권력자의 명령을 신민의 입장으로 수행한 전쟁을 마치 자연재해처럼 치부해 버리는 의식과 기억의 방식이 일찍이 침략전쟁에 대한 국가의 책임을 그 나라의 인간으로서 받아들이지 않아 왔던 상황을 초래했다. 때문에 후쿠시마 제1원자력 발전소 사고는 완전한 인재인 만큼, 철저히 책임을 추궁하여 그 책임 소재와 책임 방식을 명확히 한 다음에 피해를 입은 사람들에 대한 보상과 배상을 해야 할 것이다.

전후 일본사회가 나아가야 할 바를 '3 · 11'을 통해서 살펴보기 위해 먼저 실천해야 할 사항은, 동일한 'nuclear'라는 개념을 '무기'로 쓸 때는 '핵', '평화이용'에 쓰일 때는 '원자력'으로 바꿔 써온 전후 일본어의 패러다임과 결별하는 일일 것이다. 이 문제에 대해 '헌법 9조회'를 결성한 오에 겐자부로는 프랑스 『르몽드』지와의 인터뷰에서 다음과 같이 언급했다.[2]

히로시마와 나가사키의 원폭으로 사망한 사람들로 인해 우리들은 핵무기를 상대화하는 시점에서 멀어졌다. 우리들은 이렇게 근본적 모순을 인식하면서도 일본의 사실상 재군비, 미국과의 군사동맹을 받아들였다. 이것으로 일본은 애매모호함의 중심에 놓이게 되었다.

그러나 전후 일본은 헌법의 평화조항을 지키는 범위 내의 군비확대, 그리고 미국과의 군사동맹 고정화가 무엇을 의미하는지 명확한 정의도 내리지도 않은 채 보수정권을 유지해 왔다. 이러한 측면에서 일본의 애매모호함을 견고한 외교정책으로 안주시킨 것이 미국의 핵 억지력에 대한 근거 없는 신뢰이다. 이것과 원자력발전소의 안전성에 대한 근거 없는 확신은 서로 깊은 관련이 있는 것은 아닐까?

오에 겐자부로의 지적은 깊고 치밀한 역사인식을 토대로 한다. '헌법의 평화조항을 지키는 범위 내의 군비확대, 그리고 미국과의 군사동맹 고정화'란, 1950년 6월 25일 일어난 한국전쟁이 한창 진행 중인 1951년 9월 8일 체결된 샌프란시스코 강화조약과 함께 맺은 일미안전보장조약체제, 자위

---

[2] 『세계(世界)』 2011년 5월호.

대와 방위청은 창설했지만 헌법 9조를 바꾸지는 못했던 자유민주당 정권 아래의 전후 일본을 지적하고 있다.

3. 핵 확산 추진 세력

1950년 11월 27일 18만 중화인민공화국 인민해방군이 참전하자, 12월 단계에서 맥아더는 핵무기(원자폭탄) 사용을 미군사령부에 요청했고 트루먼 대통령도 국제연합의 승낙 없이도 야전사령관의 판단으로 한국에 원자폭탄을 사용할 수 있다는 뜻을 내비쳤다. 이승만 대통령도 "트루먼의 원폭사용 발언을 환영했다."[3]

1949년에는 소련(당시)이 원폭실험을 실시하여, 유럽의 동서냉전은 핵무기에 의한 미소 대립을 불러 일으켰다. 그러나 1950년 3월 스톡홀름에서 개최된 세계평화위원회 회의에서 핵무기의 무조건 금지를 요구하는 「스톡홀름 호소문」이 채택되고, 세계에서 5억 명이 서명했다. 세계 각지의 풀뿌리 운동가들의 힘이 히로시마와 나가사키에 이은 핵무기 사용에 제동을 건 것이다.

이듬해인 1951년 4월, "상황에 따라서는 원폭이 사용될 가능성이 존재"[4] 하던 가운데, 미국 정부를 비판한 맥아더가 11일에 해임되고 한국전쟁의 정전교섭이 시작되었다. 이로부터 5개월 후 샌프란시스코 강화조약과 일미안전보장조약이 맺어지고, 안보조약 중에 일본의 재군비가 명문화되었다. 일본은 미국의 '핵의 우산', 즉 '미국의 핵 억지력에 대한 근거 없는 신뢰' 체제에 돌입했다. 한국전쟁의 정전협정이 조인된 것은 1953년 7월 27일이었다. 그로부터 4개월 후인 12월 8일, 아이젠하워 미국 대통령은 UN

---

3) 와다 하루키(和田春樹), 『조선전쟁전사(朝鮮戦争全史)』, 이와나미서점(岩波書店), 2002.
4) 위의 책.

총회에서 '원자력의 평화적 이용'에 대해 연설했다.

아이젠하워는 동맹국에 대한 농축 우라늄 제공과 국제 원자력 기관 창설을 제창했다. 히로시마와 나가사키의 경험이 있는 일본 국민에게 원자력 발전을 받아들이게 만드는 것은 '원자력의 평화적 이용' 전략에서 빠질 수 없는 과제였다. 미국의 원폭투하 책임을 '애매모호'하게 만들고, 대량 학살하는 무기를 사용했던 기억을 흐리게 함으로써, '핵'무기인 원폭으로 가족을 잃은 피폭자가 '평화적 이용'이라는 형태로 '원자력'에 행복과 번영을 위탁하도록 만들었기 때문이다. 이 연설을 한 12월 8일은 진주만 공격일이다. 미국과 일본의 전쟁을 끝낸 것은 평화를 위한 도구 '핵무기'였다는 미국의 자기정당화 논리가 이때부터 일반화되기 시작한다.

이러한 미국 측의 계획을 일본 측에서 현실화시킨 사람은 나카소네 야스히로 전 수상과 당시 요미우리신문사 사주이자 니혼TV 사장이기도 한 쇼리키 마쓰타로(正力松太郎) 등이다. 나카소네는 '3·11'이 한 달 정도 지난 4월 26일자『아사히신문』의「인터뷰-원자력과 일본인」에서 일관되게 원자력 정책을 추진해 온 것을 '선견지명'이라고 자화자찬하며 원자력 예산을 처음 책정했을 때의 소감을 다음과 같이 말하고 있다.

> 몇몇과 상의하여 1954년도 예산안에 원자력 예산을 넣기 위한 연구를 시작했다. 당 간부들과 비밀리에 의견을 주고받은 후, 중의원 예산위원회에 갑작스럽게 2억 3천 5백만 엔의 예산을 제안하여 성립시켰다. 사전에 알려지면 차질이 생길 가능성도 있었다. 일부 신문과 언론에서는 '나카소네가 원폭을 만드는 예산을 마련했다'고 야단법석이었다.

원자력 발전소 정책을 비판하는 사람들에게는 '무지'하다는 낙인을 찍고, 비과학적이자 병적인 이미지를 만들어 내는 것이 원자력 발전소 추진 세력의 상투적 방법이었다. 그러나 원자력발전소는 발전으로 이익을 내면서 핵무기의 재료를 만드는 시스템에 다름 아니다. '나카소네가 원폭을 만

드는 예산을 마련했다'라는 보도는 정확한 것이다. 나카소네의 자화자찬
에는 후쿠시마 제1원자력 발전소에서 발생한 사고를 필연적으로 내포하
고 있는 원자력 정책에 대해 조금의 반성도 하지 않고 있음을 보여준다.
원자력 발전소 예산은 일부 관계자 이외에는 비밀로 부쳐져 국회를 '순식
간에' 통과시켰다. 게다가 '2억 3천 5백만 엔'이라는 금액은 전혀 근거도 없
었다. 나카소네는 "우라늄 235의 235입니다(웃음)[5]"라고 딴전을 부렸다.

　우라늄 235를 풍자한 예산액이 국회를 통과한 것은 1954년 3월 3일이었
다. 제5후쿠류마루(福竜丸)가 비키니섬의 수소폭탄 실험으로 '죽음의 재'
를 뒤집어 쓴 3월 1일로부터 불과 이틀밖에 지나지 않은 날이었다. 아직
일본에서는 제5후쿠류마루 사건이 보도되기 전이었다. 제5후쿠류마루의
피폭은 3월 16일에서야 알려졌다. 이때부터 일본 국내에서는 원자력・수
소폭탄 금지운동이 사회 전반에 확대되어 갔다.

　오에 겐자부로가 3월 16일 『르몽드』의 인터뷰를 요청받은 것은 '3・11'전
에 집필하고 3월 15일자 『아사히신문』에 발표된 「정의집(定議集)」 가운데
에서 제5후쿠류마루의 승무원이었던 오이시 마타시치大石又七를 만났기
때문이다. '3・11'을 예감했는지 물으면서 시작하는 인터뷰가 된 것이다.
그러나 원자력・수소폭탄 금지운동 관계자에 의하면, '3・1'은 '비키니 데
이(제5후쿠류마루 사건을 기리는 날)'이고, 많은 사람들이 제5후쿠류마루
의 기억을 되살렸다. 제5후쿠류마루기념관 관장이 오이시 마타시치이다.

　이대로는 원자력 발전소 추진이 곤란해질 것을 염려한 미국은 3월 22일,
실험용 원자로를 일본에 제공할 것을 결정했다. 쇼리키 마쓰타로는 요미
우리신문과 니혼TV를 최대한 이용하여 '원자력의 평화적 이용'을 선전하
고, 이로써 원자력・수소폭탄 금지운동의 열기를 단숨에 무너뜨리려 했다.
일본학술회의는 1954년 3월 18일 '자주・민주・공개'라는 원자력 연구의 3

---

[5] 「천지유정(天地有情) ─50년 전후정치를 말하다」, 『문예춘추』, 1996.

원칙을 제안했지만, 실제로는 농축 우라늄은 물론이고 원자로도 제너럴
일렉트로닉(GE)과 웨스틴하우스(WEC) 제품이었고, 미국의 원자력법으로
기밀보호가 강제되었다. 이것을 규정한 것이 1955년 11월에 조인된 '일미
원자력협정'으로 만들어진 체제이다.

오에 겐자부로가 말하는 '일본의 사실상 재군비, 미국과의 군사동맹을
받아들인'. '미국이 핵 억지력에 대한 근거 없는 신뢰'를 국민에게 고취시
키는 것이 '일미안전보장조약체제'라면, '원자력발전소의 안전성에 대한 근
거 없는 확신'을 퍼트린 것은 '일미원자력협정체제'였다.

국책 또는 일본과 미국이 합작하여 퍼트린 '원자력 발전소의 안전성에
대한 근거 없는 확신'을 막대한 비용을 들여 선전해 온 것이 정치가, 관료,
재계 인사, 학자 그리고 대형 언론사이다. 자민당 중의원 코노 타로(河野
太郞)는 "정 · 관 · 산 · 학 · 언론의 오각형이 안전신화라는 낡은 이야기를
만들어냈다"[6]고 말한다.

'원자력 발전소 재난'의 위기에 경종을 울려온 지진학자 이시바시 가쓰
히코(石橋克彦)는, 비판적 의견을 봉쇄하고 연예인과 문화인을 동원하여
국민에게 원자력 발전소는 필요하고 안전하다고 믿게 만드는 '전후'를 '전
전(戰前)과 전중(戰中)'의 군국주의 시대를 상기시키는 '원자력발전소주의
시대'라 규정하였다. 그리고 "국가가 막대한 사람과 돈과 조직을 투입한
현대 일본의 원자력은 패전 이전의 제국 군대와도 닮은 절대선이 되었다"
고 비판했다.[7]

이 '정 · 관 · 산 · 학 · 언론의 오각형'은 '3 · 11' 이후의 겐카이(玄海) 원자
력발전소 재가동을 둘러싸고 더 추악한 '짜고 치는' 모습을 보였다. 경제산

---

6) 하세가와 마나부(長谷川学), 「정 · 관 · 산 · 학 · 언론을 둘러싼 전력업계」, 『이코노미스
    트』, 2011. 7. 11.

7) 이시바시 가쓰히코(石橋克彦), 「'원자력발전재난'을 반복하지 않기 위해 ─ 지금이야말로
    '원자력발전 없는' 신생일본의 창조를」, 『아사히저널(朝日ジャーナル)』, 2011. 6. 5.

업성, 사가 현 지사, 겐카이 정장(町長), 원자력안전·보안원, 규슈전력, 관련학회, 신문 및 텔레비전이 하나가 되어 '짜고 치기'는 정보의 조작과 유착 구조를 전 국민의 앞에 드러냈다. 이러한 실태가 모든 원자력 발전소에서도 기능할 것이라는 것을 누구나 알 수 있게 되었다. 동시에 겐카이 원자력발전소를 둘러싼 '짜고 치기' 문제는 원자력 발전소 추진세력이 몰염치하게 재가동을 위한 반격을 시작하였음을 보여주는 것이었다. 주권자 국민에게 정보를 감추고, 비판적 의견은 모른 척 하거나 입막음을 하거나 마을에서 따돌림 당하여 배제당하게 함으로써 애초에 비판이 존재하지 않는 것처럼 위조하였다. '정·관·산·학·언론의 오각형'의 원자력 발전소 추진세력은 누가 보아도 전전과 전중 당시 '가미쿠니(神國) 일본'의 정보 통제를 부활시킨 듯 했다. 전력회사와 원자력안전·보안원이 결탁하여 헌법 제21조 제1항의 '언론, 출판, 기타 일체의 자유'를 짓밟고 제2항에서 금지하는 검열을 해 온 사실이 명백해졌다. 또한 국가와 전력회사의 지시대로 '원자력 발전소의 안전성에 대한 근거 없는 확신'을 학문이라는 포장으로 선전하기 위해 반대파들을 배제한 학자들은 결과적으로 헌법 제23조 '학문의 자유'를 스스로 파괴한 셈이다.

우리들은 한 사람 한 사람의 '국민에게 주권이 존재한다'고 규정한 일본 국헌법 전문의 첫 번째 규정에서 '3·11' 이후 이 나라와 국민의 관계를 되묻지 않을 수 없다. 첫 번째 규정의 주어는 '일본 국민'이고, 무엇보다도 "정당하게 선출된 국회의 대리자를 통해 행동할 것"으로 되어 있다. 그러나 '3·11' 이후 우리 일본 국민은 "국회의 대리자를 통해 행동" 할 수 없게 되어 버렸다. 부흥 정책 중 하나로서 피해지 주권자의 제 권리를 회복하기 위한 입법 논의를 해야 하는 국회는 여당인 민주당과 야당인 자민당과 공명당 사이에서 당리당략의 정국으로 나날을 보냈다. 2009년 총선거에서 주권자 국민이 민주당을 집권 정당으로 선택한 정책, 즉 아동수당을 비롯한 '매니패스트'의 주요 정책을, 자민당과 공명당의 합의를 얻기 위해 민주당은 철회해 버렸다. 이래서는 선거의 정당성 자체가 흔들린다. 주권자 국민은 안중에도 없는 행위인 것이다.

그 때문에 이제껏 국가에 대해 벌인 시위운동 등에 참여하지 않았던 많은 사람들이 피난지 내외에서 들고 일어나 헌법 제12조의 "이 헌법이 국민에게 보장하는 자유 및 권리는 국민의 부단한 노력으로 보호 유지되어야 한다"는 내용을 실천하고 있는 것이다. 이러한 실천은 헌법 전문의 첫 문장에서 말하는 "우리나라 전 국토에서 자유가 미치는 혜택을 확보"하기 위해서이다. '자유를 누릴 혜택의 확보'는 '우리들과 우리들의 자손을 위한' 실천임에 틀림없다. 후쿠시마 제1원전소 사고로 자신과 동시에 자신의 아이들 또는 자손마저도 피폭 당하게 만든 후쿠시마 주권자들의 행동은 헌법 전문의 사상에 기초하고 있는 것이다.

문부과학성은 4월 19일에 후쿠시마 현내의 유치원과 소학교, 중학교에서 운동장과 학교건물을 사용할 수 있는 연간 피폭량 기준을 20mSv로 발표했다. 일본 국민의 일반적 피폭기준량이 1mSv임을 감안하면 피폭에 더 큰 영향을 받을 아이들의 기준이 왜 20배나 되는 것일까? 후쿠시마의 부모들은 이 기준을 바로잡기 위해 전세 버스를 타고 상경하여 정부와 직접교섭을 실시했다. 원자력 안전위원회와 문부성 담당자가 대응했지만, 부모들의 질문에 온전한 답변을 하지 못했다. 문부과학성은 기준을 '1mSv'로 바꿀 수밖에 없었다.

문명론적 관점을 포함해 '핵 억지력'이나 '원자력 발전'과도 결별해야 하는 시대가 왔다. 이것이야말로 '일본의 애매모호함'을 극복하기 위한 불가결한 요소이다. 이와 동시에 '헌법의 평화조항' 제9조가 존재하기 때문에 자위대는 무기를 버리고 지진과 쓰나미 직후부터 헌신적인 원조활동을 실시했고, 많은 재해민들로부터 이 행동에 대한 감사의 인사를 받을 수 있었다. 국가의 무책임한 대응과는 달리 재해지 기초 자치단체장들이나 동료를 잃은 지방 공무원들은 국가의 지시가 없을 때도 독자적인 판단으로 서로 도와가며 어려운 상황에 대처하였다. 이런 활동의 토대에는 자신들 존재 자체가 '주권자 국민이 엄중히 믿고 맡긴 직무'라는 무거운 자각이 있었다. 때문에 기초자치단체를 구성하는 지역민들의 요구에 맞는 세심한 복구와 부흥이어야만 한다. 신자유주의적 구조개혁의 돌파구로 삼으려는 재계와 이에 추종하는 정치가들의 음모를 허락해서는 안 된다.

후쿠시마 제1원전소의 사고처리를 둘러싸고 간 나오토(菅直人) 정권은 미국에 대한 추종을 심화시켰다. 게다가 노다 요시히코(野田佳彦) 정권은 국민을 배신하는 원자력발전소 정책을 추진하고 미국이 강조하는 핵우산 의존도를 높이려 하고 있다. 오에 겐자부로가 말한 바와 같이, '미국의 핵 억지력에 대한 근거 없는 신뢰'와 '원자력 발전소의 안전성에 대한 근거 없는 확신'이라는 미국을 향한 이중적 추종을 한 층 더 심화시킨 것이 노다 정권이다. 환태평양 파트너쉽이라면 무엇보다 한국이나 중국과의 관계를 어떻게 할지가 우선시되어야 하는데도, 불황을 타개하려는 미국 정책에 일본이 그 비용을 지불하는 종속적인 관계에 발을 내디디려는 것이다.

9월19일 도쿄의 메이지 공원에서, '헌법 9조회' 발의자인 오에 겐자부로와 사와치 히사에(澤地久枝) 등 9명이 발기인으로 참가한 '사요나라 원자력발전, 5만 명 집회'가 6만 명이나 참가하면서 성공을 거두었다. 원자력발전소를 없애자는 결의를 많은 국민이 표명했는데도, 마치 이에 등을 돌리려는 듯 노다 수상은 9월 21일 미국으로 날아가 오바마 대통령과 처음으로 일미정상회담을 가졌다. 오바마 대통령은 노다 수상에게 후텐마 기지의 나고시(名護市) 헤노코(辺野古) 이전과 환태평양 파트너쉽 참가에 대해 '결론을 내리라'고 요구했다. 대등한 독립국의 수뇌부 사이에 나눈 대화와는 거리가 있는, 상사가 부하 직원에게 명령하는 언어였다.

또한 9월 22일 UN에서는 후쿠시마 제1원전소 사고가 전혀 해결되지 않았는데도 '세계 최고 수준의 안전성을 실현하고 있다'는 연설을 했다. 재계가 원하는 원자력 발전소 재가동을 목표로 한 연설이었다. 실제로 같은 날, 일본에서는 간사이 전력 회장이 내각관방장관에게 2012년 2월까지 원전을 재가동할 수 있게 해줄 것을 요청했다. 3월에는 가동 중인 모든 원자력 발전소가 정기점검을 시작하기 때문이었다. 이와 동시에 타국에 일본의 원자력 발전소를 팔려고 하고 있다. 일본의 원자력 발전소를 베트남에 팔아넘기는 방향으로 움직이고 있는데, 이는 동아시아의 군사적 긴장을 높이는 계기가 되었다. 원자력 발전소는 핵무기 재료를 만드는 장치이기 때문이다.

자민당의 이시바 시게루(石破茂) 중의원 의원은 원자력 발전소를 보유하고 있다는 것은 '잠재적인 핵 억지력을 보유한 것'이라고 단언한다.[8] 애초에 미국이 핵협약으로 오키나와에 핵무기를 들여오려는 책동을 했던 것이 동아시아의 군사적 긴장을 불러일으켰고, 일본과 중국 사이의 영토분쟁도 '오키나와 반환' 당시에 미국이 관계했던 것이기도 하다. 미국이 '친구'가 아님은 명백한 사실이다.

만약 미군이 진심으로 구조 활동을 할 생각이었다면, 굳이 원자력 항공모함 로널드 레이건 호가 도착하길 기다리지 않고 요코스카시(橫須賀市)를 모항으로 삼는 조지 워싱턴 호를 비롯한 함선이나 부대를 파견할 수도 있었다. 그러나 미국 정부는 먼저 자국민을 80킬로 밖으로 대피시키고 조지 워싱턴 호는 재해지와 다른 방향으로, 늘 그랬듯이 태평양에서 인도양으로 출격할 수 있는 위치에 배치했다. 로널드 레이건 호가 도착해서 새롭게 전개한 '친구의 작전'이 구출이나 구조로 치장한 '원자력 발전소 테러'나 '소형 핵무기전'을 상정한 군사훈련이었음은 많은 논자들이 이미 지적하고 있다. 오키나와의 후텐마 기지에서 투입된 것은 해병대 핵부대였다. 이로써 미국군 자체가 '억지력'이 아님이 증명되었다. 군대는 사람을 죽이는 조직이지 사람을 구하는 조직이 아니기 때문이다.

---

8) *SAPIO*, 2011. 10. 5.

4. 일본이 처한 '언어도단의 궁상'

쇼와천황의 '옥음방송(玉音放送)' 라디오가 방송된 1945년 '8 · 15'를 우리들의 전환점으로 의식하게 된 지 66년이 되었다. 정말 우연이지만 100년 전 '8 · 15'에 나쓰메 소세키는 와카야마(和歌山)에서 '현대 일본의 개화'라는 강연을 했다. 서구열강으로부터 메이지 일본이 '외발적(外発的)'으로 받아들여진 개화인 기차, 기선 또는 전신, 전화라는 기계문명을 나쓰메 소세키는 '모순된 편법'이라 일축했다. 이것은 원하지 않는 곳에 '세력'을 만들지 않는 '소극적 개화'라고 지적했다. '적극적 개화'는 정말로 자신이 원하는 것에 노력을 기울여도 부족한 것이라는 설명도 덧붙였다. 자기 안에서 솟아나는 것이 '자발적' '개화'라는 것이다.

100년 전 1911년 4월, 대일본제국은 관세 자주권을 획득함으로써 불평등 조약 체결의 마지노선을 깨뜨렸다. 바로 1년 전에 한국을 강제병합하고 아시아의 식민지 제국이 되었기 때문이다. 나쓰메 소세키는 그해에 하얼빈에서 이토 히로부미를 암살한 안중근을 주제로 한 『문(門)』이라는 소설을 발표했다. 서구열강과 마찬가지로 식민지를 넓히는 제국주의 국가가 되어 전쟁의 길을 쉬지 않고 달리게 된다. 그는 이 연설에서 일본의 현상에 대해 '언어도단의 궁상(窮狀)'이라고 잘라 말했다.

100년이 지난 '8 · 15'에 일본은 '언어도단의 궁상'에 처해 있다. 이로부터 인간의 존엄을 회복하기 위해서는 한국이나 중국과의 관계에서, 이 나라의 근대 정치와 사회, 경제, 문화에서 역사 본연의 자세를 비판적으로 총괄해야 한다. 이번 포럼이 이런 반성을 할 좋은 기회라고 확신한다.

【참고문헌】

『세계世界』, 2011년 5월호.

「천지유정(天地有情)-50년 전후정치를 말하다」, 『문예춘추』, 1996.

와다 하루키(和田春樹), 『조선전쟁전사(朝鮮戰爭全史)』, 이와나미서점(岩波書店), 2002.

하세가와 마나부(長谷川学), 「정·관·산·학·언론을 둘러싼 전력업계」, 『이코노미스트』, 2011. 7.

신해혁명 100주년과 '아시아'연합*

부핑(步平)**

2011년은 중국의 신해혁명이 100주년 되는 해이다. 중국 곳곳에서 많은 기념행사가 처리지고 세미나가 열렸다. 신해혁명은 중국만이 아니라 동아시아 나라들에게도 큰 영향을 주었다. 그래서 동아시아 다른 나라들에서도 이와 관련된 기념행사들을 가졌다. 가령 신해혁명을 더 넓은 안목에서 본다면 특히 동아시아 100년 역사와 연관시켜 보았을 때 우리에게 시사하는 바가 많다.

1. 상상속의 아시아: '아시아주의'는 한 시기 백년 이래의 이상이었다

역사 발전의 관점에서 볼 때 중국, 일본, 한국(한반도) 등 동아시아 나라는 근대 전 거의 비슷한 사회발전 단계에 있었다. 서구의 동아시아 진출 100년 역사는 서구에 비해 열세였던 후발 개발도상국인 아시아 나라들로 하여금 서구열강의 침략에 맞서 나름대로 근대적 발전의 길을 모색하고

---

* '제10회 역사인식과 동아시아 평화포럼 북경대회(2011. 11. 25~28)에서 발표한 글.
** 중국 사회과학원 근대사연구소 연구원.

선택하는 한편, 아시아 연합을 구상하게 했다. 뒷날 사람들에게 '아시아주의'라고 불리는 관점이었다. 즉 아시아연합과 공동방어로 서구의 정치, 경제, 군사, 문화침략에 맞서자는 정치적 주장으로 '아시아연합', '아시아주의'와 '대아시아주의'라는 개념들이 100년 넘는 역사시기인 아시아 근대사에서 강한 응집력과 호소력을 갖는 명사로 자리매김하였다. '아시아'를 지리적 개념만이 아닌 역사문화사상과도 연관시킨 공간으로 이해하고, 이로부터 출발해 과거사를 정리하고 미래를 열어갈 수 있는 생각을 가지는 것이야말로 아시아 여러 나라 사람들의 소원이었다.

　일본의 아시아주의 사조는 19세기 전반이나 중엽, 심지어 18세기 말로 거슬러 올라갈 수 있다. 서구의 천문학과 지리학 지식은 일본사람들의 세계 인식을 바꾸었다. 특히 중국을 전통문화의 중심으로 생각하는 '화이질서' 인식에 변화를 가져왔다. 니시가와 죠갠(西川如見, 1648~1724)은 『증보화의통상고(增补华夷通商考)』의 「지구만국일람표(地球万国一览之图)」에서 '만국'을 알게 되었고, 아라이 하쿠세키(新井白石, 1657~1725)는 『서양기문(西洋纪闻)』에서 '서양'과 '동양'을 구분해 '아시아 안목'을 내세웠다.[1]

　메이지유신에서 성공한 후 일본은 중국을 중심으로 하는 조공－책봉체제와 중국의 문화그림자에서 벗어나서 자신감을 세운 기초 위에서 자아 및 타자를 새로 인식하였다. 서구의 중심에서 벗어난 위치에 있는 자신의 지위를 변화시키고, 서구열강과 대등한 위치에 서는 새로운 지역, 정치, 경제, 문화로 이루어진 '자아'를 구축하고자 했다. 그러나 서구의 압력을 받으면서도 근대 이래 거둔 부강과 발전에 자부심을 가지면서도, 자신이 속한 동아시아 전통에 깊은 미련이 있었으며 이미 익숙해 있는 지연적 아이텐티티에서 쉽게 벗어날 수도 없었다. 즉 아시아를 벗어나는 '탈아(脱亚)'에서 서구로 편입하는 '입구(入欧)'로의 변화는 아주 복잡한 심리과정

---

[1] 山室信一, 「아시아 인식의 기축(アジア认识の基轴)」, 古屋哲夫(편), 『근대일본의 아시아 인식(近代日本のアジア认识)』, 東京: 绿荫书房, 1996, 6쪽, 8쪽.

을 겪게 했다. 일부 일본인은 차츰 눈길을 다시 자신이 처한 아시아 지역으로 돌리기 시작했는데, 아시아 주변국인 중국은 일본과 자연적 친화력을 갖는 "동족"관계인데 반해 '서구'는 아시아와 혈연관계가 없는 비혈연관계임을 인식하게 된 것이다.

메이지시기 자유주의적 인물 중 많은 사람들은 정치자유를 위한 일본의 투쟁과 다른 아시아 국가의 정치자유 운동 간에 밀접한 연관이 있고 민족독립과 주권투쟁도 목표가 일치하다고 인식했다. 이들은 서구의 자유주의와 입헌주의를 사상적 무기로 삼았지만 서구의 침략에 맞서는 면에서는 열정적인 '아시아주의자'였다. 이들은 서구침략의 근원은 종족성에 있다고 보았으며, 일본은 중국인의 반대운동을 지원하거나 함께 반대하는 것 외에 다른 선택을 할 수 없었다. "중국인민의 생존은 타인의 복지가 아니라 일본인 자신의 근본적 이익과 관련된다"고 하면서 일본은 중국을 반드시 이해해야 하고, 중국을 여행하며 중국인과 교류해야만, 적합한 정책을 통해 양국이 직면한 어려움들을 해결할 수 있다고 보았다. 이들은 일본 국내만 아니라 쑨원을 지도자로 하는 중국 혁명파와 손잡고 활동했다. 미야자키 도우텐(宮崎滔天), 우메야 쇼키치(梅屋庄吉), 카야노 죠우지(萱野長知), 이누가이 쯔요시(犬養毅), 도우야마 미쯔르(头山満), 미나카타 쿠마구스(南方熊楠), 우찌다 료우헤이(内田良平)와 키다 익기(北一輝) 등이 대표적이었다. 최근 연구결과에 의하면 당시 이런 인물들은 1,000명을 넘는다고 한다.[2] 개인 신분으로 중국혁명인과 연대하고 중국혁명군에 들어가 목숨까지 바친 사람들도 있는데, 예를 들면 미야자키 도우텐(宮崎滔天), 카야노 죠우지(萱野長知), 우메야(梅屋庄吉) 등이 그러하다. 이들은 쑨원에게서 "안목이 넓고 포부가 비범하며", "인(仁)과 의(义)의 마음으로 나라와 백성을 구하는 지개를 지닌", '정의의 사람'이라고 평가받기도 했다.

---

[2] [일] 安井三吉:『손문과 일본인: 손문 및 일본 관련 인명록 소개』.

그렇다면 이 시기에 중국은 어떻게 일본을 인식하고 있었을까? 중국 조기 외교가인 쩡찌저(曾纪泽)는 자체이 익을 기반으로 '연대'를 통해 서구세력과 맞설 수 있는 아시아를 구축할 것을 제의했다. 중일 양국은 "같은 아시아 나라로 순망치한과 같은 관계로서 서로 떨어질래야 떨어질 수 없는 … 우리 아시아 나라들은 크기나 강약에 차이가 있지만 물론 법에 의거해 대립할 수 있다."라고 했다.[3]

량치차오(梁啓超)는 동아시아 동문회 간행지인 『동아시론(东亚时论)』에서 여러 편의 글을 발표하고 '아시아찬성'이라는 주장을 명확하게 제기했다. 1898년에 『청의보(淸议报)』를 만들 때 세운 원칙 중 "중국과 일본의 정보교류를 통해 친선과 우의를 더한다"와 "동아시아 학술을 발명하여 아시아 문명을 전한다."라는 제4조 3, 4조목도 이와 연관되어 있다.[4]

짱타이옌(章太炎)은 자신이 쓴 유명한 '아시아가 입술과 이의 관계임을 논함'이라는 글에서 "서로 의뢰함은 동아시아 이익"임을 지적하였다. 동시에 이 글에서는 러시아를 가상의 적으로 보고 일본 측에 서서 러일전쟁을 일본의 자기방어로 보고 있었다. 이어 그는 한민족(漢民族)은 일본을 가까이 하고 만주를 멀리해야 한다는 '일친만소(日亲满疏)'를 원칙으로 내세웠다. "한민족에게 만주족과 일본은 같은 황색인종이지만 일본은 동족이고 만주족은 동족이 아니다"[5]라고 하면서, 1907년에는 일본에서 '아시아화친회'를 조직하여 "제국주의를 반대하고 자체로 방족을 보호해야 한다"고 주장하였다.[6]

---

3) 曾纪泽, 『曾惠敏公遗集 · 日记』 2권, 『근대 중국이 서구열강에 대한 인식자료집(近代中国对西方列强认识资料汇编)』에서 재인용(대북: 중앙연구원근대사연구원, 1986) 제3집 제1분책, 229쪽.

4) 「머리말」, 『청의보(淸议报)』(영인본) 제1책, 북경: 봉화서국.

5) 张枬 · 王忍之(편), 『신해혁명 첫10년간 시론선집(辛亥革命前十年间时论选集)』 제1권, 북경: 삼련서점, 1977, 98~99쪽에서 재인용

6) 汪荣祖, 「태염과 일본(太炎与日本)」, 『章太炎연구』, 대북: 李敖출판사, 1991, 63~64쪽.

쑨원은 이보다 더 적극적으로 아시아주의를 주장했다. 1913년 일본을 방문했을 때 중일 양국이 함께 아시아평화를 유지해야 한다고 제창한 바, "아시아인은 한 가족"이고 "중일 양국이 같이 세력을 확장한다면 대아시아를 이룩하는 것은 어려운 일이 아니고, 이전의 빛나는 역사를 회복할 수 있다"라고 했는데, 이런 주장은 일본인의 생각과 아주 비슷했다.[7]

근대 이전 중국은 일본에 문화를 수출하고 일본은 기꺼이 중국을 따라 배웠다. 그러나 근대에 접어들어 상황은 변화하여 중·일의 지위가 완전히 바뀌게 되었다. 이전의 학생이 선생으로 탈바꿈했던 것이다. 중국인의 해외유학은 제일 먼저 주변국인 일본을 선택했다. 일본이 메이지유신으로 약한 나라에서 강한 나라로 탈바꿈한 모델이 되었기 때문이다. 일본의 메이지유신은 전통적인 중국으로 하여금 자강의 길로 나아가도록 자극하였다. 청일전쟁에서 중국은 굴욕스럽게 일본에게 패했으며 그 수치심은 늘 사람들의 마음에서 가시지 않았다. 그러나 일본이 중국보다 서구 '문명'을 더 가까이 했으며, 서구 '문명'이야말로 근대국가와 민족의 '부강'을 의미한다고 인식했기에, 일본의 뒤를 이어 문명진보를 추구해야 한다고 생각했다. 정부에서 민간에 이르기까지 많은 학생들이 바다를 건너 "봉산을 향한 길에 험난함이 많아도", "뒤돌아보지 않고 동쪽을 향해 갔다."[8]

2. 현실속의 아시아: '대아시아주의'가 가져다 준 역사 유감

'아시아주의'는 민족국가라는 정치계선을 넘어 상상 속의 정치 공간, 즉 정치공동체를 재구축하고자 했다. 이 공동체는 대내적으로 '국가 중심'을

---

7) 손중산, 「일본동아동문회환영회 연설(在日本东亚同文会欢迎会的演说)」, 「도쿄중국유학생 환영회 연설(在东京中国留学生欢迎会上的演说)」, 『손중산전집』 제3권, 14, 16쪽.
8) 량치차오가 일본에 있을 때 지은 시 「거국행」에 나오는 말.

해소하고 대외적으로 '서방패권'과 맞서자는 것이 그 취지였다. 하지만 아시아는 이전에 서로 인정하는 공동의 역사연원을 갖고 있지 않았으며, 공동의 '3자' 문화나 지식, 역사를 갖고 있지 않았으며, 실제로 그러한 정치공동체를 구축한 적도 없다. 동아시아에서도 중국과 조선, 일본은 이러한 공동의 정치공간을 서로 인정한 적이 없다.

근대 아시아에서 일본은 서구열강의 침략을 받은 나라이지만, 식민지로 전락할 위기에서 신속하게 자강의 길로 나아갔으며, 아시아에서 유일하게 제국주의 국가로 부상한 나라이기도 하다. 반면 주변 나라인 조선은 강제로 일본의 식민지가 되었으며 또 다른 주변국인 중국은 일본이 수호하려는 '이익선'의 범위 내에 포함되어 침략확장의 또 다른 대상으로 되었다. 이로써 지역, 문화적으로 인접해 있는 동아시아 나라들 사이에서는 서로 화합해야 한다는 국제적 인식이 없었고 민족과 나라 고유의 경계를 초월한 공동체를 형성할 수도 없었다. 이는 역사적이나 현실적으로 유감이 아닐 수 없다.

사실 중국과 일본, 조선은 19세기에 유행했던 '아시아주의' 구호에 대한 이해에서도 차이가 많았다. 이 시기 많은 일본인은 '아시아주의'를 급격히 부상하는 일본이 서구의 억압에서 벗어나려고 하는 민족주의 표현과 확장주의 수단으로 생각하였다. 일본의 '아시아주의' 구상에는 일본의 민족주의나 소위 '대일본주의'가 잠재되어 있는 경우가 많았다. 그래서 급격히 발전하는 일본의 자아를 구축하고 '타자'를 인식한다는 기대를 상당히 강력하게 반영하였으며, 동시에 '탈아시아, 서구에로의 진입'은 일본이 세계로 나아가고 근대성을 추구한다는 지향을 보여주었다. 메이지유신 후 '아시아동맹'과 '중일제휴' 관련 논의가 끊이지 않았는데, 이를 지지하는 사람들은 대륙확장 정책을 주장하는 우익활동가들이었다. 이들은 '일본문화 우세론'을 "일본만이 아시아를 이끌고 나갈 자격이 있다"라는 주장, 즉 '아시아책임론', '아시아해방론'등으로 발전시키려고 했다. 이런 주장들이 뒷날 중국 침략 및 동아시아 지역 활동을 위한 정신적 근원인 동시에, 서구열강 억압에서 벗어나 아시아 각 나라가 함께 분발하기 위한 사상적 무기가 되어야 할 '아시아주의'에 대한 도전으로 작용했다.

중국의 '아시아주의'에는 근대화에 대한 강력한 지향이 담겨져 있다. 근대화를 실현하지 못한 중국에서 나라를 발전시키고 세계 다른 민족과 나라들과 융합하려는 염원이 반영되어 있었다. 빈약한 중국 지식인은 일본이 거둔 '부강'과 '문명'이라는 변화를 부러워했지만 민족주의와 확장주의로 표현되는 일본의 '대아시아주의'에 대해서는 우려와 경각심을 가지고 있었다. 중국인의 '아시아 인정'은 사실 서구의 억압으로부터 분리되어 나오는 것이지만, 아시아의 일원으로서 일본에 대한 인식은 어려운 시기에 보내준 지원에 대한 고마움이지 진정한 인정은 아니었다. 예를 들어 아시아에 대하 공동 염원을 많이 보인 쨩타이옌(章太炎)은 얼마 후 입장을 달리 하였다. 유신변법 초기에 그는 일본과 연합할 것을 주장했는데, 이는 서구의 제국주의 침략을 받은 자극에서 온 것으로 황색인종과 백인으로 인종을 구분하고 일본은 이민족으로 간주하지 않았다. 그러나 일본에 가고 나서는, 일본이 "겉으로는 황색인종인 척하면서 사실은 백인이라는 제국주의 본질을 근본으로 한다"는 것을 발견하고 "일본을 멸시"하기 시작하고 입장도 달리하게 되었다. 이것이 바로 1924년 쑨원이 일본 고베에 유명한 내용을 담은 연설을 하게 된 원인이기도 했다. 이 연설에서 쑨원은 "너희 일본 민족은 서구의 패도문화를 이어받는 동시에 아시아의 왕도문화의 본질을 가지고 있다. 향후 세계문화의 운명에서 서구 패도문화의 실행자로 될 것인지 아니면 동양의 왕도왕국으로 나아갈 것인지는 바로 너희들 일본 국민의 구체적인 사고와 신중한 선택에 있다."[9]라고 했다. 따이찌토(戴季陶)는 쑨원의 '대아시아' 연설이 그의 주요사상을 반영한다고 하였다.

---

[9] 중국사회과학원근대사연구소중화민국사연구실(편), 『손중산전집』 제11권, 북경: 중화서국, 1986, 409쪽.

즉, 그의 "마음 속의 아시아는 이 땅이 아니라 사실 아시아 8만 억압받는 민족이라는 고달픈 실정이며 정신적으로 중국의 '인'과 '애'의 도덕문화를 지향한바 이런 현실과 사상의 중심에는 일관되게 '지', '인', '용'이라는 세 가지 덕을 전면적으로 갖춘 인격체가 위치해 있다'라고 주장했다.[10] 이 내용으로부터 쑨원의 '대아시아주의'는 일본을 중심으로 한 '대아시아주의'가 아니라 '아시아정신'으로 여러 나라와 민족을 연합하여 아시아가 국제사회에서 지위를 회복하자는 주장임을 알 수 있다. 사실 소위 '대아시아주의'라는 연설 제목은 쑨원 자신이 붙인 것이 아니라 연설을 기획한 고베상업회의에서 정한 것이기도 했다.[11] 많은 사람들의 '아시아주의'에 대한 개념 이해는 기본적으로 쑨원의 연설에서 온 것으로서 일본의 '대아시아주의'라는 부정적인 영향을 계속 이어왔다고 하지 않을 수 없다.

망국의 위기에 처한 한국에서 민족의 생존과 독립은 최고의 목표였다. 한국의 유력 인사들은 중국혁명에 참여하고 희생함으로써, 혁명에 대해 공부할 뿐만 아니라 혁명 승리 후 중국의 도움을 받으리라는 기대까지 가졌다. 그들에게 신해혁명의 승리는 약소국가들에게 기쁜 소식('복음')이 아닐 수 없었다. 이런 의미에서 보면 그들은 신해혁명을 동아시아의 신해혁명으로 간주했던 것이다.[12]

형식으로 봤을 때 일본이건 중국이건 간에 19세기 말 20세기 초의 '아시아주의'는 민족 전반에 걸쳐서 근대의 추구로 나타난 바, 민족 부강을 통해 존재를 내세우고, 민족 부강을 근대화, 서구화와 일치시킬 수밖에 없었다. 이리하여 민족주의 입장과 세계주의 가치가 한데 어울려 근대성 추구가 전통성 고수를 엄폐하고 민족주의가 세계주의로 드러나게 되었다. 하지만 세계는 물론, 동아시아에서도 국제 지위가 서로 다른 중국, 한국, 일본의

---

10) 戴季陶,『손문주의 철학기초(孫文主义之哲学的基础)』, 민지서국(民智书局). 1924, 30쪽.
11) 伊原泽周,『'필담외교'에서 '역사를 거울로'』, 북경: 중화서국, 2003, 321쪽.
12) 裴京汉,『신해혁명과 한국−한인지사 김규홍의 광주활동을 위주로』.

'아시아주의' 운명은 매우 큰 차이가 있었다. 이런 차이는 일본이 한국을 강제병합하는 것으로 나아간 동시에, 중국 내정에 대한 간섭과 불평등조약으로 나아가고, 나아가 '아시아 해방'을 기치로 중국에 대한 침략전쟁으로 전개되었다. 힘의 우위를 바탕으로 일본의 '아시아 주의'는 '대아시아주의'로 발전하고, 이성적인 것에서 비이성적인 것으로 변화하고 유한확장에서 무한확장으로 나아갔다. 반면 중국과 한국의 '아시아주의'는 힘의 약세에서 민족독립과 해방이라는 민족주의로 나아가고 비이성적인 것에서 이성적인 것으로 변하였다.

3. 아시아의 미래는 국경을 넘어선 역사인식이 되어야

아시아 많은 나라들, 특히 중국이 아직 열강들의 분할점령을 받지 않은 시기에 한국 아직 자주독립을 실현하고 있지 못했으므로, 한국을 대상으로 아시아주의를 제창하고 아시아민족의 연합을 호소하는 것은 자연스러운 경향이었다. 하지만 '대아시아주의'는 진정한 아시아정신에 대한 도전이었다. 글로벌 경제 추세가 전 세계를 휩쓰는 오늘날, 동아시아 여러 나라 특히 중국과 한국은 경제의 급속한 성장을 이룩해 새로운 국제 정치경제질서를 구축하기에 유리하다. 이제 동아시아에는 전의 "한 나라가 강대하고 다수가 빈약한" 국면이 더 이상 존재하지 않는다. 이런 새로운 환경하에서 신해혁명 전후 쑨원이 주장한 '아시아 정신'은 향후 우리들이 유념해서 받아들여야 할 긍정적인 정신일 것 같다.

비록 아시아·태평양 전쟁이 끝난 지 60년이란 시간이 지났지만, 이 문제를 토론할 때 20세기 전쟁이 아시아에 가져다 준 부정적인 과거 역사문제를 외면하지 말아야 한다. 얼마 전에 본인은 일본 도쿄에서 개최된 '역사화해' 관련 회의에 참가했다. 이 회의에서 유럽에서 역사대화를 통해 공동 역사교과서를 개발한 독일, 프랑스, 폴란드의 학자 및 교사, 중동에서 공동교과서로 수업을 시도한 팔레스타인과 이스라엘 교사, 전 유고슬라비아의 독립국가에서 하나의 교재로 수업을 시도한 세르비아 교사, 그리고 동아시아에서 공동 역사교과서를 개발한 한·중·일 학자와 교사들은 그동안 자신들이 펼친 노력을 소개했다. 이런 회의의 발표 내용은 여러 나라들 간에 역사인식의 이해를 위한 노력들이 얼마나 광범위하게 진행되고 있는지 느끼게 하는 동시에, 역사인식과 상호 이해가 얼마나 어려운 일인지 새삼 느끼게 한다. 역사 인식의 상호 이해를 추진하는 일은 '역사화해'라는 임무를 실현하는 것인 바, 이 점에서는 동아시아와 유럽, 중동과 발칸, 나아가 세계 여러 나라의 목표가 일치하지만, 근대 아시아 역사의 특수성은 이를 위해 더 깊은 사고를 필요로 한다. 주지하다시피 동아시아 한·중·일 3국 사이에는 21세기 초부터 국경을 초월한 역사인식 구축을 위한 노력들이 시작되었고, 우리가 개최하는 '역사인식과 동아시아 평화포럼'도 여러 노력 중 가장 중요한 것이기도 하다. 지금까지 이 포럼은 이미 10회를 개최했고 『미래를 여는 역사교과서』 및 신서 편찬이라는 적극적인 성과물이 세상에 나오기도 했다. 동아시아 평화와 상호 이해로 나아가기 위한 중요한 수단으로 우리는 영광스럽고 자부를 가질만하며 이와 동시에 향후 작업의 어려움도 내다보아야 한다.

  나는 한·중·일 3국 학자와 교사가 참여한 공동역사교재연구와『미래를 여는 역사』편찬을 하였으며, 중·일 양국 간의 역사공동연구에 참여하여 많은 연구 성과를 발표했다. 이런 체험을 통해 느낀 점이라면 동아시아 역사문제가 복잡하고 쉽게 해결되지 않는 것은 주로 정치 판단, 민족감정, 학술연구 등 3가지가 서로 다르면서 또 밀접하게 연관되어 있다는 점이다. 위 3자는 표현형식이나 내용을 달리하고 영향을 주는 범위도 달라 같은 방식으로 해결을 가져올 수 없는 동시에, 서로 얽혀 있고 연관되기에 여러 방법을 통해 내재적인 연계성을 찾는 것이 필요하다. 역사학을 통해 이 복잡한 문제를 처리하려는 것은, 우리의 사유와 인식에 대한 도전이라고 할 수 있다. 민간 및 학자간의 교류방식으로 우리의 포럼은 서로 다른 의견을 펼치고 학술 토론과 비판을 하는 무대이다. 깊이 있는 학술연구를 기반으로 정치판단, 민중감정 등 영역에 걸친 학술토론과 논쟁을 함으로써, 정치판단을 위한 과학적인 근거를 제공하고 민중 간의 상호이해를 위한 환경을 제공할 수 있을 것으로 기대한다.

2010년은 한일합병 100주년이 되는 해였다. 한국 학자들이 한일합병이 '강제'로 이루어졌다는 비합법성을 강조하고 일본의 많은 주류 학자들에게서 이 점에 동의하는 사인을 받고 지지를 이끌어낸 것을 주의 깊게 보았다. 2011년은 중국의 신해혁명 100주년 되는 해로. 일본 국내에서는 신해혁명에 대한 일본의 지원을 긍정적으로 대하고 아시아주의를 주장한 사람들의 업적을 고취하는 분위기가 있었는가 하면, 일부 주류 언론은 냉철하게 그때의 '아시아주의'에 대해 간단하게 언급하는 데 그치지 않고 오히려 '대아시아주의'로 나아간 부정적 문제에 주의해야 한다고 주장했다. 이는 학술계의 동아시아 역사 인식에 대한 냉철한 사고를 보여준다.

21세기 20년대에 들어선 오늘날 우리는 어떤 '아시아주의'를 지향할지, 어떤 '아시아연합'을 실현해야 하는지, 역사경험과 교훈을 어떻게 정리할지 등의 문제를 깊이 사고해야 한다. 동아시아의 지식인이나 정치가와 실업가를 포함해서 많은 사람들 사이에 100년 넘는 세월 동안 토론이 끊이지 않았는바, 지금은 선현들의 아시아연합과 아시아문제에 대한 100년 시간에 걸친 창조와 발전을 정리하고 그동안 왜 아시아연합을 이룩하지 못했는지 사고하고 반성해야 할 때가 왔다.

신해혁명을 기념하는 시점에서 중국 후진타오 주석은 2011보아우아시아포럼(博鰲亚洲论坛) 개막식에서 '아시아정신'을 제기하고 아시아정신 및 그 가치관을 널리 하는 의의는 서구의 정치제도와 의식형태 및 가치관이 판을 치는 단일 국면을 타파하는 것이라고 했다. 그리고 아시아 민중이 역대로 보여준 자강·분발정신과 개척·발전정신, 개방적·포섭 및 학습 정신과 어려움을 같이하는 단결정신을 특히 강조했다. 보아우아시아포럼 은 세계에 아시아의 목소리를 내는 중요한 장으로서 아시아가 가진 세계 의 대표성과 개방성을 제고하기에, 신해혁명의 목표가 100년 후인 지금에 와서 드디어 실현되었다고 할 수 있다. 이에 우리의 '역사인식과 동아시아 평화 포럼'은 아시아의 미래를 개척하고 국경을 초월하는 역사인식을 추 진하는 데 중요한 토대가 되어야 할 것이다.

【참고문헌】

戴季陶, 『손문주의 철학기초(孫文主义之哲学的基础)』, 민지서국(民智书局), 1924.

山室信一, 「아시아 인식의 기축(アジア认识の基轴)」, 古屋哲夫(편), 『근대일본의 아시
　　　　아 인식(近代日本のアジア认识)』, 東京: 绿荫书房, 1996.

손중산, 「일본동아동문회환영회 연설(在日本东亚同文会欢迎会的演说)」, 「도쿄중국유
　　　　학생 환영회 연설(在东京中国留学生欢迎会上的演说)」, 『손중산전집』 제3권.

汪荣祖, 「태염과 일본(太炎与日本)」, 『章太炎연구』, 대북: 李敖출판사, 1991.

伊原泽周, 『'필담외교'에서 '역사를 거울로'』, 북경: 중화서국, 2003.

중국사회과학원근대사연구소중화민국사연구실(편), 『손중산전집』 제11권, 북경: 중화
　　　　서국, 1986.

曾纪泽, 『曾惠敏公遗集·日记』 2권, 『근대 중국이 서구열강에 대한 인식자료집(近代中
　　　　国对西方列强认识资料汇编)』 제3집 제1분책, 대북: 중앙연구원근대사연구원,
　　　　1986.

张枬·王忍之(편), 『신해혁명 첫10년간 시론선집(辛亥革命前十年间时论选集)』 제1권,
　　　　북경: 삼련서점, 1977.

제2부

동아시아 영토문제와 영토교육

한국 영토교육의 현황과 과제*

김한종**

1. 머리말

한국에서 영토교육은 지리, 역사, 일반사회, 도덕 등 사회 관련 과목 전반에서 시행되고 있다. 역사에서는 주로 영토의 변천 과정을 다루는 반면, 지리에서는 시간과 공간상에서 국가와 사람들이 존재하는 방식을 배운다. 일반사회에서는 영토의 법적 개념이 학습내용에 포함되어 있다. 도덕 과목은 국가에 대한 애정과 국제평화라는 관점에서 영토에 접근한다.

이 중에서도 영토교육에 대한 논의가 가장 활발한 것은 지리분야이다. 영토문제나 영토교육에 대한 연구는 주로 지리학이나 지리교육에서 집중적으로 이루어져 왔다. 영토는 기본적으로 공간적 개념이며, 지리학은 위치, 장소, 공간을 다루는 학문이기 때문이다. 지리학에서는 영토의 개념, 영토인식, 영토와 국가, 영토가 국가와 국민에게 미치는 영향 등 영토와 인간 간의 관계를 폭넓게 다룬다. 이에 반해 역사교육에서는 독도나 간도

* '제12회 역사인식과 동아시아 평화포럼 광주대회'(2013. 5. 16~19)에서 발표한 글을 수정한 것임.
** 한국교원대학교 역사교육과 교수.

를 둘러싼 문제들을 한정적으로 논의해 왔을 뿐이다. 그렇지만 직접적이고 깊이 있게 영토문제를 다루지 않더라도 국가의 역사적 변천은 학생들의 영토관념에 커다란 영향을 미친다. 그렇게 형성된 영토관념은 사회인식과 활동으로 이어진다. 이 글에서는 한국에서 영토교육이 어떻게 이루어지고 있는지 지리와 역사분야의 논의를 중심으로 검토하기로 한다.

2. 지리교육에서 영토와 영토교육의 성격

지리학은 장소와 공간에 관심을 가진다. 어떤 공간을 다른 공간과 구별시켜 주는 동질적인 지표가 지역(region)이다. 지역을 어떻게 인식할 것인가는 지리학의 기본과제이다. 지리학은 인간과 환경, 인간과 인간이 어떻게 관련되어 어떤 지역을 형성하는가를 규명하는 학문이기도 하다.[1] 지리적 사고방식은 지리적 사상을 지역이라는 범주를 설정하여 고찰하는 것이다. 지리적 관점의 기본은 "어디에서, 무엇이, 어떻게 전개되는가?"를 위치나 공간과의 관계에서 파악하는 것이다.[2] 이러한 지역을 국가적 관점에서 바라본 것이 영토(territory)이다.

법적으로 영토는 한 국가의 주권이 미치는 범위를 가리킨다. 여기에서 영토는 국토와 같은 의미로, 지리학에서 말하는 좁은 의미의 영토(territorial land), 영해(territorial waters), 영공(territorial sky)을 포괄하는 개념이다. 그렇지만 영토는 단순한 공간적 개념은 아니다. 인간과 공간의 상호작용이 어우러져 형성된 인문학적 개념이다. 영토는 국가와 민족의 정체성을 형성시켜 준다. 그래서 영토개념은 지리교육의 중요한 외재적 목적으로 취급된다.[3] 지리교육에서 영토는 국민의 국가의식과 영역의식을

---

1) 김연옥, 『사회과 지리교육여구』, 교육과학사, 1995, 48쪽.
2) 심광택, 『사회과 지리교실수업과 지역학습』, 교육과학사, 2007, 112쪽.

길러주는 필수적인 요소이다. 영토에 대한 관심과 애착이 국가정체성뿐
아니라 학생의 자아정체성을 형성시켜준다고 여기기 때문이다. 영토교육
은 포섭과 배제의 원리에 따른 영역성을 기반으로 한다. 영역성이란 개인
이나 집단이 영역의 경계를 설정하여 타자와 자신을 구별하는 것이다. 영
토교육은 내부를 규제하고 정체성을 확보하는 수단이 된다.

　지리교육에서는 영토교육을 영토에 대한 교육, 영토로부터의 교육, 영
토를 위한 교육의 세 가지로 구분한다.[4] '영토에 대한 교육'은 영토 및 영
토와 관련된 현상들에 대한 지식과 이해를 증진시키는 것을 목적으로 한
다. '영토에 대한 교육'은 하나의 장소로서 영토에 대한 관심을 불러일으킬
수 있지만, 영토를 대상화할 수 있으며 영토를 자신과 동일시하기 힘들다.
'영토로부터의 교육'은 영토에 대한 체험을 통해 도덕적 자각을 하여 영토
윤리의 형성시킨다. 이를 바탕으로 영토애를 체득하고 영토관념을 형성시
키고자 한다. 국민의 생활공간 또는 생존공간으로서 영토에 대한 자각, 체
험, 성찰을 바탕으로 실존적인 영토인식을 키우는 데 '영토로부터의 교육'
의 목적이 있다. '영토를 위한 교육'은 영토 및 영토문제에 대한 인식을 제
고시켜 현재와 미래에 영토를 이용하는 데 바람직한 의사결정을 내리고
이를 개인적 차원이나 집단적 차원에서 실천하고 실행할 수 있게 하는 것
이다. '영토를 위한 교육'은 가치 및 태도를 바탕으로 하는 가치교육에서
한걸음 더 나아가 실행을 중시하는 실천교육의 형태이다. 영토교육은 '영
토에 대한 교육'과 '영토로부터의 교육'을 바탕으로 하며, '영토를 위한 교
육'을 최종적인 상태로 한다.

　이제까지 시행되어 온 영토교육의 문제점으로는 영토인식을 위한 지식

---

3) 이하나·조철기, 「한·일 지리교과서에 나타난 영토교육 내용분석」, 『한국지역지리학회
　지』 17(3), 2011, 333쪽.
4) 서태열, 「영토교육의 개념화와 영토교육 모형에 대한 접근」, 『한국지리환경교육학회지』
　17(3), 2009, 206~208쪽.

교육에 치중했다는 점이 지적된다.[5] 영토에 대한 애정만을 강조한 나머지, 우리의 영토 즉 국토가 아름다운 금수강산, 살기 좋은 곳이라는 인식을 길러주는 데 급급했다는 것이다. 또한 영토를 실체가 아니라 개념이나 입지로 학습해서, 영토를 생활공간이 아니라 자신과는 분리된 외적 공간으로 존재하게 만드는 문제점도 있다. 이는 영토를 다툼의 대상으로 여기게 되는 결과를 낳는다.

3. 역사교과서의 영토 서술

역사학도 지리학과 마찬가지로 공간과 인간, 그리고 양자의 관계에 커다란 관심을 쏟는다. 그러나 장소나 지역을 기본개념으로 하는 지리학과는 달리, 역사학에서는 공간은 엄격한 학문적 정의를 내리지 않는 일상적 개념이다. 일상적인 의사소통이나 대화의 범위 안에서 공간과 관련된 개념들을 사용할 뿐이다. 역사학의 이런 특성은 역사교과서의 영토 서술에도 영향을 준다.

첫째, 지리교육과는 달리 역사교육에서는 개념을 명확히 규정하지 않은 채 영토라는 말을 사용한다. 이 때문에 역사교과서의 영토 개념은 매우 포괄적이다. 역사교과서는 세력 범위, 영역, 영토와 같은 용어들을 별다른 구분 없이 뒤섞어 사용한다. 학생은 물론 교사들도 교과서의 이런 용어들을 별다른 생각 없이 읽고 말한다. 그 결과 영역이나 세력 범위를 영토의 개념으로 인식한다. 예를 들어 고조선 서술에서, 2010년까지 사용된 국정 『국사』 교과서에 수록되어 있는 지도에서는 만주와 연해주, 한반도 북부에 걸친 넓은 지역을 고조선의 '세력 범위'라고 지칭했다. 그러나 본문에서

---

5) 위의 책, 208쪽.

는 "(고조선은) 우세한 무력을 바탕으로 활발한 정복 사업을 전개하여 광대한 영토를 차지하였다(『고등학교 국사』, 2006, 34쪽)."라거나 "기원전 4세기 경에는 요령 지방을 중심으로 만주와 한반도 북부를 잇는 넓은 지역을 통치하는 국가로 발전하였다(『중학교 국사』, 2007, 14쪽)."라고 서술했다. 이러한 서술은 자연스럽게 지도에 표시된 '세력 범위'가 곧 영토라는 인식을 가지게 한다. 고조선이라는 청동기와 초기 철기시대 국가가 이후 중앙집권화된 국가들보다 훨씬 넓은 영역을 통치한 것 같이 이해할 우려가 있는 것이다. 이처럼 '세력 범위'라는 말이 영토나 영역과 비슷한 개념으로 인식되는 문제 때문에 2011년부터 사용되고 있는 중학교『역사』나 고등학교『한국사』교과서의 지도에서는 '세력 범위'를 일제히 '고조선 관련 문화 범위'라는 말로 수정했다. 지도에 표시된 지역이 영토나 영역이나, 이와 비슷한 의미로 받아들일 수 있는 세력범위가 아님을 밝힌 것이다. 그러나 2013년부터 새로 사용되기 시작한 중학교『역사부도』에서도 '세력범위(조한욱 외,『중학교 역사부도』, 비상교육, 2013, 14쪽)'라는 용어를 사용하거나,『역사』교과서에서 "청동기 문화를 바탕으로 성장한 고조선은 국가 체제를 정비하고, 만주와 한반도에 걸치는 넓은 영토를 차지하였다.(정재정 외,『중학교 역사①』, 지학사, 2013, 32쪽)"와 같이 '영토'라는 개념을 사용하는 등 혼란은 여전하다.

　둘째, 역사교과서의 영토 서술은 영토의 범위에 많은 관심을 가진다. 신라가 대동강 이남의 삼국통일을 했다든지, 고려 초에는 압록강 하구까지 영토를 넓혔다는 사실은 역사교과서의 주된 관심사이다. 신라가 삼국통일을 했지만, 대동강 이남지역만을 영토로 확보한 것을 안타까워한다. "세종 때에는 최윤덕과 김종서가 압록강과 두만강 지역의 여진을 몰아내고, 각각 4군과 6진을 설치하여 영토를 넓혔다(한철호 외,『중학교 역사①』, 좋은책 신사고, 2013, 147쪽)"는 것은 모든 학생이 알아야 할 필수적인 역사 지식이다. 표현의 차이는 있지만 모든 교과서가 이와 비슷한 서술을 한다.

4군과 6진은 '영토'라고 받아들이게 하는 점도 마찬가지이다. 통일신라, 고려 초, 조선 초, 조선 세종대의 영토변화를 하나의 지도에 표시하여 영토의 변화를 한 눈에 볼 수 있도록 하는 것은 가장 흔히 볼 수 있는 역사지도이다.

역사교과서의 영토사 인식을 밝히려는 연구들에서도 영토 서술의 이러한 특징은 잘 드러난다. 이런 연구들에서는 으레 교과서에서 영토의 개념을 어떻게 바라보고 있는가보다 영토의 범위가 어디까지인가에 관심을 둔다. 고조선의 세력 범위를 둘러싼 논란에서 볼 수 있듯이, 고대사의 경우는 영토나 세력범위를 둘러싼 여러 학설이 존재하는 경우가 많다. 결국 고대사의 영토 논의는 이 중 어떤 학설을 택하는가, 또는 새로운 학설을 제시하는가 하는 문제로 귀결된다.[6]

문제는 국가 수준의 여러 공간적 범주가 별다른 구분 없이 영토와 뒤섞여 서술된다는 점이다. 지리학에서 영토는 영역에 포함되지만, 실제로는 영역과 거의 같은 의미로 사용된다.[7] 또한 영토의 변화를 다루는 역사학에서, 영토의 개념이 무엇인지를 엄밀히 따지는 것은 별로 중요하지 않을 수도 있다. 그러나 역사교과서에 서술된 영토와 영역의 성격은 시대에 따라 상당한 차이가 있다. 고조선의 '영토'와 조선 세종 때의 '영토', 오늘날의 '영토'가 사회구성원이나 국가들 간의 관계에서 같은 속성을 가질 수는 없다. 그런데도 교과서는 이를 별다른 구분이나 설명 없이 사용해 학생들의 역사인식에 혼란을 준다. 더군다나 근대 이후와 같은 영토구분이 확실하지 않았던 고대에서 '영역'과 '영토'라는 말을 뒤섞어 사용함으로써 다른 민족이나 문화와의 소통이나 상호작용의 이해에 지장을 주며, 배타적 의식을 가지게 할 수도 있다. 영역이라는 말이 사회작용을 규제하는 수단으로,

---

6) 이부오, 「제1차~제7차 교육과정기 국사교과서에 나타난 고대 영토사 인식의 변화」, 『한국고대사탐구』 4, 2010.

7) 이하나·조철기, 「한·일 지리교과서에 나타난 영토교육 내용분석」, 334쪽.

집단구성원의 의식이나 정체성을 형성하고 다른 집단과 자기 집단을 구분
하며 소통을 막기 때문이다.[8)]

이처럼 영토와 영역을 구분 없이 사용하는 것은 한국사 교과서는 물론
지역사적 관점에서 역사를 인식함으로써 국가 간의 역사 갈등을 해소하는
것을 목적으로 개설된 동아시아사에서도 마찬가지다. 같은 역사적 사실인
데도 민족을 주어로 서술할 때는 '영역', 국가가 주어가 될 때는 '영토'라는
용어를 사용하기도 한다. 예를 들어 교학사의 『동아시아사』 교과서는 기
원전 3세기 무렵 한나라와 흉노의 관계를 서술하면서, 지도의 제목은 '흉
노의 영역(32쪽)'이지만, 본문에서는 "흉노제국의 최고 통치자는 선우이며
그 밑에 좌현왕과 우현왕을 두어 영토를 셋으로 나누어 다스렸다(33쪽)"고
하여, '영토'라는 용어를 사용한다.

셋째, 역사교과서에서 서술하고 있는 영토 문제는 영토분쟁이나 영유권
분쟁과 관련된 사실들에 집중되어 있다. 학교 역사교육에서 공식적으로
가르치는 영토교육은 사실상 이런 역사적 사실에 한정된다.

2011년 개정 고시된 중학교 역사와 고등학교 한국사 교육과정의 성취기
준에서는 영토 관련 내용이 두 군데에 나온다. 하나는 대한제국 시기이며,
다른 하나는 현대 부분이다. 중학교 역사에서는 "일제의 국권침탈 과정에
맞선 국권수호운동의 흐름을 설명하고 특히 일제에 의해 독도가 불법으로
편입되는 과정을 파악한다('근대 국가 수립 운동과 국권수호 운동')", "독도
가 우리 영토인 근거를 정확하게 이해하고 주변 국가와의 역사갈등을 올
바르게 파악하여 갈등을 해결할 수 있는 실천적 방안을 찾아본다('대한민
국의 발전')"로 되어 있다. 전자가 역사적 사실로서 독도 문제를 다루는 것
이라면, 후자는 해결해야 할 현재의 과제로서 독도 문제를 이해하는 것이
다. 이처럼 영토문제를 두 군데에서 다루는 것은 고등학교 한국사도 마찬

---

8) 서태열, 「영토교육의 개념화와 영토교육 모형에 대한 접근」, 201쪽.

가지다. 대한제국 시기의 영토문제에서 "독도가 우리의 영토임을 역사적 연원과 내력을 통해 증명하고 일제에 의해 이루어진 독도 불법 편입과정의 문제점과 간도협약의 부당성에 대하여 파악한다('국제질서의 변동과 근대 국가 수립 운동')"고 하여 독도 외에 간도문제가 추가되었다는 것이 다를 뿐이다.

영토교육의 주제는 고등학교 동아시아사에서도 마찬가지다. 다만 동아시아사는 한국사와는 달리 영토문제가 내포하고 있는 성격이 서술되어 있다. 예를 들어 교학사의 『동아시아사』 교과서는 '영토를 둘러싼 복잡한 문제들'이라는 소제목 아래 영유권 분쟁의 성격을 다음과 같이 설명한다.

> 영유권 분쟁은 영토의 귀속과 배분에 관한 분쟁을 말하는 것으로 식민지 지배의 처리 과정이나 전쟁 후 점령지의 처리 과정에서 비롯된 경우가 대부분이다. 따라서 근대 이래의 역사문제와도 깊은 관계를 가지고 있다. …
> 영유권 문제는 역사적 명분과 자존심의 문제도 있지만, 직접적으로 정치·경제문제가 될 뿐 아니라 군사문제와도 연결되어 있어 국제정치에서 매우 민감한 사안이다.(234쪽)

이어 이 책은 동아시아에서 영토분쟁이 있는 지역을 소개한다. '러시아와 일본의 영토분쟁'이라는 제목 아래 쿠릴 열도 남부의 4개 섬(북방4도), '중국과 일본의 영토분쟁'이라는 제목으로 센가쿠 열도(중국명 댜오위다오), '남중국해의 영토 분쟁'이라는 제목으로 서사군도와 난사군도를 둘러싸고 영토분쟁이 일어나고 있음을 소개한다. 이들 영토를 둘러싼 관련 국가들의 주장을 교과서는 서술하고 있다. 이에 반해 독도 문제는 '한국의 독도 영유'라는 제목으로 다룬다. 단원의 마무리 과제로 제시되어 있는 '수행과제'도 영토분쟁의 쟁점을 파악하고 그중 어떤 국가의 입장에서 토론을 하게 되어 있지만, 독도를 제외한 나머지 지역만을 대상으로 하고 있다. 독도는 분쟁지역이 아니라 한국 영토라는 전제 아래 교과서 내용을 구성하고 있는 것이다.

한 가지 흥미로운 것은『동아시아사』교과서는『한국사』교과서와는 달리 간도문제를 서술하고 있지 않다는 점이다. 물론 이는 기본적으로 교육과정의 내용 차이에서 비롯된다. 2011년 개정고시된 고등학교 한국사 교육과정과 마찬가지로, 현행 교과서의 기초가 된 2010년 고등학교 한국사 교육과정에도 간도 문제가 들어 있다. 그러나 이에 반해 2007년 개정고시된 동아시아사 교육과정에서는 '오늘날의 동아시아사'라는 현대사 단원에 "동아시아에 현존하는 갈등을 살펴보고, 화해를 위한 방법을 탐구한다."고만 제시되어 있을 뿐이다.9) 교육과정에 따른다면, 간도 문제를 서술할 필요는 없는 셈이다.

그러나『동아시아사』교과서의 영토 서술은 교육과정의 성취기준이나 교육적 목적뿐 아니라 현실적 문제까지 고려한 저자들의 내용 선정이라고도 할 수 있다.『동아시아사』교과서의 한 저자는 간도 문제를 서술하지 말아야 하는 이유를 간도가 한국 땅이라는 현실적인 근거가 미약하므로, 이를 잘못 논의하다 보면 오히려 백두산 영유권이 문제가 될 수 있다는 데서 찾고 있다.10) 현실적인 국가적 이해관계를 고려하여 간도문제를 서술하지 말아야 한다는 논리이다. 이에 반해 독도 문제는 영토 문제가 아니라 과거사 문제로 접근해야 한다고 주장한다. 동아시아의 화해와 협력을 위해서는 진정한 의미의 과거사 문제 극복이 전제되어야 하며, 그런 관점에서 독도 문제를 다루어야 한다는 것이다. 독도뿐 아니라 센가쿠(댜오위다오), 쿠릴 열도 남부의 4개 섬(북방4도), 서사군도와 난사군도도 마찬가지로 과거사 문제라고 보고 있다.11)

---

9) 동아시아사는 한국사와는 달리 2010년에 개정되지 않았으므로, 현재 사용되는『동아시아사』교과서는 2007년의 교육과정을 토대로 한 것이다.

10) 김정인, 「'동아시아사' 서술에서 영토문제를 어떻게 기술할 것인가」,『독도연구』8, 영남대학교, 2010, 47쪽.

11) 위의 책, 47~48쪽.

4. 영토수업과 방향

영토문제가 지리와 역사를 비롯한 사회 과목들의 중요한 주제이며 교육 과정에도 포함되어 있지만, 영토문제를 주제로 하는 역사수업의 사례는 그리 많이 공개되어 있지 않다. 물론 교과서에 간도나 독도 문제가 서술되어 있으므로, 실제로는 대부분의 교실 역사수업에서 독도 문제를 비롯한 영토교육을 할 것이다. 그러나 알려진 사례는 다양하지 않으며, 그나마 독도 수업에 치중되어 있다.

2005년 3월 16일 일본 시마네현 의회가 '다케시마의 날' 제정 조례안을 통과시키자 한국의 전국교직원노동조합(전교조), 한국교원단체총연합회 (교총), 한국교원노동조합(한교조)는 각각 독도 특별수업을 실시하였다. 보수적인 교원 단체인 교총과 진보적 교원단체인 전교조는 교육이념이나 정책은 물론 수업실천에서도 많은 대립을 보였지만, 독도 특별수업에서는 별다른 차이가 없었다. 이 수업은 독도가 한국 땅이라는 근거를 알려주는 데 초점을 모으고 있다. 일본의 독도 영유권 주장에 대응하여 한국의 교육부가 교사들에게 제공한 자료인 '해돋는 섬 독도'[12]는 독도의 지리적 환경, 생태 환경, 독도의 역사, 독도와 관련된 인물 등으로 구성되어 있다. 독도를 지리와 역사적 측면에서 접근한 것이다. '독도의 역사'는 역사적으로 독도는 한국 땅이었음을 밝히는 내용이며, '독도와 관련된 인물'은 독도를 한국의 영토로 지키는 것과 관련된 인물들이다.

역사교사모임, 지리교사모임 등 교과를 가르치는 교사 단체가 만든 독도 자료들의 내용도 비슷하다. 2,000여 명의 역사교사가 가입해 있는 전국역사교사모임 홈페이지(http://okht.njoyschool.net)에는 독도가 한국 땅이라는 것을 학생들에게 가르치기 위한 여러 자료들이 올려 있다. 독도의 경

---

12) 『해돋는 섬 독도』(초·중·고등학교 교사용 독도학습 지도자료), 한국교육과정평가원, 2006.

제적, 지리적 중요성과 함께, 독도의 역사적 명칭과 독도와 관련된 기록, 1905년 일본의 독도 편입과정과 그 부당성, 샌프란시스코 강화조약의 일본 영토 문제 등이 주된 학습내용에 포함되고는 한다.

이러한 독도 교육은 독도가 한국 땅이라는 근거를 알게 하는 지식 수업이면서, 이를 확실히 할 수 있는 의지를 기르는 '운동'이자 '실천' 수업이다. "독도가 한국 땅이라는 것을 세계에 알리기 위해 어떻게 하는 것이 좋겠는가?", "독도지킴이로서 어떤 활동을 할 것인가?"와 같은 활동을 독도 수업에서 흔히 찾아볼 수 있다. 다만 근래에는 독도가 한국 땅이라는 근거만을 일방적으로 제시하는 것이 아니라, 일본 측의 주장이 무엇인지를 학생들에게 알려주고 이를 반박하게 방식으로 수업내용이 다양화된 정도가 달라진 점이다.[13]

문제는 이러한 영토교육이 "동아시아에 현존하는 갈등을 살펴보고, 화해를 위한 방법을 탐구한다."는 목표 아래 시행되고 있지만, 실제로는 분쟁 당사국 간의 부정적 정서를 키울 가능성이 많다는 데 있다. 실제 한 조사 결과는 독도 수업 후에 학생들은 독도에 대한 지식이 높아졌지만, 일본에 대한 호감은 줄어들고 거부감은 커졌다는 사실을 밝히고 있다. 독도 수업 후에 일본에 대한 좋은 감정은 20.3%에서 8.6%로 줄어들고, 싫어한다는 비율은 28.8%에서 37.1%로 늘어났다는 것이다.[14] 물론 독도 교육으로 대표되는 한국의 영토교육이 불필요한 반일감정으로 이어지는 것을 경계하는 목소리가 있다.[15] 영토교육이 외부 침탈에 저항하는 애국주의 노선으로 민족감정의 고양을 목표로 하고 있다고 지적하면서 배타적 민족주의 고양으로 흐를 것을 우려하는 것이다.

---

13) 황상천, 「독도수업 어떻게 할까」, 『역사교육』 82, 전국역사교사모임, 2008년 가을호.

14) 최미정, 「독도문제에 대한 고등학생의 인식과 수업」, 서울시립대학교 교육대학원 석사학위논문, 2010. 2, 63~64쪽.

15) 박중현, "독도수업에 찬 물을 끼얹기 위함은 아니고"(2005. 3. 27), 전국역사교사모임 홈페이지 〈http://okht.njoyschool.net〉.

그러나 독도 수업이 영토지식수업으로 될 경우, 분쟁의 대상이 되는 국가들에 대한 부정적 감정이 확산되는 것은 피할 수 없다. 이에 대한 대안으로 영토교육의 접근 방법을 바꾸어야 한다는 제안이 나오기도 한다. 텍스트론의 관점에서 비판적 리터러시(critical literacy)의 발달을 추구하는 영토교육을 제안하는 것이 그러한 예이다.16) 텍스트론에서는 모든 텍스트를 저자의 관점과 해석이 들어가 있는 정치적 행위의 산물로 본다. 텍스트론의 관점에서 보면 영토분쟁뿐 아니라 영토나 영유권 주장의 논리들을 담은 텍스트를 정치적 산물이다. 따라서 영토분쟁을 영토의 재현 갈등이라는 측면에서 사고하고, 텍스트에 재현된 영토를 비판적, 해체적으로 읽을 수 있게 해야 한다. 그리고 영토나 영유권을 주장하는 논리들은 나오게 된 배경, 거기에 깔려있는 의도, 이런 논리들과 이를 주장하는 사람들의 권력 관계 등을 조사해야 한다. 이런 학습경험을 하게 될 때, 학생들은 영토분쟁의 속성과 정치적 권력 관계를 이해하고, 비판적 관점에서 영토문제에 접근할 수 있다는 것이다.

---

16) 남호엽, 「글로벌 시대의 지정학 비전과 영토교육의 재개념화」, 『한국지리환경교육학회지』 19(4), 375~376쪽.

【참고문헌】

『해돋는 섬 독도』(초·중·고등학교 교사용 독도학습 지도자료), 한국교육과정평가원,
　　　2006.

김연옥, 『사회과 지리교육여구』, 교육과학사, 1995.

김정인, 「동아시아사' 서술에서 영토문제를 어떻게 기술할 것인가」, 『독도연구』8, 영
　　　남대학교, 2010.

남호엽, 「글로벌 시대의 지정학 비전과 영토교육의 재개념화」, 『한국지리환경교육학
　　　회지』19(4).

서태열, 「영토교육의 개념화와 영토교육 모형에 대한 접근」, 『한국지리환경교육학회
　　　지』17(3), 2009.

심광택, 『사회과 지리교실수업과 지역학습』, 교육과학사, 2007.

이부오, 「제1차~제7차 교육과정기 국사교과서에 나타난 고대 영토사 인식의 변화」,
　　　『한국고대사탐구』4, 2010.

이하나·조철기, 「한·일 지리교과서에 나타난 영토교육 내용분석」, 『한국지역지리학
　　　회지』17(3), 2011.

최미정, 「독도문제에 대한 고등학생의 인식과 수업」, 서울시립대학교 교육대학원 석사
　　　학위논문, 2010. 2.

황상천, 「독도수업 어떻게 할까」, 『역사교육』82, 전국역사교사모임, 2008년 가을호.

영토문제와 역사인식*

하야시 히로후미(林博史)**

1. 머리말

본고는 일본이 주변국들과 가지고 있는 영토문제를 근대 국가의 영토문제와, 일본의 침략전쟁과 식민지 지배에 대한 역사인식이라는 두 가지의 관점에서 생각해보고자 한다.

2. 영토문제를 생각하는 포인트

근대 국민국가의 3요소는 영토, 국민, 주권이다. 지구 구석구석에 이르기까지 모든 지역이 어느 국가의 영토로 확정되어 가는 것이 근대국가의 단계이다. 그리고 사람들은 국민에 편입되고 국가에 의해 영토를 넘는 자유로운 이동을 제한받게 된다. 전근대 세계에서는 각 국가의 중심이거나 주요 부분은 명확한 영토였지만, 주변 부분은 애매한 상태인 경우가 극히

* 제12회 '역사인식과 동아시아 평화 포럼 광주회의'(2013. 5. 16~19)에서 발표한 글임.
** 일본 간토가구인대학(関東学院大学) 교수.

일반적이었다. 그러나 근대국가에서는 이런 주변 부분까지도 어떤 나라 영토의 한 부분이 되었다.

영토문제를 생각하는 데는 다음의 4가지 수준으로 정리할 필요가 있다.

① 영유권(주권): 어느 국가의 영토인가? 공동주권이라는 선택지는 미래에 있을 수 있는가?

② 시정권(누가 통치하는가): 주권과는 별개로 공동관리, 제3자의 관리도 있을 수 있다.

③ 경제적 이익(어업, 해저자원 등): 영토문제는 토지문제일 뿐만 아니라 섬인 경우, 바다를 둘러싼 싸움이다. 이는 ①, ②와는 구별하여 대처하는 것이 중요하다.

④ 군사적 이익: 군대를 배치할 권리 또는 비군사화에 의한 상호 이익. 일본을 둘러싸고 있는 섬의 경우, 섬의 영유권뿐만 아니라 ③의 비중이 크다.

이제까지 몇몇 국가들이 영토문제를 해결해 왔는데 그 방식은 몇 가지 패턴으로 나눌 수 있다.

(a) 절반씩 나누는 방식: 중국과 러시아, 중국과 주변 국가들, 러시아와 노르웨이 등

(b) 일방적 양보: 독일과 주변 국가들. 독일은 이 방법으로 주변 국가들과의 관계 개선을 도모하고 이것이 EU(와 그 확대)로 이어져 독일의 경제적 영향력 확대로 이어졌다.

(c) 보류: 상호 자숙하며 영토의 귀속이 어느 국가에도 대단한 문제가 아니어서 다른 영향을 미치지 않도록 상황을 만드는 데 주의한다. 그리고 후대 세대가 원만히 해결하기를 기대한다.

어떠한 해결방식을 취하든 간에 해결에 이르는 과정에는 다음과 같은

대응이 요구된다.

(ㄱ) 영토나 이와 따르는 문제를 개별적으로 분리하여 협정을 맺는 방식으로 대처한다. 예를 들면 어업이나 지하자원은 영토의 귀속과는 떼어내어 처리할 수 있다. 어업 협정에 관해서는 한·일, 중·일 사이에서 이루어지고 있다.

(ㄴ) 해당 국가 사이에서 영토 문제의 비중을 낮추는 노력을 한다. 이를 위해 상호 협력과 신뢰 관계를 구축해 간다.

(ㄷ) 상호 영토문제를 정치적으로 이용하지 않는다. 상대국에 대한 불신, 대립을 선동하지 않는다. 특히 정치가와 미디어의 양식 있는 대응이 필요하다. '애국심은 악당(惡黨)의 최후의 도피처(변명)'라는 사무엘 존슨의 말을 기억해야 한다.

해결할 때 유의해야 할 점으로 다음과 같은 것을 들 수 있다.

(1) 원주민의 권리를 인정하는 것. '북방영토'라면 아이누와 같은 원주민, 센카쿠열도라면 오키나와인들. 근대국가 형성 이전부터 그 토지, 바다에서 살거나 또는 이용해 온 사람들의 의사를 존중하는 것.

(2) 현재 살고 있는 주민의 인권을 보장하는 것. 예를 들면 쿠릴(千島)·시코탄(色丹)의 러시아인.

(3) '고유의 영토이다', '영토 문제는 존재하지 않는다', '상대의 부당 점거' 등, 대화를 거부하는 듯한 도발적이고 적대적인 태도를 취하지 않는다. 대화로 해결을 요구하는 자세를 견지한다.

(4) 영토문제라고 하면 토지를 둘러싼 문제라고만 이해하기 십상이지만 실제로는 반드시 그렇지 않다. 앞에서 서술한 4가지 수준처럼 대립하고 있는 차원과는 다른 차원에서 생각해 본다.

(5) 쌍방이 납득하거나 이익을 얻을 수 있는 윈윈(win-win) 전략을 취한다. 어느 한 쪽만 이익을 얻는 방법은 오래 지속되지 않는다. 장기적으로 쌍방의 이익을 도모하고 영토가 어느 한 쪽의 것이 되어도 잃은 쪽이 패배감이 들지 않도록 하는 해결 방법을 추구할 필요가 있다.

이상이 영토 문제에 대한 나의 기본적인 생각이지만, 일본이 안고 있는 영토문제는 단순한 영토에 머물지 않고 일본의 침략전쟁, 식민지 지배와 관련된 역사 문제라는 측면이 있다. 따라서 단순한 영토 문제로 대처하는 것만으로는 끝나지 않는다.

3. 이른바 '북방영토': 하보마이, 시코탄, 구나시리, 에토로후

하보마이(歯舞), 시코탄(色丹), 구나시리(国後), 에토로후(択捉)를 포함하는 쿠릴열도는 아이누 등 원주민을 무시하고 일본과 러시아로 분할된 섬들이다. 우선 논의의 전제로서 일본도 러시아도 이 지역을 '고유 영토'로 주장할 권리가 없다는 것을 확인해야 한다.

1951년 샌프란시스코 평화조약에서 일본은 쿠릴열도를 포기했지만 평화조약 체결 전후 일본정부는 구나시리, 에토로후가 쿠릴 열도에 포함된다고 공식적으로 해석했다. 후에 두 섬이 쿠릴열도에 포함되지 않는다고 일방적으로 해석을 바꾸지만 그에 관한 설명도 없었고 과거 쿠릴에 포함된다고 공식적으로 표명했던 사실도 숨기고 있다.

1956년 일소공동선언에서는 두 나라가 평화조약 체결 후 하보마이, 시코탄을 반환하겠다는 데 합의했다. 일본정부의 설명으로는 구나시리, 에토로후는 향후 협의를 계속할 방침이라고 했지만 이 공동 선언에는 그러한 내용이 포함되어있지 않다. 하보마이, 시코탄 두 섬의 반환으로 합의하면 미국이 오키나와를 반환하지 않겠다고 위협한 일은 잘 알려져 있다(덜레스[1]의 위협). 4개 섬의 반환론은, 그 옳고 그름을 별도로 하고 일소(일러)의 화해를 방해하기 위한 도구로 이용되어 왔다. 이 4개의 섬을 '북방영

---

[1] 존 포스터 덜레스(John Foster Dulles). 미국 52대 국무 장관(1953~1959). 동북아시아에서 강력한 반공주의 노선을 추구여, 한미상호방위조약을 체결하였다. (편집자)

토'로 묶어버리는 이해는 매우 정치적인 문제이다.

1990년대에는 4개의 섬을 어떤 방법으로 분할할 것인가 하는 방식의 해결책이 모색되었는데 이를 추진해 온 일본 정치가와 외무장관이 배제되면서 벽에 부딪혔다.

하보마이와 시코탄은 쿠릴열도에 포함되지 않는다고 이해해 왔기 때문에 샌프란시스코 평화조약에서 일본이 포기한 것이 아니라는 주장은 일정한 근거가 있지만, 쿠릴열도를 평화조약에서 포기한 이상 일본은 구나시리와 에토로후의 반환을 요구할 권리가 없다고 생각해야 한다(반환을 요구하는 것 자체가 불가능하다는 것은 아니지만).

러시아가 그 섬들을 점령한 것은 대일참전의 대가로 미국이 소련에게 쿠릴을 넘기겠다고 약속했기 때문인데 이는 영토 확장을 부인한 연합국의 이념에 어긋난다. 하물며 하보마이, 시코탄 점령은 얄타밀약이 유효하다고 해도 문제로, 러시아의 점령에 정당성은 인정되지 않는다. 굳이 말하자면 러시아가 60년 이상 실효 지배하고 있는 것이 러시아에 유리한 측면이라고 할 수 있을지도 모르지만 그와 같은 강자의 논리는 바람직하지 않다.

이 지역의 원주민이 국가를 형성하지 않은 상황에서 영토의 귀속을 결정하면 러시아와 일본 중 하나가 될 상황이지만 양국 모두 자국의 영토라고 주장하는 것에는 문제가 있다는 사실을 인식해야 한다. 영유권에 관해서는 하보마이, 시코탄, 구나시리, 에토로후 4개의 섬을 어떤 식으로든 러시아와 일본이 나누는 형태를 함께 모색할 수밖에 없을 것이다. 다만 어떤 식으로 나누어도 원주민인 아이누 등의 발언권을 보장해야 하며 60년 이상 정착한 주민의 의사도 존중해야 한다. 소련에 의해 쫓겨난 전 도민(島民)의 의사도 어떤 식으로든 반영되어야 하는 것도 고려해야 할 것이다. 영유권은 러일 중 하나가 된다고 해도 실제 행정은 공동으로 실시하는 것도 검토해야 한다. 러일 양국 국민이 자유롭게 가서 살며 일할 수 있는 땅으로, 러시아와 일본의 우호와 이 지역 원주민의 권리와 명예 회복의 땅으로 삼는 것이 바람직하다. 과거 제국주의에 대한 러일 양국의 자각과 반성이 전제가 된다. 특히 일본의 경우, 원주민 혹은 소수민족에 대한 정책과 이해에 큰 문제가 있기 때문에 이러한 정책을 재검토하고 국민적인 수준에서 이해를 깊이 할 기회로 삼아야 할 것이다.

4. 독도

독도문제를 영토문제로 생각할 때 전근대의 다양한 문서의 해석을 둘러싼 한일 양국의 논의가 있다. 모든 문서를 정교하게 검증하는 연구에는 경의를 표하지만 고문서에 그 섬이 기재되어 있다는 사실을 아무리 밝혀도 그 섬을 영유하고 있던 것과 반드시 이어지는 이야기일까? 19세기까지 한일 양국의 정권 담당자에게 독도는 대단한 문제가 아니었던 듯하다. 19세기말에서 20세기에 걸쳐 구미의 진출과 그 속에서의 한중일의 근대화, 일본의 제국주의화, 직접적으로는 러일전쟁 속에서 이 작은 섬이 주목 받게 된 것은 아닐까?

일본의 입장에서 보면 러일전쟁에서 러시아 함대와 전투를 하기 위해 독도를 주목한 것이며, 1905년 1월 독도 영유를 각의(閣議) 결정했을 때의 논리는 '무주지 선점'이었다. 즉 그 이전에는 일본의 영유가 아니었다는 것을 의미한다. 한국도 1900년 칙령을 근거로 들고 있지만 일본과 5년 정도 전후의 시점일 뿐이다. 따라서 단순한 영토문제로 본 경우 한일 어느 쪽의 주장도 결정적이라고는 할 수 없다. 다만 제2차 세계대전 후 한국이 실효지배를 계속하고 있는 점이 한국에 유리할지도 모른다.

독도 문제는 단순한 영토 문제가 아니라 역사 문제라는 것이 큰 특징일 것이다. 두말할 필요도 없이 1904년 2월 러일전쟁이 시작되고 한일의정서(일본군이 사실상 한국 점령), 제1차 한일협정(일본정부가 한국 외교, 재정

고문 추천), 1905년 9월 러일전쟁이 끝난 후 제2차 한일협정(외교권 박탈),
나아가 제3차 한일협정(일본이 한국 내정권 장악) 그리고 1910년 국가병합
에 이른다. 일본에 의한 일련의 조선반도 식민지화의 흐름 속에서 1905년
1월의 독도 영유화의 각의 결정이 있었다. 돗토리현(島根県) 관리가 울릉
도를 방문하여 독도 영유를 전한 것은 1906년 3월의 일로 한국은 이미 외
교권도 빼앗긴 상태였다.

　이러한 경과를 보면 일본의 독도 영유를 일본의 한국에 대한 침략, 식민
지화의 한 과정이라는 한국의 해석 방법, 즉 단순한 영토 문제가 아니라
역사문제이기도 하다는 해석은 충분히 이해할 수 있다. 일본이 독도가 일
본의 영토라고 주장하는 것은 일본이 침략과 식민지 지배를 반성하고 있
지 않다는 것을 나타내는 상징이 되는 것도 이해할 수 있다.

　만약 일본이 독도는 일본의 영토라고 이전부터 믿어 왔다면 러일전쟁이
한창일 때 영유를 결정하지 않고 평상시에 했어야 할 것이다. 이 점은 센
카쿠열도 문제에도 적용된다.

　보고자의 생각은, 독도는 영토 문제로는 한일 양국에게 50 : 50이지만 역
사문제로 생각한 경우 일본이 영유권 주장을 포기하는 것이 타당하다고
생각한다. 독도문제 처리는 일본이 일본군 위안부 문제의 공적인 사죄와
피해자에 대한 개인 보상을 포함하여 한국 식민지화와 식민지 지배에 대
한 반성과 보상을 성실하게 실행하는 것과 함께 이루어져야 한다. 독도 영
유권 주장 포기를 그 반성의 하나의 상징적 행위로 행하는 것이 일본이
취할 선택지 중 하나가 아닐까?

　다만 이를 행하기 위해서는 몇 가지 조건이 있다. 서두에서 설명한 4가
지 수준에서 말하자면 ①, ②는 한국의 주장을 인정한다고는 해도 ③에 관
해서는 독도의 영유권을 누가 갖는지와 관계없이 한일 양국이 이익을 나
누는 것이 필요하며 ④는 비군사화를 도모해야 한다. 영토 문제가 해결되
면 독도는 주목 받지 않을지도 모르지만 한일 우호의 상징적인 역할을 보

여주는 장소가 될 수 있지 않을까?

또한 한국 정부와 한국 국민이 "자신들의 주장이 올바르다, 일본의 주장은 틀렸다, 그렇기 때문에 일본은 포기한 것이다" 라며 일본 국민을 공격 혹은 도발하는 듯한 언동은 삼가야 한다. 일본의 식민지 지배에 대한 반성을 제대로 받아들이고 일본의 독도 포기를 환영하여 이것을 한일 우호 촉진의 계기로 삼으려는 적극적인 자세로 대응해야 한다. 한국 국민이 그러한 성숙한 국민이기를 기대하고 싶다.

5. 센카쿠열도

전근대의 고문서를 가지고 "그 섬들을 알고 있었다, 그 곳에 기록되어 있었다" 등으로 자신의 영토라고 주장하는 것이 의미가 있다고는 생각할 수 없다. 배의 항로 도중에 있는 표식이 되는 섬을 기록했다고 해서 그것이 영토라고 주장하는 것은 타당하지 않다.

센카쿠열도 문제는 중국과 일본 간의 문제처럼 생각되지만 그 원인은 일본의 류큐(琉球) 침략과 병합에 있다고 생각해야 한다. 메이지 정부는 1879년 군대와 경찰대를 파견하여 군사력을 배경으로 류큐 처분을 강행해 류큐 왕국을 폐지하고 오키나와현(沖縄県)을 설치했다. 이는 근대 일본의 최초의 대외침략, 영토병합이다. 이후 오키나와의 민중은 오키나와의 진로를 결정할 수 없었으며 일본정부(일본 본토)에 의해 결정된다. 오늘날까지 계속되는 오키나와 차별의 출발점이다. 센카쿠열도는 류큐 왕국과 중국, 타이완 사이에 있는 섬들이며 류큐 병합 이전의 시기에는 일본과 전혀 관계가 없었다. 일본이 관련되는 것은 1879년 이후일 수밖에 없는 것이다.

오키나와는 일본 고유의 영토가 아니었으며 일본정부도 오키나와를 일본 고유의 영토라고 생각하지 않았다. 예를 들어 류큐 병합에 대해 청나라가 항의를 하자 이에 대해 일본정부는 1880년에 분도 개약안(分島改約案)을 제시했다. 즉 오키나와를 두 개로 나누어 미야코(宮古), 야에야마(八重山)는 청나라에 양도하고 오키나와섬 이북을 일본이 보유하는 안이다. 당초 청나라는 이 제안에 동의했다. 그러나 자국에 도움을 구하고 망명했던 류큐 왕국의 전(前) 중신 등의 항의를 받아 분도안에 대한 동의를 철회했다. 일본정부는 청일전쟁 개시까지 그 제안을 철회하지 않았다. 센카쿠열도는 현재 이시가키시(石垣市)에 속하며 즉, 야에야마 제도의 일부이다. 이는 일본정부가 청나라에 양도하려 한 지역에 해당한다. 따라서 일본정부가 센카쿠열도를 일본의 '고유 영토'라고 전혀 생각하지 않았다는 것을 알 수 있다.

그 후 1894년 6월 일본은 조선에 출병하여 7월부터 사실상 청나라와 전쟁 상태에 들어가 8월에 청나라에 선전포고를 하여 청일전쟁이 시작되었다. 그리고 일본이 우위에서 전쟁을 치루는 가운데 1895년 1월 센카쿠열도를 일본 영토에 편입시킬 것을 각의 결정했다. 이때의 논리도 '무주지 선점'이었다. 즉 이 이전에는 일본의 영토가 아니었다는 것이다.

1895년 4월 청일강화조약(시모노세키조약)이 체결되어 청일전쟁이 끝날 때, 강화 조건으로 타이완의 일본 할양이 결정되었다. 그 후 일본에 의한 타이완 정복 전쟁이 일어나게 된다. 센카쿠열도가 가령 중국의 영토였다고 해도 타이완에 속하는 섬들이기 때문에 타이완을 일본에 할양하는 것을 인정한 청나라가 일본의 센카쿠 영유화에 항의하지 않았다고 해도 이상하지 않을 것이다.

어찌되었든 일본도 중국도 센카쿠열도처럼 사람이 살지 않는 섬에는 관심이 없었다고 할 수 있다. 그러나 일본이 류큐를 병합하고 나아가 조선반도와 타이완 진출을 도모하는 가운데 오키나와와 타이완 사이에 있는 센카쿠열도를 의식하고 전쟁이 유리하게 진행되는 가운데 영유화가 실행되었다고 생각된다. 따라서 일본정부가 타이완 할양 즉 중국에 대한 침략과 센카쿠열도의 영유화는 별개라고 주장해도 설득력은 없다고 생각된다. 센카쿠열도가 일본의 영토라고 한다면 전시 상황이 아닌 때에 영유화를 도모했어야 한다(만일의 경우를 위해서 한마디 덧붙이자면, 그렇다고 해서 중국령이라는 것은 아니다)

시간이 흘러 아시아태평양전쟁 말기 오키나와에서 미군을 요격하려 한 1945년 1월 대본영육군부(大本営陸軍部), 해군부(海軍部)는 '제국 육해군 작전계획 대강(帝国陸海軍作戦計画大綱)'을 작성하였고 이를 천황이 재가했다. 여기에는 "황토 방어를 위해 종심작전(縱深作戦)[2] 수행상 최전선은 남쿠릴(南千島), 오가사와라 제도(小笠原諸島), 오키나와 본도 이남의 남서제도, 타이완 및 상해 부근으로 하고 이를 확보한다. … 적의 상륙을 목격할 경우에도 전력을 다해 적의 출혈 소모를 도모하여 …'로 되어 있으며 많은 논자가 지적하고 있는 바와 같이 오키나와는 일본의 '황토'에 포함되지 않는다고 간주되었다. 그렇게 되면 당연히 센카쿠열도도 '황토'에 포함되지 않는다.

또한 1945년 7월 고노에 후미마로(近衛文麿)를 소련에 파견하여 종전 공작을 도모하려고 했을 때 작성된 '평화 교섭의 요강'에는 '국체 및 국토'로 '(ㄱ)국체의 수호는 절대적이며 한 발도 양보할 수 없는 것.'에 이어서 '(ㄴ) 국토에 관해서는 가능한 한 훗날의 재기에 편하도록 노력하나 어쩔 수 없다면 고유 본토로 만족한다'고 되어 있는데, 이 설명 문서에 따르면 '고유 본토'에 오키나와는 포함되지 않는다. 즉 센카쿠를 포함하는 오키나와는 포기해도 되는 토지로 간주되었다.

패전 후인 1947년 9월 쇼와(昭和) 천황의 메시지, 즉 오키나와를 계속해서 군사 점령했으면 좋겠다고 미국에 요청한 메시지에도 오키나와는 일본 본토와는 구별(차별)되어 일본 본토의 이익을 위해서 외국이 계속 점령해

---

[2] 공격자의 전진을 차단하기보다는 지연하는 것이 목적이며, 공간을 내주면서 시간을 벌고 공격자로 하여금 더 많은 피해를 입게 하는 군사 전략. (편집자)

도 상관없는 섬들로 간주되었다.

2007년에 성립한 하토야마(鳩山) 민주당 정권 때 후텐마(普天間) 비행장 이전 설치 장소로 본토의 몇 곳이 후보에 올랐지만 지역의 지방자치단체 와 주민의 반대로 제외되었다. 오키나와에서는 지방자치단체와 주민이 오 랜 시간에 걸쳐 강력하게 반대했지만 일본정부가 끝까지 오키나와에 신기 지 건설을 밀어붙인 것과는 정반대이다.

2011년 3·11(지진과 쓰나미, 원자력발전 사고) 이후, 원자력발전소를 지역에 강요한 차별 구조가 큰 문제로 대두되었는데, 지역이 반대하여 원 자력발전소 건설을 저지한 지방자치단체도 적지 않다. 원자력발전소의 경 우는 정부와 전력회사의 압력과 회유책에 저항하여 지역이 거부할 수 있 었지만, 오키나와 기지에 대해서는 아무리 지역이 반대해도 일본정부는 기지건설을 계속해서 강행하려 했다. 이러한 것을 생각해 보더라도 오키 나와의 운명을 오키나와 사람들 스스로가 결정하는 것은 인정되지 않으며 본토를 위해 차별 이용을 해 온 것은 류큐 처분 이래 일관되게 계속되고 있다고 할 수 있다.

'류큐신보(琉球新報)'(2012.9.5)의 「논단(論壇)」에 게재된 어느 학생의 주 장을 소개한다. 나도 이 글에 전적으로 동감하는 바이다.

'고유 영토'라는 말은 기만으로 가득 차 있다. 왜냐하면 '고유 영토'여야 할 센카쿠열도를 포함하는 사키시마제도(先島諸島)는 역사상 몇 번이나 영 유가 바뀌었기 때문이다. 사키시마제도안의 타결, 전후 미군 통치 등등이 다. 역사상 몇 번이나 편리한 '물건'처럼 취급되어 온 섬을 어째서 '고유 영 토'라고 부를 수 있는 것일까?

'고유 영토'인 센카쿠열도에서 애국심 넘치는 정치가나 활동가가 홍콩의 활동가에게 대항하여 용감하게 히노마루(日の丸)를 흔들며 일본의 영유를 주장하고 있다. 그러나 나의 눈에 그들의 언동은 매우 이기적이고 해학적으 로 비친다.

바로 가까이 오키나와현에는 60년 이상이나 타국의 군대에 강탈당해 점령된 토지가 있으며 방약무인한 행동으로 많은 지역 주민이 괴로워하고 있다. 또한 헤노코(辺野古) 신기지, 오스프레이(Osprey) 배치 등으로 더욱 위험을 강요받고 있다.

용감하게 무인도에서 깃발을 흔들며 영유를 주장할 거라면 막대한 기지 피해를 입고 있는 오키나와를 위해 가데나(嘉手納) 기지나 후텐마 기지 활주로에서 깃발을 흔들며 영유를 주장했으면 한다. 허영심이나 해저자원이 오키나와 현민의 생명, 재산보다도 중요한 것이다.

그들의 생각은 분도안을 추진한 청일 양국 정부, 자국민이어야 할 오키나와 현민을 전쟁에서 '사석(捨石)'으로 하고, 전후에는 쉽게 타국의 군정하에 둔 일본정부와 전혀 다르지 않은 방자함이라고 할 수 있다. '고유 영토'를 주장하는 가면 아래에는 류큐, 사키시마 제도는 '물건'이라는 생각이 숨어있는 것이다.

언뜻 보면 용감하고 정당한 것처럼 생각되는 주장에 선동되어 주변 어민 공유의 '아름답고 평화로운 바다'를 '추하고 위험한 바다'로 만들어서는 안 된다. 이와 같은 상황이기 때문이야말로 오키나와는 하나가 되어 '만국진량의 종'을 쳐서 울리며 평화를 호소해야 한다.

한편 중국의 행동은 어떠한가? 중국, 타이완이 센카쿠열도에 대해 자신의 영유권을 주장하기 시작한 것은 1970년대부터이다. 그때까지 그러한 주장을 하지 않았던(또는 할 수 없었던) 역사적인 배경은 어느 정도 이해할 수 있지만 오늘날의 방식은 매우 유감스럽다. 과거의 보류 방식은 중국의 양식 있는 대응이었다. 중일어업협정도 해저 자원 개발 교섭에서도 센카쿠열도의 영유권 문제와는 별도로 처리하려고 해 온 중일 양국 정부의 판단은 현명했다. 어업을 둘러싸고 다양한 문제가 있어도 그것은 어디까지나 어업 문제로 대처해야 한다.

그러나 그동안 힘에 의존하여 일본정부에게 '영토문제가 있다'는 것을 인식시키려는 중국 정부의 대응은 중일 양국의 대립을 부추겨 양국 내에서 국가주의, 배외주의를 부추기는 위험한 행동이다. 물론 영토 문제가 있

다는 것을 인정하지 않는 일본정부의 대응에 문제가 있음은 두말할 필요
도 없지만 말이다. 만약 일본이 동일한 대응을 독도에서 한국에 행한다면
(예를 들면 일본의 해상보안청의 순시선과 어선이 거듭 독도의 영해에 들
어가 한국과 같은 수준까지 관여하는 식으로 대응을 한다면) 한국 여론은
맹렬하게 반발할 것이며 일본은 심각한 국제 비난을 받게 될 것이다. 나는
일본이 그러한 행동을 하는 것에는 어디까지나 반대한다.

　　설사 힘을 중국이 힘을 동원하여 자신의 주장을 일본에게 듣게 해도, 일
본 사회에서는 중국에 대한 반발과 경계, 굴욕으로 반중배외주의가 한층
심해질 뿐이다. 나아가 일본이 과거 행한 중국에 대한 침략 전쟁과 잔학
행위 사실을 인정하고 사죄하고 배상하자는 시민들을 고립시킬 우려도 있
다. 이는 '중국에 왜 사죄해야 하는가?' 하는 여론을 강하게 하며 더욱이
헌법9조를 바꾸려는 세력에게 유리한 상황을 만들뿐이다.

　　과거 쑨원(孫文)은 일본인들에게 서양의 '패도(覇道)'가 아니라 동양의
'왕도(王道)'의 길을 걸을 것을 기대한다는 연설을 했다. 즉 서양의 제국주
의 길이 아닌 도리와 도의로 다스리는 길이다. 일본은 유감스럽게도 쑨원
의 기대를 배신했다. 이 물음은 미국과 함께 패도의 길을 걷고 있는 오늘
날의 일본 스스로가 자성해야 함과 동시에 중국 자신의 문제이기도 하다.

　　또한 미국이 1972년 오키나와 반환 시, 중국과 타이완에서 항의를 받아
센카쿠열도의 귀속은 애매모호해졌다. 오늘날에도 시정권은 일본이 장악
하고 있다는 것을 인정하면서도 영유권의 귀속에 대해서는 어느 쪽에도
가담하지 않으며 중립적인 자세를 취하고 있다. 그러한 미국의 정치적 군
사적 힘에 매달리려는 일본정부와 사람들의 자세는 가련하다고 할 수밖에
없다. 어쩌면 해학적이라고 하는 편이 낫다.

　　보류한다는 처리 방식을 일방적으로 깬 것은 일본정부이다. 이시하라
(石原) 도지사는 도쿄도에서 구입을 꾀하겠다고 해서 도발을 했으며, 일본
정부는 충분한 배려 없이 국유화를 하는 등, 오늘날과 같은 문제를 불러일

으킨 데는 일본 측의 책임이 크다.

어찌되었든 센카쿠열도에 대해 중일 양국 모두 '고유 영토'라고는 말할 수 없다. 이 섬들을 이용해 온 사람들은 류큐, 오키나와의 사람들이었다는 것을 다시 인식할 필요가 있다. 타이완의 어민들도 이용해 왔다고 하면 그 땅과 주위의 바다를 생활의 장으로 삼아온 사람들이 공존할 수 있는 방법을 생각해야만 한다.

2013년 4월에 체결한 대만과 일본의 어업 협정은 센카쿠열도의 영유권 문제를 일단 보류하고 어업 협정을 맺은 점에서는 평가할 수 있는 면이 있으나 일본정부가 영유권을 고집하고 반대로 오키나와 어민의 이익을 해치는 판단을 한 성격이 강하여 오키나와가 희생된 측면이 있다.

센카쿠열도의 문제는 일본의 류큐 병합 이래 오키나와에 대한 침략과 차별 정책의 문제와 밀접하게 연관되어 있다. 일본에 의한 국유화로 일어난 현재의 긴장과 대립을 타개하기 위해서는 중일 양국의 국가 논리를 일단 물리고 냉정해지는 수밖에 없다. 이를 위한 한 가지 방법은 센카쿠열도를 오키나와에 반환하는 것이 아닐까 생각한다. 이것은 동시에 오키나와가 바라고 있는 미군 기지의 대폭 축소 등 오키나와의 주권을 오키나와인에게 돌려주는 것의 일환으로 이루어져야 한다. 오키나와는 오키나와 사람들 자신이 결정해야 한다는 의미이다. 이러한 조치와 오키나와의 독립 여부는 관계없음을 덧붙인다.

아라사키 모리테루(新崎盛暉) 씨가 2012년 제11회 '역사인식과 동아시아 평화포럼' 도쿄회의에서 주장한 것처럼 '지역주민 생활권'이라는 관점에서 오키나와를 중심으로 이와 관계된 타이완 관계자도 포함하여 공존할 수 있는 구조를 생각해야 한다. 그리고 앞에서 지적한 것처럼 관련된 사람들에게 플러스가 되는 방법을 차분하게 논의할 필요가 있다. 영토 문제 해결이 중일 양국의 우호에 플러스가 되는 방법을 냉정하게 생각해보자. 물론 이를 위해서는 일본이 행한 침략 전쟁과 잔학 행위의 인정과 사죄, 피해자에 대한 보상을 성실하게 이행하는 것은 필수이다.

6. 맺음말

영토문제를 해결하기 위해서는 그 전제로 역사문제(일본의 전쟁 책임, 식민지 책임) 해결이 불가피하다. 러일 양국 제국주의의 피해자가 된 아이누 등의 원주민, 일본의 침략과 식민지화의 피해자가 된 한국과 타이완 사람들, 일본의 류큐 병합 이래 차별 정책의 피해자가 된 오키나와 사람들, 또 일본의 침략 전쟁의 피해를 받은 중국인들, 그러한 문제의 해결과 일본이 안고 있는 영토문제 해결은 떼어놓을 수 없다.

여기에서는 영토 문제를 생각하는 기본적인 세 가지 관점을 논의했다. 그러나 구체적인 해결 방법은 여기에서 서술한 것이 유일한 것이 아니라 관련국의 정부와 시민의 지혜로 더 좋은 방법을 마련하기를 기대한다. 또한 국제사법재판소 제소라는 방법은 일반적인 영토문제라면 하나의 유력한 해결책이겠지만 일본의 경우는 역사문제의 진지한 대처를 회피하는 것이며 현 시점에서는 찬성할 수 없다.

한국과 중국에서 국가주의, 배외주의적인 힘이 강해지면 이에 대한 일본에서의 국가주의, 배외주의적인 힘도 강해진다. 당연히 그 반대의 경우도 마찬가지이다. 상대 쪽 국가주의자의 존재는 자신들이 스스로 국가의 잘못을 반성하지 않기 위한 절호의 구실이 된다. 국가주의자들은 언뜻 보면 대립하고 있는 것처럼 보이지만 실은 서로의 존재가 자신의 정당화에 필요하다는 점에서 공존 관계에 있다. 자기중심적인 국가주의자들의 '국가연대'이다. 여기에서 국가주의자는 일반적인 내셔널리스트가 아니라 배외주의의 성격을 띤 사람들을 의미한다.

한편 자국의 잘못을 반성하려는 사람들은 국가의 틀을 넘어 사실을 기반으로 민중을 희생하는 국가와 국가 권력을 비판적으로 보며 논의를 거듭해 공동과 연대를 조금씩이기는 하지만 추구하고 있다. 본 포럼은 그러한 사람들의 노력으로 축적되어 왔다.

나는 담당하고 있는 대학 세미나에서는 최근 한국의 대학과 교류를 하고 있는데, 2012년 7월에 합동으로 연구회를 실시했을 때 주제 중 하나로 일본군 '위안부' 문제와 한국군 '위안부' 문제를 묶어서 다루었다. 후자는 한국전쟁 때 한국군이 위안소를 설치한 문제이다. 옛 일본 군인이 주체가 된 한국군이 일본군과 같은 발상에서 비슷한 위안소를 설치했다. 이 점은 한국에서 어느 정도 연구가 되었지만 한국 학생들은 이 사실을 사전 학습에서 처음 알았으며 상당한 충격을 받은 듯했다. 한일 학생들이 그룹 토론을 실시하고 각 그룹에서 토론 내용을 발표했다. 모든 그룹에서 '한일 양국 정부 모두 사실을 숨기려는 것이 이상하다', '사실을 인정하고 국민에게 알려야 하며 양국 정부 모두 피해자에게 확실하게 사죄와 배상을 해야 한다'는 의견으로 정리되었다. 일본 측 학생은 전원이 한국 조사 여행을 가서, 수요 집회에도 참가하고 나눔의 집을 방문하는 등, 전 '위안부' 여성들도 만나 직접 교류를 해왔기 때문에 일본군 '위안부'를 정당화하려는 학생은 없었다. 만약 일본군을 정당화하려는 학생이 있다면 그 자리에서 논란이 벌어져 어떤 논의도 진행되지 않았을 것이다. 일본의 가해 사실을 인정하고 일본군이 심한 짓을 했다는 것을 일본 학생이 받아들여 공통의 인식이 된다면, 거기에서 한국의 학생도 한국의 모습을 바라보려 하며 상호 논의가 성립된다. 여성의 인권을 짓밟으면서 반성하지 않는 양국 정부에 대해 피해자의 시점에서 한일 모두 같은 과제를 안고 있으며 협력으로 문제를 해결하려는 의식이 생긴다. 이것에는 한류 붐만으로는 얻을 수 없는 한국과 일본 시민의 새로운 연대와 우호의 싹이 틀 것이다. 물론 그렇게 간단하지만은 않을 것이라는 사실을 충분히 알고 있지만 말이다.

일본 대 한국, 일본 대 중국이라는 국가 단위의 대항도식이 아니라 제국주의와 인권 억압의 국가 권력을 정당화하는 입장에 선 사람들과 시민의 인권이라는 시점에서 그것을 비판적으로 파악하려는 사람들의 대립관계가 생겨나고 있다. 1990년대 이후 동아시아의 민주화(중국의 경우는 민주화라기보다 경제성장을 함께하는 민중의 자유 확대라고 해야 할지도 모르지만) 안에서 일본의 전쟁 책임, 식민지 책임에 대한 대처를 통해 사람들의 연대가 확대되어 왔다.

동아시아의 근대사를 되돌아보면 과거 중화제국이 해체되고 이를 대신해 일본 제국주의가 동아시아를 침략, 지배해 갔던 근대, 미국의 헤게모니 하에서 군사정권(한국)과 독재정권(타이완, 필리핀 등), 군사지배(오키나와), 한편으로 공산당 일당 독재하에 놓여 온 중국과 북한이라는 구조 속에서 민중이 억압되고 분단되어 온 제2차 세계대전 후의 냉전 시대, 이 19세기말부터 20세기까지의 시대는 동아시아 민중이 분단되어 온 역사였다. 현재도 역류는 여전히 강하며 영토문제처럼 국가주의적인 분위기가 압도하고 있는 상황이어서 낙관할 수 없지만, 동아시아의 민중 연대와 교류를 이야기하며 실천할 수 있는 시대를 간신히 맞이하는 중이라고 할 수 있을 것이다. 영토문제와 역사문제의 평화적 해결은 이를 위해서는 피할 수 없는 과제이다.

중일의 '댜오위다오(釣魚島) 분쟁' 탈피 방안*

둥융차이(董永裁)**

1. 머리말

일본 국내 우익세력의 준동에 따라 노다(野田) 내각은 중국 정부의 권고와 반대에도 2012년 9월 11일 '센카쿠열도 국유화' 조치를 강행하였다. 일본정부의 이런 조치는 중국 민중의 대규모 시위를 촉발시켰다. 이로써 중일관계가 순식간에 악화되어 국교정상화 40년 만에 양국의 정치관계가 얼어붙었다. 이러한 교착 국면을 타개하고 곤경에서 벗어나려면, 중일 양측이 역사를 존중하고 현실을 직시하면서 진상을 밝히며, 미래 지향적으로 냉정하게 사고하면서 적극적으로 대응해야 한다고 생각한다.

2. 역사 존중과 진상 복원

중국과 일본 사이의 '댜오위다오 분쟁'은 현실 문제이면서 간과할 수 없

* '제12회 역사인식과 동아시아 평화포럼 광주대회'(2013. 5. 16~19)에서 발표한 글.
** 중국, 국무원 발전연구센터 연구원.

는 역사 문제이기도 하다. 현재의 분쟁을 해결하려면 역사의 진실을 밝히고, 역사 사실 속에서 진리를 찾아야 한다. 관련 기록들을 살펴보기로 하자.

(1) 댜오위댜오는 중국 고유의 영토이다. 첫째, 중국 고대문헌 가운데 댜오위댜오에 관한 최초의 기록은 수(隋)나라 때로 거슬러 올라가는데, 당시에는 이 섬을 '고화서(高華嶼)'라고 불렀다.[1] 고화서에서는 가다랑어가 많이 잡혔는데, 이 생선을 잡는 방법으로 낚시가 가장 적절했기 때문에 송(宋) 이후 '조어서(釣魚嶼)'라고 불렀다. 명(明) 이후, 댜오위댜오에 관해 기록한 자료가 늘어났다. 상세한 사료로는 『순풍상송(順風相送)』, 『사류구록(使琉球錄)』 등이 있다. 명나라 가정(嘉靖) 13년(1534년) 진간(陳侃)이 쓴 『사류구록』에는 "평가산을 지나 조어서를 지나고 황모서를 지나니, 많아서 다 볼 수가 없다. … 고미산이 류큐에 속하니, 배에서 흥분한 이인(夷人)이 집에 도착했다고 기뻐했다."[2]고 기록하고 있다. 중국 명청(明清) 시대에는 류큐왕국(琉球王國)에 모두 24차례 책봉사(册封使)를 보냈고, 댜오위댜오 주변의 지리를 매우 상세하게 기록하면서 적미서(赤尾嶼) 등이 중국의 영토라고 분명하게 구분하였다. 풍부한 사료로 증명되듯이, 중국이 최초로 댜오위댜오를 발견하고 관리하면서 사용한 나라이다.

둘째, 류큐왕국 사료 역시 중국이 일찍이 댜오위댜오를 발견했으며 이용하고 있음을 류큐에게 밝혔다고 분명히 기록하고 있다. 류큐의 권위 있는 사서인 『류구중산세감(琉球中山世鑒)』에서 이미 적미서 및 그 서쪽 도서는 류큐의 영토가 아니라고 인정하였다. 1708년 류큐의 학자 정순(程順)은 『지남광의(指南廣義)』와 『남도풍토기(南島風土記)』에서 모두 진간의 기술을 인정했다.[3]

---

[1] 『隨书』「琉球国传」 참고.

[2] 過平嘉山, 過釣魚嶼, 過黃毛嶼, 目不暇接 … 見古米山乃属琉球者, 夷人鼓舞于舟, 喜達與家. 『中国国家图书馆分馆善本馆藏书』 참조.

셋째, 일본 고대사료와 근대학자의 연구 성과 역시 댜오위다오가 중국의 고유 영토임을 증명하기에 충분하다. 1785년 일본 하야시 시헤이(林子平)의 『삼국통람도설(三國通覽圖說)』, 1876년 일본 육군 참모국에서 제작한 『대일본전도(大日本全圖)』, 1873년 오츠키 후미히코(大槻文彦)가 출판한 『류구제도전도(琉球諸島全圖)』 등은 모두 댜오위다오와 그 부속도서를 포함하지 않았다.[4] 또한, 다나카 게이치(田中敬一)의 『류구사건기록(琉球事件記錄)』에서는, 1880년 청과 일본 메이지 정부의 류큐 귀속 담판 당시 중일 양측이 류큐는 모두 36개 섬으로 이 가운데 댜오위다오와 그 부속도서는 포함하지 않는다고 확인했다고 적고 있다. 일본이 중국 측에 보낸 정식 문서인 『궁고팔중산양도고략(宮古八重山兩島考略)』과 그 부속 지도에 모두 댜오위다오 또는 '센카쿠열도'가 없다.[5] 일본 교토대학 교수이자 저명한 역사학자인 이노우에 기요시(井上淸)는 『'센카쿠'열도-댜오위다오의 역사 해석("尖閣"列島―釣魚島的歷史解析)』에서 "댜오위다오 등 도서는 늦어도 명나라 때부터 중국영토였다. 이 사실은 중국인뿐 아니라 류구인과 일본인까지 확실히 인정하였다."[6]라고 분명히 밝히고 있다. 일본 요코하마국립대학 역사학 교수인 무라타 토다요시(村田忠禧)는 다년간의 연구와 고증을 거쳐 역시 이노우에와 같은 결론을 도출하였다.[7]

(2) 청일전쟁 당시 일본이 중국의 댜오위다오를 훔쳤다. 1879년 일본 메이지정부는 청나라가 쇠약한 틈을 타, 중국 번속국(藩屬國)인 류큐왕국을 병합하고 나서 중국 영토까지 엿보기 시작했는데, 그 첫 번째 목표물이 곧

3) 刘江永, 「从历史事实看钓鱼岛主权归属」, 『人民日报』 2011年 1月 30日 참고.

4) 郑海麟, 『钓鱼岛列屿与历史与法理研究』, 明报出版有限公司, 1997 참조.

5) 鞠德源, 『日本国窃土源流 钓鱼岛主权辩』, 首都师大出版社, 1972 참조.

6) 井上清, 『"尖阁"列岛―钓鱼诸屿的历史解明』, 東京: 日本现代评论社, 1972.

7) 村田忠禧, 「尖阁列岛钓鱼岛争议」, 『钓鱼岛主权归属』, 人民日报出版社, 2013.

댜오위다오 열도였다. 1884년 일본 후쿠시마(福島) 사람인 고가 다츠시로(古賀辰四郎)가 댜오위다오에 상륙하여 표지를 세우고 일본 오키나와(沖繩)현에 개척 허가를 신청하였다. 당시 일본정부는 청나라의 위력이 두려워 허가하지 않았다. 1894년 일본이 조선과 중국을 침략하는 청일전쟁을 일으켰고, 일본은 승리를 자신하기 전인 1895년 1월 14일 내각비밀회의에서 댜오위다오 열도를 오키나와현 관할로 몰래 편입시켰다.

1895년 4월 17일, 일본과 중국은 중국의 영토 할양과 일본에 배상금 지급 등 중국 주권을 침해하는 '시모노세키조약(馬關條約)'을 체결했다. '시모노세키조약'으로 "타이완 섬 전체와 그 부속 도서'를 일본에 할양했고, 타이완의 부속도서인 댜오위다오도 자연스럽게 포함되었다. 1896년 일본 후쿠시마 사람인 고가 다츠시로의 개발 요청이 승인되었다. 1900년 일본 정부는 수백 년 동안 대대로 불러왔던 댜오위다오라는 명칭을 '센카쿠열도'로 개칭하였다. 그 이전까지 일본은 줄곧 중국의 명칭인 '댜오위다오'를 써 왔다.

(3) 제2차 세계대전 법률문서는 댜오위다오가 중국영토에 속한다는 법적 지위를 분명히 하였다. 제2차 세계대전은 일본이 '카이로선언'과 '포츠담선언'을 무조건적으로 받아들이고 항복문서에 서명하면서 끝났다. 1943년 12월 1일 중국, 영국, 미국은 '카이로선언'을 통해 "만주 동북 4성, 타이완, 펑후(澎湖)열도 등 일본이 빼앗은 중국의 영토는 모두 중화민국에 돌려준다. 그 밖에 일본이 무력이나 탐욕으로 탈취한 토지 역시 장차 일본의 영토에서 제외한다."[8]고 정했다. 1945년, 중국, 영국, 미국, 소련은 다시 전후 질서를 확정한 '포츠담 선언'을 발표하였다. 이 선언의 제8조에서 다시한번 "카이로선언에서 제시한 조건은 시행될 것이며, 일본의 주권은 혼슈

---

8) 王绳祖等编选, 『国际关系史料选编』, 法律出版社, 1988 참조.

(本州), 홋카이도(北海道), 규슈(九州), 시코쿠(四國) 및 우리가 정한 기타 섬으로 제한한다."[9]라고 분명하게 규정했다.

1945년 8월 15일, 일본정부는 '카이로선언'과 '포츠담선언'을 받아들이고 부조건 항복을 선포했다. 9월 2일 일본정부는 연합국에 제출한 '일본투항서'에 정식 서명했다. 투항서 제1조와 제6조는 일본이 "'포츠담선언'의 모든 규정을 충실히 이행할 의무를 진다[10]"고 분명히 밝혔다. 여기에서 우리는 댜오위다오 열도가 타이완 섬과 함께 중국으로 반환되어야 하며, 중국이 댜오위다오에 대한 합법적인 국제적 지위를 갖는다는 사실을 분명히 알 수 있다.

(4) 미국과 일본의 막후거래가 댜오위다오 주권의 진정한 반환에 장애물을 만들었다. 전후 법률문서에 따라, 댜오위다오는 본래 순리에 따라 중국에 반환되어야 했다. 그러나 복잡한 국제정세의 변화 속에서, 전후 질서 구축을 주도한 미국이 자국의 이익을 위해 동아시아에서 일본이라는 영구한 교두보를 확보하려고 1951년 9월 8일 중화인민공화국을 배제한 채 소위 샌프란시스코 강화회담을 열고 일본과 '샌프란시스코 강화조약'을 맺었다. 이 조약은 북위 29도 이남의 난세이제도 등을 연합국에 위탁한다고 규정하였는데, 실질적으로는 미국이 계속 점령하였다. 이후 오키나와(琉球) 주둔 미군이 댜오위다오를 사격장으로 삼으면서, 댜오위다오라는 중국의 영토가 여전히 해외에 떠돌도록 만들었다. 당시 저우언라이(周恩來)중화인민공화국 외교부장은 중국 정부를 대표한 공식 성명을 통해, 중화인민공화국의 참가와 동의가 없는 중국 관련 조약은 불법이며 무효이므로, 중국 정부는 인정하지 않는다고 밝혔다. 미국의 글로벌 전략 속에서 중미수교 이전인 1971년, 미국은 제멋대로 댜오위다오와 오키나와를 일본에 돌

---

9) 위의 책.

10) 姜跃春,「日本购岛的背景及中日关系展望」,『中日关系史研究』2013년 第一期, 7쪽 참조.

려주었고, 당시 중국과 타이완은 모두 댜오위다오 주권을 끝까지 보호하
겠다는 결심과 의지를 천명했다. 특히, 미국과 해외에서 대규모 댜오위다
오 수호 운동이 일어났다. 당시 국내외 여론의 압박과 미국 정부의 글로벌
전략의 필요성에 쫓긴 미국은 중국을 지나치게 자극하지 않기 위하여, 일
본에 이관한 것은 단지 댜오위다오의 행정관할권일뿐 영유권과는 무관하
다고 선언하였다. 댜오위다오 영유권 문제는 당사자 간의 협상을 통해 해
결하라는 것이었다. 미국과 일본의 이러한 은밀한 거래는 중일관계에 시
한폭탄을 심었을 뿐 아니라, 미국이 지금까지 동아시아를 장악할 수 있는
막대한 공간을 남겨두었다.

(5) 중일 국교정상화 당시 댜오위다오 분쟁 보류에 합의했다. 중일 국교
정상화 40년 동안 중국과 일본 사이에 댜오위다오 문제로 인한 갈등이 때
때로 불거졌지만, 중일관계의 대세에는 영향을 주지 않고 기본적으로 평
온한 발전 추세를 보였다. 그 이유는 1972년 중일 국교정상화 당시 양측이
합의한 분쟁 보류라는 공감대 때문이다. 1972년 7월 27일 다나카 가쿠에이
(田中角榮) 총리의 밀사 다케이리 요시가쓰(竹入義勝) 일본 공명당(公明
黨) 위원장이 중국에서 저우언라이 총리를 만날 당시, 저우 총리는 댜오위
다오 문제는 논의하지 않아도 좋으며 국교정상화에 비해 작은 문제이므로
중일 국교정상화에 영향이 없을 것이라고 분명하게 밝혔다.[11] 또한, 1978
년 4월 20일 오히라 마사요시(大平正芳)는 기자들에게 "센카쿠열도 관련
문제는 응당 중일공동성명의 궤도로 돌아가야 한다."고 말했다. 오히라의
정법고문(政法顧問) 이토 마사야(伊藤昌哉)는 회고록에서 특별히 '중일공
동성명' 뒤에 "센카쿠열도는 보류됨"이라고 주석을 달았다. 따라서 중일 양
국이 댜오위다오 문제를 다룰 때 보류라는 중일공동성명의 궤도로 돌아가

---

11) 財団法人霞山会, 『日中关系基本資料集』, 1978, 413쪽.

야 한다.[12] 더 명확한 것으로, 1978년 덩샤오핑(鄧小平) 부총리가 방일하여 '중일평화우호조약'에 서명할 당시, 댜오위댜오 문제에 대한 일본 기자의 질문에 대한 답변에서 "국교정상화 당시 양측은 이 문제를 다루지 않기로 약속했다. 이번에 '중일평화우호조약'을 논의하면서도 양측 모두 역시 거론하지 않았다. 우리는 의견이 상치된다면 피하는 것이 현명하다고 생각한다. 우리 세대는 지혜가 부족하여 이 문제에 대해 합의를 이루지 못하였다. 다음 세대가 아무래도 우리보다 현명할 터이니, 결국 모두가 받아들일 수 있는 좋은 방법을 찾아내어 이 문제를 해결할 것이다."라고 분명하게 설명하였다.[13]

이상을 종합해보면, 우리는 다음과 같은 사실을 분명히 알 수 있다. 첫째, 댜오위댜오는 중국의 고유 영토이다. 둘째, 먼저 일본이 훔쳤고, 나중에 미국과 일본이 은밀하게 접수하여 불법으로 점유하였다. 셋째, 댜오위댜오는 중국과 일본 간에 분쟁이 있는 무인도이다. 넷째, 중일 국교정상화 당시 양국 지도자는 댜오위댜오 문제에 대해 '분쟁 보류'라는 합의를 도출했다.

2. 현실 직시와 냉정한 사고

현재 중국과 일본의 정치 관계는 '냉동' 상태이다. 양측이 이러한 곤경을 벗어나려면 현실을 직시하고 냉정하게 사고할 필요가 있다.

---

12) 廉德瑰,「中日邦交正常化的启示－以"搁置共识"为例」,『中日关系史研究』2012年 第三期, 63쪽 참고.

13) 唐家璇, "维护大局, 管控危机 推动中日关系健康稳定发展" 2012年 8月 29日 中国社会科学网.

(1) 댜오위다오는 이미 일방 관할에서 쌍방 각자 관할로 넘어갔다. 1971년 미국의 수중에서 소위 댜오위다오의 행정관할권을 건네받은 이후, 일본은 줄곧 댜오위다오와 그 주변 해역을 실질적으로 관할하였으며 상륙 행동이 여러 차례 이어졌다. 한편, 1990년대부터 일본은 중국 민간(타이완, 홍콩, 대륙)의 댜오위다오 수호 단체가 상륙하여 주권을 선언하는 행동에 대해 비이성적인 저지와 불법적인 체포를 진행했다. 또한, 댜오위다오 해역에서 정상적인 어로 작업을 하는 타이완과 중국 대륙의 어민을 제멋대로 쫓아냈으며, 심한 경우 2010년과 같이 중국 푸젠(福建) 어선을 들이박아 침몰시키고 선장을 일본 국내법에 따라 체포하여 사법 처리에 넘겼다. 나중에 중국 정부의 강력한 압박으로 어쩔 수 없이 선장을 석방하여 무사히 귀국하였다. 이 40여 년 동안, 중국 정부는 합의를 지켜 거시적인 중일관계를 수호하였고, 댜오위다오 해역에 경찰역량을 정식 파견하지 않았다.

2012년 9월 11일 일본 민주당 정권은 댜오위다오 '국유화' 조치를 실시하였다. 댜오위다오 현황을 바꾸려는 일본의 일방적인 행위에 대해, 중국정부는 즉각 1992년 제정한 「중화인민공화국 영해 및 접속수역법(中華人民共和國領海及毗連區法)」에 따라 댜오위다오 영해의 기점과 기선을 선포하고, UN 사무총장에게 댜오위다오 기점과 기선의 좌표 리스트와 해도를 전달했다. 중국 국가해양국(國家海洋局)의 「영해 기점 보호범위 확정과 보호방법(領海基點保護範圍選劃與保護辦法)」 등 법률 규정에 따르면서, 중국 해양경찰이 처음으로 댜오위다오 해역에 정식 진입하여 댜오위다오와 그 부속도서에 대해 해군과 공군이 함께 주권수호를 위한 순찰 활동을 진행하였다. 2013년 4월까지, 중국 해양경찰의 댜오위다오 진입 주권수호 활동은 이미 40회가 넘는다. 이 과정에서 댜오위다오 해역으로 진입하는 일본 우익 선박과 일본 어선을 단호하게 쫓아내고, 전통적으로 댜오위다오 해역에서 어로활동을 해온 중국 어민이 안전하게 작업하도록 보호했으며, 일본 해상보안청 선박의 댜오위다오 해역 진입에 대해서는 사진을 찍어

증거를 확보했다. 중국 정부의 댜오위다오 기점 및 기선 선포와 6개월여
에 걸친 해양경찰력의 댜오위다오 주권 수호를 위한 순찰 활동은 의미가
크고 성과가 뚜렷했다. 첫째, 이를 통해 댜오위다오가 중국의 영토로서 침
범을 용납하지 않음을 전 세계에 보여주었다. 둘째, 영토 주권을 수호하기
위한 중국 정부의 단호한 결심과 의지를 충분히 표명했다. 셋째, 과거 일
본의 일방적 관할을 중일 쌍방의 각자 관할로 전환시킴으로써, 자신의 영
토에서 중국이 실질적으로 존재하며 효과적으로 관리하고 있다는 현실을
국제사회에 과시했다.

(2) 일본 아베정권이 기존의 방침을 버리고 '국유화'라는 잘못을 교정할
가능성은 거의 없다. 그 이유는 다음과 같다. 첫째, 최근 일본 정국이 매우
혼란하여, 정치적 우경화 추세가 뚜렷하고 민족주의 세력이 득세하고 있
다. 아베정권은 일본 우익세력을 대표하며 우경화를 주도하고 있다. 둘째,
일본 정치의 우경화로 인해, 대중국 영토분쟁에 강경한 태도를 취하는 동
시에 미국의 아시아태평양 회귀 전략에 효과적으로 보조를 맞추고 있다.
중일관계 악화로 일본의 미국 의존도가 심화될 경우, 일본은 자연스럽게
미국 아태 포석의 거점이자 중요한 협조자가 된다. 셋째, 미국은 이미 댜
오위다오 문제에 대한 과거의 모호한 정책을 버리고, 국무장관부터 펜타
곤 관리까지 모두 댜오위다오가 미일안보조약 제5조의 규정에 부합한다
고 분명히 밝히면서, 일본 우익 정부의 대중국 강경 정책을 공공연히 지원
하고 나섰다. 넷째, 군사행동에서 미일은 끊임없는 병력의 실전 배치를 감
행했다. 2012년 말부터 지금까지 6개월 동안, 미국은 F22와 글로벌 호크 등
최신 공군 주력기와 기타 해군력을 일본과 괌 기지에 배치했고, 또한 중국
을 가상의 적으로 하는 공동 군사훈련을 일본과 여러 차례 진행했다. 미국
의 이러한 전폭적인 지원이 있는데, 일본 아베정권이 대중국 강경정책을
바꾸겠는가? 당연히 그럴 리가 없다. 다섯째, 일본 국내의 이성적이고 정

의로운 견제역량이 지속적으로 약화되고 있다. 30년 전과 비교할 때 정당의 견제역량이 거의 부재하다. '댜오위댜오 분쟁'이 가장 격렬했던 시점에, 일본 공산당이 미약하게나마 다른 목소리를 냈을 뿐, 다른 정치세력은 거의 정부의 '국유화' 조치 지지 일변도였다. 따라서 일본 아베정권이 '국유화'라는 잘못을 교정하기를 기대하기란 거의 불가능하다는 사실을 중국은 깨달아야 한다.

(3) 중국 정부는 '댜오위댜오 분쟁'에서 퇴로가 없다고 할 수 있다. 반년이 넘는 도박과 힘겨루기를 통해, 일본 측은 자신의 영토 주권을 수호하려는 중국 정부와 민중의 결심과 실력을 확인할 수 있었다. 첫째, 2012년 9월 '댜오위댜오 분쟁'이 시작된 이후, 중국 국가지도자와 중국 정부를 대표하는 외교부 대변인은 댜오위댜오가 예로부터 중국 고유의 영토이고 어느 나라나 국가집단도 힘으로 중국의 영토주권을 간섭하거나 침범하도록 용납하지 않으며 국가의 영토주권을 보위하기 위한 중국 정부와 인민의 결심과 의지는 확고하다는 점을 여러 차례 천명하였다. 중국은 개도국이지만 또한 현재 세계대국으로 부상하고 있다. 중국 지도자와 정부의 성명이 확고부동한 선언이자 댜오위댜오 주권을 수호하겠다는 중국의 결심과 의지를 보여주는 것이라는 사실에 의문의 여지가 없다. 둘째, 중국 국내의 여론의 지지가 확고하므로, 그 어떤 지도자도 이러한 국민의 뜻에 반하여 '댜오위댜오 분쟁'에서 타협이나 양보를 할 수 없다. 중국 측 통계에 따르면, 2012년 9월 11일 일본의 '국유화 선언' 이후 겨우 며칠 만에 중국 전역의 130여 도시에서 130만 명이 넘는 사람들이 자발적으로 항의 집회를 열었다. 전쟁가해국과 피해국이라는 특수관계 역시 중국 정부와 인민이 '댜오위댜오 분쟁'에 대한 어떠한 타협과 양보도 할 리가 없는 중요한 이유이다. 근대 100년의 굴욕의 역사, 특히 반세기 넘는 세월 동안 일본이 중국을 기만하고 침략한 역사로 인해, 중국인들은 영원히 사라지

지 않는 상처와 고통을 겪었다. 이러한 가해국이면서도 과거를 철저히 반성하지도 않고 역사 문제를 청산하지 않는 나라가, 오늘날 다시금 피해국의 영토주권을 침해하고 있다. 이를 중국인들이 용납할 리가 없다. 셋째, 개혁개방 30여 년의 노력 끝에, 중국은 장족의 경제발전을 이룩했고 이에 상응하여 국방력도 제고되었다. 중국이 갖춘 영토주권 수호를 위한 물질적 기반은, 제2차 세계대전 당시의 중일전쟁이나 1950년대의 한국전쟁과 비교할 때 천양지차이다. 경제력이나 군사력이 비록 초강대국인 미국과 어깨를 나란히 할 정도는 되지 않는다지만, 자신의 영토주권을 지킬 역량은 충분히 갖추었다.

(4) 대치국면의 장기화는 중일 양국의 근본 이익에 부합하지 않는다. 중일 양국은 세계 2위와 3위의 경제실체이며, 서로 중요한 무역 파트너이다. 중일 국교정상화 40여 년 동안, 양국의 무역액은 340배가 넘게 늘었고 인적 교류도 520배 넘게 증가했다. 중국은 이미 일본의 최대 무역 파트너이다. 그러나 '국유화 선언' 이후 경제관계도 큰 충격을 받았다. 일본 마이니치신문 2013년 4월 1일자 보도에 따르면, 중국의 1사분기 수출입총액이 동기대비 각각 8.4%와 18.4% 성장했으나, 중일관계가 끊임없이 악화되면서 같은 기간 중국의 대일 수출은 동기대비 3.6% 감소하였고 대일 수입은 16.6% 감소하였다. 중일무역총액이 동기대비 10.7% 감소하면서 708억 7천만 달러로 줄어들었다.[14] 중일관계가 정치와 군사 양 측면에서 계속 악화되고 있는 것이다. 세계 경제의 글로벌화 추세와 지역 경제통합, 그리고 세계 제2위와 제3위의 경제대국의 양자 간 무역관계를 고려할 때, 중일 양국의 가속화되는 '정치 경제적 관계 악화'는 두 나라에게 모두 심각한 손실이며, 특히 대중국 경제의존도가 높은 쪽에게 그 손실이 더욱 크다. 일본

---

14) 「日中貿易逓減: 政冷经冷持续」, 『每日新聞』 2013年 4月 1日.

이 경제를 진작시키려면 수출을 늘려야 하므로, 중국이라는 신흥시장을 필요로 한다. 일본이 자랑으로 여기는 자동차, 전자제품 등은 대중국 수출 감소의 최대 피해자이다. 따라서 중일 경제관계의 지속적인 하강 추세 만회가 일본 경제의 곤경 탈피를 위해 매우 중요하다.

3. 미래 지향, 적극 대응

중일 양측은 모두 양국관계의 지속적인 악화라는 현실과 양측이 각자의 입장에서 취한 정책의 결과를 직시해야 한다. 첫째, 중국과 일본이 영원히 함께 할 수밖에 없는 이웃국가라는 사실을 깨달아야 한다. 둘째, 중국과 일본은 서로 외면할 수 없는 중요한 경제협력 동반자이다. 셋째, 댜오위다오 문제가 중일관계의 전부는 아니다. 넷째, 전면 대치의 장기화는 각자의 근본 이익에 부합하지 않는다. 다섯째, 갈등의 격화가 전쟁으로 이어질 경우, 그 결과는 상상조차 하기 힘들다. 필자는 중일 양국이 정치적 교착국면을 조속히 타개하고 '댜오위다오 분쟁'의 곤경을 벗어나려면, 미래지향적으로 적극 대응해야 한다고 본다. 근본적인 출로와 올바른 대책은 다음과 같다.

① 현실 직시: 먼저, 일본 아베정부가 '국유화' 조치라는 잘못을 바로잡고 제자리로 돌아갈 리가 없다는 현실을 중국이 받아들여야 한다. 둘째, 일본이 잘못을 바로잡고 입장을 바꾸어 제자리로 돌아가지 않으면 댜오위다오 해역에 대한 중국 정부의 순시 활동이 중단되지 않는다는 현실을 일본이 받아들여야 한다. 셋째, 현재 양측의 해상 경찰력이 모두 댜오위다오 해역에 출입하고 순찰하면서 어느 쪽도 상대방을 어찌하지 못하고 선박끼리 소리만 칠 뿐이며, 실질적으로 중국과 일본이 각자 관할하고 있는 현실을 중국과 일본이 모두 받아들여야 한다. 넷째, 중일관계의 장기적 대치는

양국의 근본 이익에 부합하지 않는다.

② 현상 유지: 첫째, 양측이 각자 순찰·관리하는 현황을 유지한다. 둘째, 무인화된 댜오위댜오의 현황을 유지한다. 셋째, 양측 인원이 모두 섬에 들어가지 못하는 현황을 유지한다. 일본정부 공무원과 우익단체 모두 상륙 활동을 벌이지 못하며, 중국 측 댜오위댜오 수호 단체 회원도 상륙 활동을 벌이지 못한다. 이러한 현황을 유지하는 것은 또한 새로운 균형을 유지하는 것이기도 하다. 다시 말해, 일본 측이 먼저 국유화 선언으로 기존의 현황을 깨트려 균형을 잃으면서, 중국 측의 주권 수호를 위한 순항 활동의 제도화와 일상화가 새로운 균형을 형성했다.

③ 분쟁 보류: 양측이 현실을 묵인하는 것이다. 즉, 이 해역과 도서가 분쟁 지역임을 인정하고 일시적으로 평화적인 해결을 기대할 수 없게 되었으므로, 중국의 과거 지도자인 덩샤오핑의 말처럼, 우리들의 지혜가 부족하니 아무래도 우리보다 현명하기 마련인 다음 세대가 모두 받아들일 수 있는 방법을 찾도록 하자는 것이다.

④ 각자 관할: 즉, 각자 주권수호를 위한 활동을 진행하고, 각자 양자 및 제삼자 기타 인원이나 선박이 댜오위댜오 및 그 해역에 진입해 불법 활동을 하지 못하도록 관리하면서, 이 해역의 조용한 평화를 유지하자는 것이다. 동시에, 중일 관련 사무당국이 대화와 접촉을 통해 중일해상 긴급 협의체제를 구축·완비하여, 앞으로 발생 가능한 댜오위댜오 및 그 주변 해역의 불의의 사건에 대해 긴급협의를 통해 원만히 해결하여 사태의 악화로 인한 악영향을 방지한다.

중일 양측의 정치가와 지도자는 모두 냉정하게 사고하면서, 양국의 장기적인 발전에 유리한 전략적 결정을 해야 한다. 중일 4대 정치문서의 틀 속에서 양국의 정상적인 정부 협의, 민간 교류 및 기업경제 왕래를 회복하여 중일관계의 평화롭고 순조로운 발전을 기할 때, 양국 및 아태지역 모든 나라의 평화와 발전에 대한 기여가 가능하다.

【참고문헌】

「日中貿易遞減: 政冷经冷持续」, 『每日新闻』, 2013年 4月 1日.

姜跃春, 「日本购岛的背景及中日关系展望」, 『中日关系史研究』, 2013.

鞠德源, 『日本国窃土源流 钓鱼岛主权辩』, 首都师大出版社, 1972.

唐家璇, 『维护大局, 管控危机 推动中日关系健康稳定发展』, 2012年 8月 29日, 中国社会
　　　科学网.

廉德瑰, 「中日邦交正常化的启示－以"搁置共识"为例」, 『中日关系史研究』 2012年 第三期.

王绳祖等编选, 『国际关系史料选编』, 法律出版社, 1988.

井上清, 『"尖阁"列岛—钓鱼诸屿的历史解明』, 東京: 日本现代评论社, 1972.

村田忠禧, 「尖阁列岛钓鱼岛争议」, 『钓鱼岛主权归属』, 人民日报出版社, 2013.

刘江永, 「从历史事实看钓鱼岛主权归属」, 『人民日报』 2011年 1月 30日.

财团法人霞山会, 『日中关系基本资料集』, 1978.

郑海麟, 『钓鱼岛列屿与历史与法理研究』, 明报出版有限公司, 1997.

2012년 중국 반일시위 과정의 고찰과 제언*

리쥔링(李俊領)** · 쉬신거(許欣舸)***

1. 머리말

댜오위다오 파문과 반일시위는 2012년 중국 언론을 뜨겁게 달군 이슈이자, 중국의 크고 작은 도시마다 겪었던 중요한 공적 사건이기도 했다. 댜오위다오 영유권 파문이 일자, 2012년 8월과 9월 베이징(北京), 시안(西安), 지난(濟南) 등 중국 대도시부터 후난(湖南)의 천저우(郴州), 산둥(山東)의 웨이하이(威海) 등 중소도시까지 180여 개 도시에서 반일시위가 일어났다. 당시 전국 각지의 경찰당국은 시민들에게 공공질서를 지키면서 이성적으로 애국심을 표출할 것을 일깨우는 담화를 즉시 발표했다. 이 두 달간의 도심 반일시위는 공공재산이나 개인재산의 파괴 등 사회질서를 해치는 큰 사건 없이, 시민들이 스스로 자제하는 가운데 전반적으로 평온하게 진행되었다.

반일시위는 중국의 도시 민중과 일부 농촌 사람들이 댜오위다오에 대한

* '제12회 역사인식과 동아시아 평화포럼 광주대회'(2013. 5. 16~19)에서 발표한 글임.
** 중국사회과학원 근대사연구소 조리연구원.
*** 중국사회과학원 근대사연구소 조리연구원.

주권의식과 자기주장을 표현하는 방식이다. 도시의 공적 운동으로서 민중의 반일시위를 통해 고조된 애국주의와 민족주의가 가진 시대적 의미는 무엇일까? 이러한 시위는 중일 댜오위다오 분쟁 해결과 중국 정부의 관련 정책, 노선 및 처리방식에 어떤 영향을 미칠 것인가? 이 글에서는 이러한 문제를 검토해보기로 한다.

2. 댜오위다오 분쟁과 반일시위에 나타난 민족주의

그동안 도심 반일시위 과정에서 중국인들은 구호, 플랜카드, 초상화 등을 통해 격앙된 애국심과 민족주의 정서를 드러냈다. 8월 15일 '댜오위다오를 지키는 세계 중국인 연맹(世界華人保釣聯盟)' 등 약 20명의 활동가들이 베이징 일본대사관 앞에서 시위를 벌이면서 "댜오위다오와 류큐는 모두 중국 영토다", "대일 투쟁으로 댜오위다오를 되찾자" 등의 구호를 외쳤다. 9월 18일 5,600명의 허베이(河北) 구안(固安) 현에서 온 농민 시위대열은 베이징 량마차오(亮馬橋) 부근에서 마오쩌둥 주석의 초상화를 들고 "일본제국주의 타도", "마오 주석 만세", "댜오위다오를 목숨 걸고 지키자"라고 외쳤다. 창사(長沙) 지역의 반일시위대가 들고 나온 플랜카드에는 "왜구를 축출하고, 중화의 위용을 떨치자", "일본의 중국 영토 댜오위다오 침략 반대"라고 적혀 있었다. 다른 지역의 반일시위에서도 비슷한 표어나 구호가 나왔다. 이러한 구호와 표어 및 초상화는 조국을 사랑하고 영토 주권을 지키려는 시위민중의 정서를 보여주는 동시에 중국을 얕보는 일본에 대한 반감이라는 민족주의적 정서를 표출하였다. 그 속에는 애국심과 민족주의 정서가 뒤섞여 있는데, 그중에 민족주의 정서가 조금 더 짙어 보인다. 일례로, 시위 과정에서 중일전쟁 당시 민중의 반일시위 구호와 거의 똑같은 "파시즘 타도", "일본 제국주의 타도" 등의 구호도 등장했다. 이는 현재 일본의 국가 정치와는 그다지 관계가 없지만, 시위민중이 기억하고 또한 지속해 온 과거 일본의 중국 침략에 대한 역사인식과 민족주의 정서를 반영한 것이었다.

물론 2012년 중국의 반일시위에서 드러난 민족주의는 다소 편협했고, 현행 국제분쟁 해결의 기본원칙이라고 할 수 있는 평화로운 대화 국면을 여는 데 도움이 되지 못했다. 국가 간의 영토분쟁에 대한 대처와 조치를 위해서는 역사 기록을 바탕으로 영유권 인정 관련 현행 법률과 적법한 절차에 따른 협상 시스템을 필요로 한다. 이는 '지구촌'이 함께 구축하여 공유하면서 함께 누리고 있는 이성적 기준이다. 영유권 분쟁이 있을 경우 문제 자체만을 논의해야지, 이 문제를 민족주의 층위로 끌어올려서는 안 된다. 다시 말해, 구체적인 정치 · 외교적 문제를 민족주의 문제로 일반화시켜서는 안 된다. 감정적인 민족주의에 휘둘리게 되면 구체적인 정치 · 외교 현안이 더욱 복잡해지며, 심지어 그 처리 방식에 있어 국제적으로 공인된 법률과 원칙을 저버리게 될 수도 있다.

댜오위다오 분쟁은 영토분쟁이라는 매우 구체적인 정치 · 외교적 사안으로, 중일 양국 정부의 외교적 협상을 통해 적절하게 처리 가능한 문제이다. 오늘날 평화로운 동아시아 질서 속에서 댜오위다오 문제 자체는 민족주의 문제와 결부될 필요가 없다. 물론, 반일시위 참가자들은 댜오위다오 문제를 국가 정치적 관점뿐 아니라 민족주의적 관점으로 바라보고 있으며, 그들의 행동을 촉발시키는 데 민족주의가 상당한 역할을 하고 있다. 이는 우려할 만한 현상으로, 본시 맹목적인 배타주의나 자국중심주의 또는 독선주의적 요소를 가지고 있는 협소한 민족주의란 인종주의로 변질되기 쉽기 때문이다. 협소한 민족주의에 좌우될 경우, 댜오위다오 문제는 구체적인 영토분쟁을 넘어서 일본이 중국을 '괴롭히는' 소위 민족문제로 확대된다. 다시 말해, 댜오위다오 문제가 민족주의로 덧칠될 경우, 시위 군중들은 댜오위다오 문제 해결을 위한 평화로운 대화를 요구하기는커녕,

일본의 책임만을 꾸짖으면서 폭력을 통한 강제적 해결을 주장하게 된다. 시위 군중들의 잠재의식 속에서 폭력을 통한 댜오위댜오 문제 해결이 곧 과거 중국을 침략했던 일본에 대한 앙갚음이 되는 셈이다. 댜오위댜오 문제에 대한 민중의 분풀이 식의 감정 표출을 우리는 이해한다. 현실적인 인간인 동시에 역사적인 인간인 그들로서는 일본군의 침략으로 입은 민족적 상처와 역사적 기억을 도저히 지워버릴 수 없기 때문이다. 하지만 우리는 그럴수록 냉정을 유지하고 이성을 되찾아야 한다. 반일 시위대의 협소한 민족주의는 마치 높고 견고한 벽처럼, 중일 양국 민중 간의 이성적인 대화나 평화적인 교류 나아가 평화적인 분쟁 해결의 길을 가로막기 때문이다. 또한 이 문제를 둘러싼 정부 간 외교 협상과 중재의 공간마저 협소하게 만든다. 특히 협소한 민족주의에 휘둘린 나머지 일부 시위대는 일시적인 충동에 따라 폭행·파괴·약탈·방화 등의 불법행위를 저질렀다. 이는 민족주의에 대한 모독에 다름 아니다.

만약 댜오위댜오와 같은 영유권 문제 해결에 민족주의가 필요하다면, 그것은 긍정적인 문화적 함의를 가진 개방적인 민족주의여야 한다. 이성적인 컨텐츠를 담고 있는 이러한 민족주의는 한 민족이나 문화에 대한 공감을 넘어서, 민족국가적인 공감에 주목한다. 민족 내부적으로 모든 구성원이 자유와 평등의 권리를 향유하는 것이며, 민족 외부적으로는 세계적으로 통용되는 교류의 기준을 공감하고 존중하는 것이다. 이러한 이성적이고 내제화된 제약이 있을 때에 비로소 민족주의는 비이성적인 감정의 층위에 머물지 않을 수 있고, 민족주의 가운데 비이성적이고 민족차별적이며 감정적인 부분이 무력을 남용하려는 충동을 촉발하지 않도록 제어한다. 이러한 민족주의가 공적 행위의 형태로 드러날 때, 중일 양국 정부가 댜오위댜오 영유권 문제를 외교적으로 해결하는 데 일조할 수 있다.

3. 반일시위대는 댜오위다오를 제대로 이해하는 것일까

2012년 중국 도심 반일시위대는 과연 댜오위다오 문제의 전후 맥락을 제대로 이해하고 있을까? 이 부분을 우리는 짚고 넘어가야 한다.

알다시피 이들 반일시위대는 대부분 일반 민중이다. 그들은 자발적으로 시위를 조직했고, 대다수는 시위행렬을 구경하다가 그 대열에 끼어든 사람들이다. 이들은 학생, 회사원, 가게주인, 노동자, 기타 일반인들로 이루어져 있으며, 지방 공무원이나 문화 엘리트는 극소수이다. 베이징 항공우주대학의 한더창(韓德强) 교수의 시위 참여는 비조직적이고 비계획적인 우발적 행동이었다. 시위 참여자들의 말을 들어보면, 사전에 인터넷 게시판이나 채팅방에서 시위 참여를 호소하는 누리꾼의 글을 보고 조국 땅을 지키겠다는 결심을 보여주기 위해 나왔다고 한다. 8월 19일 지난(濟南) 시위에 참가한 한 고등학생은, 함께 자발적으로 시위를 조직했으며 일본 우익의 댜오위다오 상륙에 항의하고 단결의 힘을 일본에 과시하려 나왔다고 밝혔다. 칭다오(青岛)에서 진행된 반일시위의 경우, 주변에서 지켜보던 많은 시민들이 시위대열에 속속 합류하였다. 다른 도시의 반일시위도 대부분 마찬가지였다.

대부분의 시위 참여자들은 댜오위다오 영유권 분쟁의 전후 맥락을 잘 알지 못하고 있었다. 위에서 언급한 베이징 항공우주대학의 한더창 교수는 시위 과정에서 팔순 노인에게 폭력을 행사하기도 했다. 2012년 9월 18일 한더창 교수는 정치문제에 대한 이견 때문에 팔순 노인을 때리고도 사후 "절대로 잘못을 인정할 수 없다"고 완강한 입장을 보여, 경솔한 행동과 완고한 태도로 사람들을 놀라게 했다. 한더창 교수의 폭력 행위는 그의 협소한 민족주의 때문만은 아니며, 그 보다는 댜오위다오의 역사와 평화시위 원칙에 대한 몰이해에서 비롯된 측면이 더 크다. 교수로서 그는 댜오위다오 문제가 일반화 가능한 민족주의 문제가 아니라 영토 분쟁 관련 정치·외교적 현안이라는 사실을 인식해야만 했다.

한더창 교수조차 댜오위댜오 문제의 전후 맥락을 알지 못하는데, 정보가 부족한 일반 민중들은 더 말할 나위도 없다. 2012년 9월 16일 선전(深圳)의 반일시위 과정에서 차량을 파괴한 혐의로 사후 구속된 허난(河南) 출신의 리즈웨이(李志偉) 씨가 가장 전형적인 예일 것이다. 작년 10월 21일 중앙방송국 'One on One' 프로그램의 '리즈웨이-충동의 대가' 편을 보자. 인터뷰 과정에서 리즈웨이는 자신이 댜오위댜오 문제와 평화시위에 대해 무지했다고 솔직하게 고백하고 있다. 그는 사회자인 둥칭(董倩)에게 "나는 애국적 열정을 품고 갔던 것 같다."면서, "나이를 이렇게 먹도록 나는 한 번도 시위에 참가한 경험이 없었고, 시위에 대한 생각도 다소 모호했다. 나는 그저 우리 중국 땅을 불법적으로 차지한 일본인이 댜오위댜오를 일본 땅이라고 우기는 것은 말도 안 되는 짓거리라고 생각했을 뿐이다."라고 말했다. 댜오위댜오가 중국 땅이라고 굳게 믿고 있는 리즈웨이는, 댜오위댜오 문제에 대한 일본 측의 생각이나 정책에 대해서는 무지했고 나아가 구체적인 댜오위댜오 문제를 일본인의 '말도 안 되는 짓거리'라는 민족문제로 확대 해석했다는 사실을 엿볼 수 있다. 또한 그는 어떠한 시위가 합법적인 평화시위인지도 잘 모른 채, 차량 파손을 애국과 동일시하면서 충동적인 행위를 한 것이다. 3일 동안의 구금 생활을 하고서야 리즈웨이는 자신의 과격한 행동이 불법이라는 사실을 알게 되었다.

중국 근대사를 연구하는 전문가를 제외하면, 대부분의 일반 민중은 댜오위댜오 관련 역사를 종합적으로 이해하기 어렵다. 그들은 주로 인터넷과 TV를 통해 댜오위댜오 문제에 대한 정보를 얻지만, 그들이 접하는 인터넷과 TV 프로그램의 정보는 불완전하다. 인터넷의 경우, 댜오위댜오 문제에 대한 중국의 전문 웹사이트 첫 화면 상단에는 "댜오위댜오는 중국 것!"이라는 내용이 크게 적혀 있다. 이 웹사이트에는 일본정부의 댜오위댜오

'국유화' 조치의 역사적 근거나 영토분쟁에 국제적으로 적용되는 법률이나 준칙 등의 정보가 전혀 없다. 댜오위다오 문제에 대해 민간 차원에서 중일 간에 공개적이고 공정하며 효과적으로 소통할 수 있는 인터넷 플랫폼이 부재하다. 서로 자신의 주장만 외치고 있다. 그런데도 이런 주장은 일정 부분 자국 정부가 댜오위다오 정책을 세우는 데 여론의 지지 기반이 되고 있다. 이러한 상황에서 독립적인 사고의 결과물이 아니라 정부 정책을 되풀이할 뿐인 그들의 주장은, 정부의 정책 결정에 역사적 또는 정치적 지혜를 담은 현명한 의견을 제시하지 못한다.

4. 민간은 댜오위다오 문제에 어떻게 대응해야 하는가

작년 중국에서 일어난 도심 반일시위를 살펴보면, 이러한 공적 행위는 댜오위다오 문제의 이성적 해결을 위한 지혜나 여론 기반이 되지 못하였다. 그 이유는 다음의 세 가지 제약 때문이다. 먼저, 시위의 바탕이 된 협소한 민족주의가 일본에 대한 보복이라는 감정적 수준에 그치고 있기 때문이다. 둘째는 댜오위다오의 역사에 대한 시위 참가자들의 무지 때문이며, 마지막으로 중일 민간 차원의 공개적이고 효과적인 소통의 부재도 한 몫을 하고 있다.

댜오위다오는 중일 양국의 국가주권과 이해가 달린 현안이자 동아시아 평화와 질서를 좌우하는 중요한 문제임에 틀림없다. 이 문제의 적절한 처리는 동아시아 나아가 세계적으로 중요한 의미를 갖는다. 중일 양국의 정부와 민간을 막론하고 모두 평화적이고 비폭력적인 대화 방식을 적극 찾아 역사적 지혜와 정치적 지혜를 담은 해결방안을 도출해야 한다. 이를 위해 양국의 정부 간 소통과 민간 차원의 소통 그리고 자국 내 정부·민간의 소통이 모두 필요하다.

중국인들은 댜오위다오 문제에 대해 국가의 규모에 부끄럽지 않는 훌륭한 태도와 민족적 지혜를 보여야 한다. 따라서 우리는 다음과 같은 새로운 대화 공간의 모색을 제안하고자 한다.

첫째, 댜오위다오 역사와 정책을 전문적으로 연구하는 중국의 민간단체 설립을 제안한다. "조사 없이는 발언권도 없다." 동아시아의 모든 구성원은 댜오위다오 문제에 대해 자신의 목소리를 낼 권리가 있지만, 그 목소리는 댜오위다오 역사에 대한 충분한 이해를 바탕으로 해야 한다. 현재 인터넷에서 관련 정보를 충분히 얻지 못하는 상황에서, 민간 차원에서 자발적으로 단체를 조직해 관련 역사학자와 협력하여 댜오위다오에 관련한 올바른 역사와 종합적인 상황을 총체적으로 이해하고 연구하면서 홍보해야 한다. 이를 기반으로 댜오위다오 문제 해결을 위해 자신이 독립적으로 사고한 결과물인 제안 또는 해결방안을 제시하는 것이다.

둘째, 중일 양국의 민간이 함께 활용할 수 있도록 중국어와 일본어로 된 댜오위다오 웹사이트 구축을 제안한다. 양국 민중은 이 웹사이트를 통해 댜오위다오의 역사, 중국과 일본의 서로 다른 역사적 근거, 국제적으로 통용되는 영유권 분쟁 처리 관련 법률과 규칙 등을 충분히 이해할 수 있다. 이 웹사이트를 통해 상호 간의 이해를 넓히면서, 동아시아 평화 수호라는 공감대 속에서 댜오위다오 문제를 적절하게 해결할 수 있는 외교적 방안을 구상하는 것이다.

셋째, 시위 과정에서 드러난 민족주의를 성찰하고, 역사와 글로벌 스탠더드를 존중하자고 제안한다. 민족국가 시대인 오늘날 우리는 개방적이고 평화로운 민족주의를 필요로 한다. 우리는 감정적이고 협소한 민족주의에 동의하지 않으며, 더욱이 민족주의적 감정을 쏟아내는 시위에는 반대한다. 댜오위다오 문제에 대해 역사를 존중하는 동시에 국제적 분쟁을 다루는 데 통용되는 대화의 원칙과 절차도 존중해야 하며, 국제적인 분쟁 해결을 위해 함부로 폭력을 동원하려는 주장에는 반대한다. 이는 법치국가라면 당연히 지켜야 하는 지혜이자 척도이다. 동아시아의 평화를 위해 중일 민간 차원의 적극적인 노력이 필요하다.

해양 영토 문제의 공동 교재 개발 연구*
한국 · 오키나와 · 타이완의 대학생 공동수업을 중심으로

박삼헌* · 야마구치 다케시(山口剛史)**

1. 머리말: 프로젝트의 개요

본고는 2013년 3월부터 시작한 동아시아 해양 영토 문제에 대한 공동교재 개발 프로젝트의 연구 성과와 과제의 일부를 정리한 것이다. 본 프로젝트는 한국에서 역사교육 관련 다양한 운동을 전개하고 있는 아시아평화와역사교육연대(이하, 역사교육연대) 산하의 아시아평화와역사연구소가 주최단체로 발족했다.[1]

본 프로젝트의 주제는 동아시아 해양 영토 문제를 평화교육의 관점에서 재검토하는 것이다. 현재 동아시아 지역은 해양 영토를 둘러싼 대립이 격화되고 있다. 이런 이유로 해양 영토문제를 둘러싼 동아시아 각국의 일방적 주장을 지양하는 한편, 시민사회의 관점에서 각국의 주장을 파악하고

---

* 제65회 역사교육자협회 오사카대회(2013) 발표문.
** 건국대학교 일어교육과 교수.
*** 일본 류큐대학 교육학부 교수.

[1] 프로젝트 발족까지의 경위는 山口剛史「海洋領土紛争を学ぶ3国(日本[沖縄]・韓国・台湾) 共同教材開発研究－尖閣諸島における『生活圏』の教材化の試みから」,『歷史と実践』第 32号, 沖縄県歷史教育者協議会, 2013, 62~73쪽 참조.

해결방법을 함께 모색할 수 있는 자료를 각국의 학생들에게 제공함으로써, 동아시아 해양 영토 문제를 대립과 반목이 아닌 평화와 공존을 생각하는 평화교육의 소재로 전환시킬 필요가 있다.

동아시아 지역의 해양 영토 문제가 평화교육을 위한 학습자료가 되려면 동아시아 지역의 미래 세대들이 자국의 주장과 상대국의 주장을 비교하면서 서로를 이해할 수 있는 공론의 장소가 필요하다. 이런 의미에서 본 프로젝트는 한국, 오키나와, 타이완의 대학에서 해양 영토 문제에 관한 공동수업을 실시하고 이에 따른 실천적 연구에서 나타난 성과를 동아시아 공동교재로 제안하는 것을 목표로 한다.

참가자는 한국(연구 책임자)의 박삼헌(건국대 일어교육과 교수), 타이완의 양스샤[楊素霞, 난타이과기대학(南台科技大學) 응용일본어학과 교수], 일본의 야마구치 다케시[山口剛史, 류큐대학(琉球大學) 사회교육과 교수] 등 3명이다. 구체적인 계획은 한국, 타이완, 오키나와의 대학생을 상대로 공동수업을 실시하는 것, 이때 동일한 설문을 받아 학생들의 인식을 명확히 할 것, 자국에서는 수업하지 않고 상대국에서만 수업할 것(오키나와라면, 한국과 타이완의 교수가 수업) 등으로 정했다. 2013년에 실시한 수업은 다음과 같다.

【한국】
3월 27일   건국대학교 일어교육과 36명,[2] 수업담당 양스샤
          춘천교육대학교 119명,[3] 수업담당 야마구치 다케시
   28일   서울대학교 역사교육과 19명,[4] 수업담당 야마구치 다케시
          건국대학교 중어중문학과 41명,[5] 수업담당 양스샤

---

2) 1학년 26명, 2학년 1명, 3학년 5명, 4학년 2명, 일본인 2명.
3) 1학년 116명, 4학년 3명.
4) 2학년 2명, 3학년 16명, 4학년 1명.
5) 1학년 13명, 2학년 2명, 3학년 4명, 4학년 1명, 중국인 1명.

건국대학교 일반교양(일본문화의 이해) 91명,[6] 수업담당 야
마구치 다케시

【타이완】

5월 15일   난타이과기대학 응용일본어학과(주간) 15명,[7] 수업담당 박
삼헌
난타이과기대학 응용일본어학과(야간) 29명,[8] 수업담당 야
마구치 다케시

　　16일   난타이과기대학 응용일본어학과 3학년 36명, 수업담당 박삼
헌
국립 첸쿵대학(成功大学) 역사학과 50명,[9] 수업담당 야마구
치 다케시

【일본(오키나와)】

6월 25일   오키나와국제대학(沖縄国際大学) 교직세미나 16명,[10] 수업
담당 박삼헌

　　27일   류큐대학 공통교육강의(현대아시아론) 27명,[11] 수업담당 박
삼헌
류큐대학 교육학부 사회과교육법Ⅲ, 3~4학년 34명, 수업담당
박삼헌
류큐대학 교육학부 사회과교육법Ⅱ, 3~4학년 30명, 수업담당
박삼헌
류큐대학 공통교육강의(오키나와의 기지와 戦跡),[12] 수업담
당 양스샤

---

[6] 중국인 2명 포함.

[7] 2학년 14명, 3학년 1명.

[8] 2학년 27명, 3학년 1명, 4학년 1명.

[9] 1학년 45명, 2학년 4명, 4학년 1명.

[10] 3학년 6명, 4학년 8명, 불명 2명.

[11] 1학년 9명, 2학년 27명, 3학년 3명, 4학년 1명, 불명 1명, 사회인 4명.

[12] 1학년 17명, 2학년 27명, 3학년 13명, 4학년 11명, 불명 2명.

　　수업 선정은 3명이 각각의 담당 수업을 실시하는 것을 기본으로 하고, 역사계열 과목 및 교육계열 과목을 담당하는 대학 교원의 협력을 받았다. 오키나와에서는 일반교양 과목과 교직과목의 수업을 계획했다. 도한 시민 대상 학습회를 실시하여 소학교·중학교 교원, 일반 시민, 대학생 등 40명 정도가 참가했다.[13] 〈그림 1〉은 이를 소개한 『오키나와타임스(沖縄タイムス)』 기사이다.

〈그림 1〉『沖縄タイムス』2013.6.29.

---

13) 본 발표 이후 교재 개선을 실시하여 2013년 하반기에 일본의 간토권(関東圏)·간사이권 (関西圏) 대학에서도 수업을 실시했다. 이를 토대로 하는 오키나와와 본토의 영토내셔 널리즘 인식의 차이는 별도로 검토할 예정이다.

2. 교재 개발의 포인트

1) 교재 개발의 관점

첫째, '국민국가의 상대화'의 관점이다. 국민과 국경의 확정이 근대국민국가에서 만들어진 것, 근대 일본의 국경이 팽창하고, 전후에 다시 축소되는 내용을 교재화한다. 또한 영토(영해를 포함)에는 역사성이 있고, 이에 대한 각국의 서사(국민국가 창생 서사, 영토 확정 서사, 영토 내셔널리즘의 표출 방법)가 각각 차이가 있음을 언급한다. 즉 "북방 4개 섬과 독도/다케시마는 한국이나 일본도 각각 '고유영토'라 주장하고, 센카쿠열도(조어도)는 중화인민공화국, 중화민국, 일본이 각각 '고유영토'라 주장"하는 것의 문제점을 제기한다.

〈그림 2~5〉는 수업에서 사용한 것으로, 구체적으로는 '대일본제국'의 팽창과 '대한민국의 "고유" 영토'를 지도로 나타낸 것이다(박삼헌의 수업안, 5~6쪽·7~8쪽). 두 개의 지도를 통해 어느 쪽이든 '고유' 영토라는 것이 존재하지 않고 역사에 따라 변화한다는 것을 확인한 후, 독도/다케시마에 관한 일본과 한국의 취급 방법에 차이가 나는 이유 및 그 의미를 설명한다. 즉 한국(정부·국민)은 "일본이 1905년에 독도/다케시마를 영토 편입한 것을 '대일본제국'의 한반도 침략과정의 일환으로 인식"하는 것에 비해, 일본(정부·국민)에서는 "한국의 식민지화와 독도/다케시마의 영토 편입을 전혀 별개의 사안으로서 취급하고 있다"[14]는 것을 언급함으로써, 독도/다케시마를 포함한 동아시아 해양영토문제는 '대일본제국의 식민지 지배에 관한 역사인식의 차이'에서 발생하는 측면이 있음을 설명한다.

---

[14] 와다 하루키 지음, 임경택 옮김, 『동북아시아 영토문제, 어떻게 해결할 것인가-대립에서 대화로』, 사계절, 2013, 41~42쪽(일본어판은 和田春樹, 『領土問題をどう解決するか』, 平凡社, 2012).

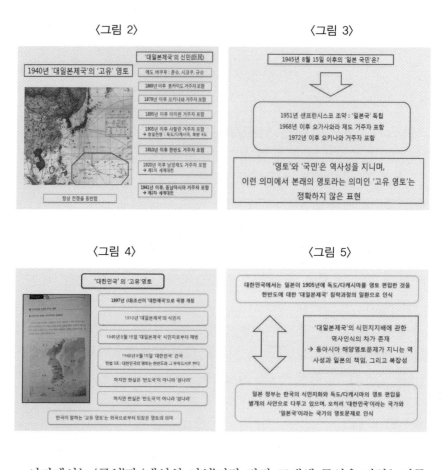

여기에서는 '국익'과 '개인의 이익'이란 각각 도대체 무엇을 말하는지를 제기한 후, "각각의 '국민'이면서 동시에 동아시아 지역에서 모두 생활하는 공존을 목표로 하는 '시민'이라는 관점에서 동아시아 해양 영토분쟁을 생각해 봅시다"라고 제안한다. 그리고 여기서 '애국심이 아닌 평화, 고유영토론 약화, 역사인식 공유'와 더불어 두 번째 관점인 '공존하는 생활권'을 제시한다(박삼헌의 수업안, 11~13쪽).

한편, 또 다른 교재화의 목적은 '오키나와의 근현대사'를 개괄하는 것이다(주로 야마구치의 수업안, 〈그림 6, 7〉). 국민국가가 절대적이지 않음을

학생들과 함께 생각해 보기 위해서이다. 일본의 근대화에 따라 류큐왕국
(琉球王国)이었던 오키나와가 일본 국가에 편성되고 주민들이 일본 국민
(신민)이 된 것, 하지만 샌프란시스코 체제하에서는 일본 국민이 아님과
동시에 일본의 영토도 아니게 된 것을 구체적으로 교재화함으로써 '국민
국가의 상대화'가 가능한지 살펴보는 것이다. 요컨대 오키나와를 국민도
영토도 가변적인 것임을 제기하는 구체적인 사례로 삼았다. 이를 한국과
타이완 학생들에게 단적으로 보여주기 위해 일본의 중학교 사회과 교과서
서술 내용을 소개했다. 이것을 엄밀하게는 '교재화'라고 말할 수는 없지만,
오키나와의 역사를 구체적으로 소개하고 일본의 교과서 기술을 소개하는
좋은 기회가 될 것이라 판단했다. 교과서는 데이코쿠서원(帝国書院)을 사
용했다(야마구치의 타이완 수업안, 13~15쪽).

〈그림 6〉   〈그림 7〉

두 번째 관점은 '영토분쟁'을 국가와 국가의 분쟁으로 파악하고 선 긋기
규칙을 만드는(국가의 영유권 확정) 발상이 아니라, 선 긋기 없이 공유·
공존할 수 있는 규칙을 만드는 발상으로 생각하는 방법이다. 이것은 아라
사키 모리테루(新崎盛暉) 등이 주장하고 있는 '생활권'의 관점이다. 아라사
키는 "오키나와에서는 거의 모든 사람들이 센카쿠 등을 오키나와와 일체

라고 생각하고 있다. 단지 그것은 중일 양국이 말하는 '고유영토'라기 보다는 (기성개념에 의지하여 안이하게 '고유영토'라는 말을 사용하고 있는 경우에도) 오히려 자신들의 삶과 직접 관계되는 '생활권'으로 파악하고 있다. 생활권이라는 단어는 단순히 경제적 의미만이 아니라 역사적·문화적 의미도 포함한다"15)라고 말한다. 그리고 이 논의의 출발점으로 아라사키가 지적하고 있는 것은 '고유영토'에 대한 비판이다. 그는 "'영토'라든지 '국경'이라는 개념은 근대국가 형성과정에서 등장한 것에 불과하다. 이것은 류큐 처분 전후의 류큐·오키나와의 국제적 지위를 확인하는 것만으로도 충분히 알 수 있다. 우리는 이제 서구 근대가 동아시아에 반입한 폐쇄적 배타적 국경과 영토 개념에서 벗어나도 괜찮지 않을까"16)라는 의문을 제기한다. 게다가 "쌍방이 전개하는 '고유영토'론이지만, 오키나와의 입장에서 본다면, 도대체 이것은 무엇이란 말인가. 오키나와 그 자체를 과연 일본의 '고유영토'라 할 수 있을까"17)라며, 오키나와의 역사 과정을 근거로 삼아 '고유영토'를 비판한다. 이때 미야코(宮古)·야에야마(八重山) 분할 제안을 언급하면서, "민족 통일이라는 대의명분을 내걸면서 메이지 정부가 경제적 이익과 '고유영토'와 인민을 맞바꾸며 분할 판매하려 했던 것"이라며,18) 정부가 말하는 '고유영토'를 비판하고 있다. 그리고 이것이 미국 점령 및 복귀 후 기지 문제와 연결되어 있음을 시사한다. 즉 그가 지적하는 '구조적 차별론'이다.

여기에 구체적으로 야에야마(八重山)의 역사를 언급하면서 "2011년 12월, 타이완의 기룽시(基隆市) 화평도(和平島/社寮島)에 '류큐 어부 동상'이 건

---

15) 新崎盛暉, 『岩波ブックレット 領土問題の論じ方』, 岩波書店, 2013, 13쪽.
16) 위의 책, 17쪽.
17) 新崎盛暉, 「国境地域を平和創造の場に―沖縄・石垣から見る尖閣問題」, 『季論21』 19号, 2013, 128쪽.
18) 위의 책, 130쪽.

립되었다는 뉴스가 타이완 신문 일본
어판에 실렸다. 예전에 여기에 살고 있
던 오키나와 어민 600여 명이 타이완
어업 진흥에 공헌한 것을 기리기 위한
것이라 한다. 타이완 어민에게 가다랑
어포 제조를 위한 가다랑어 잡이 어장
으로 센카쿠열도 주변 해역이 잘 알려
지게 된 것은 다이쇼(大正) 시기(1915
년경)부터로 생각된다. 가다랑어 잡이
는 여름철이 성수기이므로 겨울철에는
청새치 잡이로 발전해 갔다. 한편, 타
이완 농민은 이시가키섬(石垣島)에 소

나무와 물소를 반입하여 뿌리내렸다. 국경이 없던 무렵 이 지역에는 공통
의 생활권이 만들어졌다. 1945년부터 여기에 국경선이 그어지고 오키나와
가 미군 지배하에 놓인 후에는 전화(戰火)로 배를 잃은 오키나와 어민들이
타이완에 건너가 타이완 어선에 탑승하여 생선을 잡기도 했다. 이러한 역
사적 사실은 국경을 넘어서는 생활권 형성의 가능성을 시사한다."[19] 야에
야마에서 이러한 사실은 누구나 알고 있으며, 이는 노이리 나오미(野入直
美) 등의 공동연구 성과로『이시가키섬에서 타이완을 걷는다石垣島(で台
湾を歩く)』(沖縄タイムス社, 2012)로 발행되었다. 2012년에는 타이완인 이
주 기념비도 세워져, 그 공적을 후세에 남기는 일도 진행되었다(〈그림 8,
9〉는 2012년 8월 12일 오키나와 타임스와 기념비).

---

19) 앞의 新崎盛暉,『 岩波ブックレット 領土問題の論じ方』, 17쪽.

〈그림 8〉   〈그림 9〉

　또한 프로젝트의 실험수업 중에서도 센카쿠열도를 둘러싼 기억의 문제
로 '센카쿠열도 전시 조난사건'의 위령제가 정치적으로 이용된 것이 2012
년 센카쿠 상륙 즈음해 발생한 것을 예로 들었다. 이 때문에 단순한 생활
교류뿐만이 아닌 역사성 있는 지역으로 센카쿠열도가 다루어질 가능성은
존재한다.

　2) 수업 구상: 학생들에게 무엇을 생각하게 할 것인가

　수업의 전체 구상도 '중학교 교과서'에 초점을 맞춰 '3국(한국, 타이완,
일본) 중학생에게 영토문제의 해결 방법을 어떻게 가르칠까'였다. 직접
문제 해결 방법을 생각하는 것보다도 아이들에게 어떻게 가르칠지, 교
과서에 어떻게 기술할지를 함께 생각함으로써 학생 자신이 '자국 이익'
뿐 아니라, 자국 이외의 아이들도 시야에 넣을 수 있도록 의도했다. 수
업의 흐름은 ① 일본 중학교 사회과 교과서의 현상을 배움, ② 오키나와
의 역사에서 국민국가를 상대화함(국민과 영토는 가변적임을 실증적으

로 배움), ③ '생활권'의 시점에서 '센카쿠열도의 평화적 공존 방법'을 제
안한다는 3개의 구성으로 만들었다. 여기에 마지막으로 '이러한 관점을
근거로 영토 문제에 관한 공동교과서의 서술안을 만들어 봅시다'라고,
학생들에게 각각 교과서 서술을 생각하도록 했다. '국민국가의 상대화',
'생활권'이라는 관점을 토대로 아래와 같은 교과서 서술의 포인트를 제
기했다.

> · 한국, 일본, 중국, 타이완의 아이들에게 동일한 내용으로 가리킬 수 있
>   을 것.
> · 누군가는 참아야하는 서술이 아니라, 다수가 만족 할 수 있는 해결 방
>   법 또는 해결의 방향성을 제시할 수 있을 것.
> · 될 수 있는 한 간략히 서술할 것. 이때 지도나 연표, 사진 등을 사용해
>   도 됨.

공동교과서의 내용을 서술한다는 것은 서로 개인적·정치적 견해를 표
명하는 것이 아니라 공유할 수 있는 것을 찾는 것이라는 점을 학생들에게
이해하게 했다. 이렇게 함으로써 '공존 방법을 사고'하게 하거나, 구체적인
영토 문제 해결방법을 찾는 것이 아니라 현재의 상황이나 해결방법을 사
고할 수 있도록 하는 데 주안점을 두었다.

한국과 타이완 학생들은 교육학 전공이 아니라 일본어 전공자들이기
때문에 교과서 서술을 구체적으로 시도하는 것은 어려우므로, 사고 실험
으로써 자국의 이익만을 추구하는 자세를 약화하는 사고를 지니도록 권
하는 것으로 충분하다고 판단했다. 오키나와의 실천에서는 사회과 교육
법 수업이었기 때문에, 지금까지의 교과서 분석 등의 강의를 토대로 교과
서 서술을 구체적으로 시도해 볼 수 있을 것으로 생각하여 그렇게 하도록
했다.

3. 학생의 반응으로 보는 성과와 과제

설문의 내용은 다음과 같다. 그중 1~3은 수업 전에, 4~5는 수업 후에 쓰도록 했다. 이것은 수업을 통해서 학생들의 생각이 어떠한 변화를 보이는지 확인하기 위해서이다.

> 1. 동아시아에서 해양 영토분쟁이 발생하는 가장 큰 원인은 무엇이라 생각합니까?
> 2. 해양 영토를 둘러싼 분쟁 당사국 정부의 대응을 어떻게 생각합니까?
> 3. 동아시아의 해양 영토분쟁을 해결하기 위해 가장 적합한 방법은 어떠한 것이라 생각합니까?
> 4. 이 수업을 수강하고 나서 본인이 중학교 교과서에서 동아시아 해양 영토분쟁을 다룬다면 어떻게 하겠습니까? (구체적으로 기재)
> 5. 수업한 선생님께 전하고 싶은 말이 있으면 자유롭게 기재해 주세요.

1) 박삼헌의 수업과 설문시 분석

우선, 타이완에서 받은 수업 전 설문지 1번에 대해서는 '해역에는 풍부한 자원이 있기 때문'이라는 대답이 가장 많았다. 이것은 '영토문제'의 발생을 경제적 관점에서 인식하고 있음을 나타낸다. 그러나 '자원'의 내용에 관해서는 자세히 언급하지 않는다는 점이 하나의 특징이다. 이러한 특징은 오키나와에서도 보인다(기껏해야 '유전'이나 '지하자원' 등 추상적으로 적는다). 다만, 오키나와에서는 소수였지만 '동아시아 각국에 역사적 인식의 오차가 있다'는 대답도 있었다.[20] 참고로 한국에서는 일본과 중국이 '영

---

[20] 야마구치가 수업한 쳰쿵대학(成功大学)의 경우는 소수이긴 하였지만 '국가에 따라 역사인식이 다르기 때문'이라는 대답이 있었다. 이것은 그들의 전공이 역사인 것과 관계가 있을 듯싶다. 그러나 한국에서는 역사교육과인 서울대학교뿐 아니라 일본어교육과, 중어중문학과, 일반교양인 건국대학교와 춘천교육대학교에서도 의외로 '역사인식의 차이'

토 확장의 욕심을 부린다'는 대답도 있었다.

2번 질문에 대해 타이완에서는 '(평화적으로) 대화한다', '냉정히 교섭한다', '해역 경계선을 분명히 한다' 등의 막연한 대답이 다수를 차지했다. 이것은 타이완이 일본(오키나와)이나 한국에 비해 '영토인식'이 강하지 않은 '현황'을 반영한 것이라 생각된다.

오키나와에서는 소수이지만 '일본정부가 너무 약하다'라는 대답이 있었다. 여기에는 '타국의 대응과 비교하여'라는 단서가 있지만, 여기에서 '타국'은 중국이나 한국을 의미하는 것으로 판단된다. 이외에도 '일본이 올바른 대응을 취하고 있다고 생각한다. 자국의 역사를 보여주며 고유영토임을 주장하고 있기 때문'이라는 대답도 있다. 이와 같은 오키나와 학생의 대답은 동아시아 해양 영토분쟁에 대해 일본정부가 '연약 외교를 하고 있다'고 비판하는 매스컴 등의 영향이 아닐까라고 생각한다. 덧붙여 한국도 거의 비슷하겠지만 그중에는 '결국은 국력 문제'라는 대답과 같이 배타적 생각도 있었다(서울대학교).

3번 질문에 대해 타이완에서는 '대답이 나올 수 없는 문제', '해역 공유'·'역사 조사' 등의 대답이 있었다. 이 중에서 '역사 조사'라는 대답은 현재의 '고유영토론'과 깊이 관계된다. 이에 비해 오키나와에서는 '서로 양보한다', '서로의 역사를 잘 이해하는 것이 중요하다', '역사인식의 공유' 등의 대답이 많았는데, 의외로 '국제재판소에서 결정하도록 한다', '제3자(나라·기관등)에 의한 재결(裁決)'과 같은 대답도 소수는 아니었다. 이에 비해 한국에서는 '국제재판소에서 결정한다'는 대답이 거의 보이지 않는다. 그 이유와 배경에 관해서는 이후의 과제로 삼고자 한다.

다음은 수업 이후의 설문 결과이다. 우선 4번 질문에 대해 타이완에서는 '3개국에 유리하고 서로 중상(中傷)하는 내용이 없는 관점으로 쓴다',

라는 대답이 소수가 아니라는 특징이 있다. 이것은 타이완이나 오키나와와 비교해서 한국 쪽이 '동아시아 해양영토문제'를 역사적 문제로 다루고 있음을 보여준다. 이것이 한국 공교육의 결과인지 확인하는 작업은 이후의 과제이다.

'각국의 역사 자료를 모으고 객관적으로 쓴다'는 대답도 적지 않았지만, 여전히 '국가와 국민을 위해 영토 분쟁은 필요하다'와 같이 '변화 없음'이라는 대답도 많았다. 이에 비해 오키나와는 타이완에 비해 '영토문제에 대한 각국의 의견을 서술한다', '일본, 중국, 한국 등 각국이 생각하는 관점을 각각 싣는다'는 대답이 많았다. 이러한 타이완과 오키나와의 차이가 왜 생기는지에 대해서도 이후의 과제로 삼고 싶다.

2) 야마구치의 수업과 설문지 분석

여기에서는 3국의 학생이 적은 '교과서 기술'의 특징을 검토하고자 한다. 상세한 분석과 각국의 차이에 대해서는 이후의 과제로 삼고, 여기에서는 뚜렷한 특징이 무엇인지 확인하는 작업에 머물고자 한다.

우선 3국에서 공통으로 사용하기 위한 교과서의 특징으로는 '교과서에는 사실(事實)을 서술해야 한다. 독선적인 내용을 서술해서는 안 된다'는 점을 들 수 있다.

> 교과서는 한 국가의 국민의 인식 및 가치관과 관계되기 때문에, 학생에게 역사상 실제로 발생한 것을 그대로 가르쳐야 한다. 하지만 국제상 영토 문제와도 관계되기 때문에 학생에게 당시의 정세를 가장 공정한 표현으로 알려줘야 한다. 그리고 지도상의 국경 범위도 상시적으로 고찰해야 한다.

이와 같은 타이완 학생의 의견이 전형적인 경우이다. 한국도 '사실을 서술해야 한다'는 주장을 적은 학생이 많았다. 하지만 한국의 특징은 '일본은 사실을 왜곡하고 있다'는 전제가 있다는 점이다. 다음은 그 전형적인 사례이다.

> 나는 사실을 가르쳐야 한다고 생각한다. '과거의 역사적 사실, 있던 그대로의 진실'.다수가 만족할 수 있는 해결책이나 해결 방법은 여기에서 시작

된다고 생각한다. 일본의 아이들이 한국과 타이완의 아이들이 불만을 가지
고 있다는 진실을 숨기고 속이려한다면 반성도 발전도 이뤄질 수 없다. 과
거의 잘못을 반복한다면 애초부터 몰랐던 것이라 할 수 있지 않을까?

물론 다음과 같이 자국 민족주의로부터 거리를 두는 대답도 있었다.

> 분쟁 내용을 서술하기는 하지만, 감정적이거나 어느 한쪽에 치우친 비판
> 적 측면을 드러내는 용어는 사용하지 않는다. 이와 더불어 양국의 주장과
> 근거를 기재하고, 어떤 이유에서 어떻게 생각하는지, 본인의 생각을 서술하
> 게 한다. 또한 민족성이 아니라 역사적 사실의 차원에서 기재하고, 자국의
> 영토라는 가정하에 반대 입장에서 그렇지 않다는 근거를 도출하는 활동을
> 서술함으로써 무조건적으로 민족적 주장에 기초한 공격 자세를 취할 가능
> 성을 배제하고 이성적인 판단 과정을 거치도록 한다.

또한 '사실'이 아니라 '다양한 관점', '여러 시점'으로 서술해야 한다는 제
안도 있었고, 자신들의 지식이나 주장만이 아니라 타국의 주장도 반영한
교과서 서술에 동의하는 경우도 있었다.

- 객관적 입장—각국이 대표하는 입장을 동일한 분량으로 나누고(1쪽으
  로 한정), 아이들의 입장은 어떤지 묻고 자유롭게 토론한다(누구의 주
  장이 맞다고 생각하는지, 왜 그렇게 생각하는지). 각국의 입장을 대변
  해 본다—역사적, 정치적 등 폭넓은 관점으로 생각한다.(한국)
- 중립적 입장으로 '일본은 다케시마를 자국 영토라 하고, 한국은 독도
  를 자국 영토라 주장'한다는 정도로 서술하고, 역사적 증거를 중립적
  으로 제시하며 학생들에게 논술 형식으로 의견을 적게 한다.(한국)
- 다양한 각도에서 가르친다. 예를 들어 특정 국가의 생각과 관점만이
  아니라 일본, 타이완 및 한국 등의 관점을 모두 서술한다. 이로써 학
  생들에게 생각할 수 있는 기회가 늘 것이다.(타이완)

학생들의 이러한 대답의 특징은, '학생들이 생각하도록 한다'는 것을 결론

으로 삼고 있다는 점이다. 3국에서 이러한 주장이 나온다는 것은 교과서가 검정도서이기 때문이다. 검정심사가 있기는 하지만 다양한 교과서가 존재하고 있으며, 교과서가 '사실'이나 '해답'을 서술하고 있는 것에서 벗어나 '생각하는 소재 및 관점'을 제공해야 한다는 교과서관(教科書觀)이 가지고 있다고 생각된다. 아니면, 이것이 '결론을 낼 수 없다, 서술하는 것을 회피하고 싶다'는 의도의 표현인지 검증이 필요하다. 그러나 어느 쪽이든 교과서 서술에 '정답'을 요구하지 않는다는 것은 중요하고, 구체적으로 검토해야할 교과서관이다. 이것을 구체적으로 어떻게 서술할지에 대해 '양론 병기'를 주장하는 경우도 있다.

〈그림 10〉과 같이 '양론 병기'를 하여 판단하도록 하는 레이아웃을 생각하는 경우가 많았다. 따라서 어떻게 한 걸음 더 들어간 서술 내용을 생각하도록 할 것인지가 중요하게 된다. 이런 가운데 〈그림 11〉과 같이 '생활권'을 나름대로 반영한 교과서 서술을 적은 경우도 있다는 것은 이 프로젝트와 같은 실천이 사고 실험의 의미도 지닌다는 것을 보여준다.

〈그림 10〉 류큐대학 학생   〈그림 11〉 류큐대학 학생

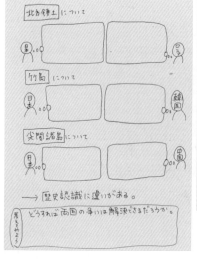

한편 3국에서 가장 차이점을 보인 것도 있다. 그중 하나가 한국 학생의 경우 독도가 강렬하게 신체화되어 있다는 점이다. 이와시타(岩下)가 지적한 '역사문제와의 분리'가 매우 곤란하지는 않은지 고민하게 만드는 다음과 같은 한국 학생의 의견이 있다.

> 한국은 이전부터 독도를 점유하고 한국 땅이라고 생각해 왔다. 하지만 조선시대 말기에 독도는 누구도 살지 않았고, 한국은 일본의 식민지가 되어 양국이 급속한 근대화를 경험하면서 독도 문제는 언급되지도 않았고 관심도 없어져 버렸다. 한국은 종전(終戰)으로 해방을 맞이했고 일본은 패전국이 되었다. 이때 영토에 관한 많은 문서가 작성되었는데, 양국의 해석이 다르고 의견이 나뉘어 버린 탓에 현재 이러한 영토분쟁이 존재하게 되었다. 그러나 역사적인 점 등 여러 측면에서 독도는 한국의 영토이며, 반드시 지켜야만 하는 영토이다.

타이완 학생 중에는 다음과 같은 의견이 있었다.

> 수업에서 이 문제를 다룰 경우, 가볍게 개괄적으로 설명하는 편이 좋다. 일부러 이 토지는 누구의 영토인지 설명할 필요는 없다. 이 문제에는 정답이 없으므로 선생이 자유롭게 가르치게 한다. 경우에 따라서는 학생들의 토론부터 시작해도 좋을 듯싶다. 토론을 통해서 학생들이 문제점을 스스로 찾을 수 있다고 생각하기 때문이다. 일방적으로 사상을 주입해서는 안 된다.

여기에서는 영토문제 해결에 큰 비중을 두지 않고 있다. 물론 여기에는 타이완 아이덴티티의 양성이 있고, 이 아이덴티티는 영토를 통해서 형성되는 것이 아닌 듯하다. 오히려 대 중국이라는 관계 속에서 '우리들은 타이완인'이라는 인식(실제로 수업에서 질문하면 대부분 그렇게 답했다)이 만들어지고 있음을 알 수 있으며, 교과서에서도 '중국 대륙을 중화민국의 영토'로 서술하지 않고 행정권이 미치는 범위를 자신들의 영토(이 표현이 적절한지는 검증이 필요하지만)라고 인식하고 있음을 알 수 있다. 이런 가운데 일본 학생 중에는 다음과 같은 의견도 있었다.

- 상대국과는 대화가 이뤄지지 않으므로 일본의 영토라는 증거를 세계에 알려서 일본 이외의 압력을 가한다. (수업을 마친 후) 동아시아의 교육을 바꿔야 한다.
- 잘 모르지만, 대립하는 양국이 양보하지 않으면 해결되지 않는다고 생각한다.
- 냉정한 대화(어떤 의미로는 현실적이지 않을 수도 있지만)가 가능하다면 내가 태어나기 전에 이미 영토 문제가 발생하지 않았을 것이라 생각한다. 그렇다면 인정하고 싶지는 않지만, 역시 무엇이든 강경책을 마련하지 않으면 해결되지 않을지도 모른다.

이처럼 '대화로는 무리이고 제3자에게 맡겨야 한다'는 등 대화가 성립하지 않는다는 비관적 견해를 나타낸 학생이 적지 않았다. '영토 분쟁은 해결되지 않는다'는 인식을 지닌 학생은 훨씬 많을 수도 있다고 생각된다. 한편 다음과 같이 공동교재는 불가능하다는 지적도 많이 있다.

- 솔직히 말해서 수업에서 제안하고 있듯이 모든 국가가 만족할 수 있는 교과서를 만드는 것은 불가능하다고 생각한다. 각국에서는 각국의 사상이 깊이 자리 잡고 있기 때문에 이를 바꾸는 것은 어렵다. 예를 들어 내 입장에서 보면 독도는 당연히 한국의 토지이고 근거도 타당하다고 생각한다. 하지만 일본인은 그렇지 않다. 내 관점에서는 일본이 틀렸기 때문에 이에 대해 합의하는 것은 불가능하다.(한국)
- 각국에서 동일한 내용의 교과서를 사용하는 것은 있을 수 없다고 생각한다. 왜냐하면 정치적 입장이 다르기 때문이다. 나라면 우선 현재 동아시아에 어떠한 분쟁이 있는지 서술한다. 해결할 필요가 있는 곳이 예를 들어 센카쿠열도라면, 이곳에 관한 역사를 간단히 소개한다. 그리고 교사와 학생이 함께 이에 대한 생각을 서술하게 한다.(타이완)

　이상과 같은 학생의 의견에 대해 어떠한 전망을 제시하며 극복해 나갈 수 있을지가 이후의 큰 과제일 것이다. 면밀한 '공동교재' 작성은 그 대안을 마련하는 작업 중 하나가 될 것이다.

【참고문헌】

山口剛史, 「海洋領土紛争を学ぶ3国(日本沖縄・韓国・台湾)共同教材開発研究－尖閣諸島における『生活圏』の教材化の試みから」, 『歴史と実践』 第32号, 沖縄県歴史教育者協議会, 2013.

新崎盛暉, 「国境地域を平和創造の場に－沖縄・石垣から見る尖閣問題」, 『季論 21』 19号, 2013.

新崎盛暉, 『岩波ブックレット 領土問題の論じ方』, 東京: 岩波書店, 2013.

와다 하루키 지음, 임경택 옮김, 『동북아시아 영토문제, 어떻게 해결할 것인가－대립에서 대화로』, 사계절, 2013(일본어판은 和田春樹, 『領土問題をどう解決するか』, 平凡社, 2012).

제3부
역사기억과 과거사 청산

과거사 문제의 인식과 책임론*

김민철**

1. 머리말

이 글은 오누마 야스아키(大沼保昭) 교수의 『위안부 문제란 무엇이었는 가－언론, NGO, 정부의 공죄』[1]를 비판하는 형식을 취하면서 '인식'과 '책임'이라는 두 개의 키워드를 가지고 한국과 일본의 과거청산운동에 대해 접근하고자 한다. 오누마 교수의 책을 선택하게 된 이유는 크게 두 가지였다. 하나는 오누마 교수가 양심적인 학자로서 그동안 일본 내에서 과거청산 운동에 깊게 관여해 온 인물이었던 만큼, 위안부 문제를 중심으로 한 그간의 과거청산운동을 비판적으로 다룬 이 책이 일본 시민사회에 미친 영향이 크기 때문이다. 다른 하나는 그의 주장이 과거청산운동에 비판적

---

* '제7회 역사인식과 동아시아 평화포럼 북경대회(2008 .11. 6~9)에서 발표한 글. 이 글은 필자의 『기억을 둘러싼 투쟁－친일문제와 과거청산운동』(2006, 아세아문화사)에 실린 「친일'문제－인식, 책임, 기억」과 「과거청산' 문제와 특별법 제정의 의미」, 「한국의 '과거사 청산' 운동」를 중심으로 관련 내용을 정리하면서 2007년 한국정신대문제대책협의회 결성 17주년 정책토론회에서 발표한 초안을 수정한 것이다. 이 글은 『戰爭責任硏究』 2010년 3월호에 「過去事問題の認識と責任論」이라는 제목으로 게재되었다.

** 경희대 후마니타스칼리지 객원교수.

1) 大沼保昭, 『慰安婦'問題とは何だったのか』, 中央公論新社, 2007.

이거나 부정적인 태도를 취한 한국과 일본의 논자들이 갖고 있는 문제의
식을 잘 다루고 있고, 지금까지 발표자가 고민하던 과거사 문제에 대한 인
식과 책임이라는 주제와 직접 관련되어 있기 때문이다.

그렇다면 오누마 교수가 주장하는 핵심은 무엇인가. 다소 거칠게 정리
하면 다음과 같다. 위안부 문제와 관련해서 일본정부에게 법적인 책임을
추궁하는 일은 법적으로나 현실적으로 불가능하다. 그런 상황하에서 일본
정부의 정치적 책임(도의적 책임)과 일본 국민의 도의적 책임이 결합되어
설립된 아시아여성기금은 매우 의미 있는 것이었다. 그러나 ① 한국 NGO
와 언론의 과잉반일내셔널리즘, ② 잘못된 법적 책임론, ③ 일본 NGO의
가해자 속죄의식(과잉 윤리주의), ④ 일본정부와 아시아여성기금의 홍보
부족으로, 아시아여성기금은 사실상 성과를 거두지 못했다. 특히 한국 정
신대문제대책협의회(이하 '정대협'으로 줄임)는 과잉내셔널리즘과 윤리주
의에 빠져 현실적으로 돈이 필요했던 피해자 개개인의 목소리를 사실상
봉쇄했다. 결국 한국의 과잉내셔널리즘과 윤리주의, 그리고 실현불가능한
법적 책임론이 피해자 개개인의 현실적 구제 요구를 침묵시켰으며, 아시
아여성기금도 실패하고 말았다는 것이다.

2. 비판 하나: 민족주의 비판론자의 인식론적 한계

먼저 한국의 과거청산운동이 민족주의에서 비롯되었으며, 그 결과 폐해
가 심하다는 주장부터 보자. 이런 주장에 따르면, 한국의 과거청산운동은
모두 과잉민족주의로 인해 편협하며 폐쇄적이어서 역기능을 하고 있다.
특히 한국의 반일민족주의는 피해자 문제를 가해국 대 피해국으로 단순화
시키는 한편 피해자의 목소리를 특권화시킴으로써 건전한 해결책을 막고,
심지어는 피해자들을 억압하는 기능까지 하고 있다. 그 결과 제국주의의

내셔널리즘과 식민지의 내셔널리즘은 '종이 한 장 차이'[박유하(朴裕河)]에 지나지 않는다는 극단적 주장까지 제기되고 있다.

'모든 민족주의는 악이다'는 주장처럼 역사적 문맥과 역할을 무시함으로써 결국은 제국주의 앞에 무장해제를 주장하는 반역사적인 논리에 대해서는 다시 재론할 필요가 없다. 다만 탈식민주의가 자칫하면 그 진의와는 다르게 제국주의와 공모한 결과를 낳을 위험도 있다는 점을 경계하는 수준에서 논의를 멈추자. 문제는 과거청산 문제를 비판하면서 그 초점을 민족주의에 맞추어 비판적인 논의를 전개하는 주장들이다. 오누마 교수 역시 같은 범주에 해당된다고 생각하지만, 이 비판은 반은 정당하고 반은 정당하지 않다.

한국의 대일 과거청산 요구를 모두 반일민족주의에서 비롯된 것으로 몰고 가는 주장이 사실에 근거한 것인지는 별개로 하더라도, 인식의 문제에서 중대한 한계가 있다고 생각한다. 즉 민족주의이기 '때문에' 해결되지 않는다는 것과 민족주의'만'으로는 해결되지 않는다는 것을 구분하지 못한 데서 비롯된 빗나간 비판이다.

위안부 문제를 예를 들어 설명해 보자.

A(관찰자)	B(사건)	C(인식)
휴머니스트 페미니스트 내셔널리스트	위안부-노예 여성 식민지	휴머니즘·인류애 → 반인도적 범죄 행위 탄핵 가부장제 억압 → 가부장제 질서 탄핵 민족 차별 → 일본제국(국가)에 대한 탄핵

관찰자 A가 사건 B를 어떻게 인식하고 행동하느냐(C)는 문제 속에는 '① 사건 B에 어떤 유형의 문제가 들어있나(세 가지 차원), ② 관찰자가 어떤 관점을 갖고 있나(주체 구성의 문제)'는 요소가 포함되어 있다. 관찰자 A가 사건 B를 내셔널리스트의 관점에서 보게 되면, 다른 층위의

문제 즉 노예와 성(姓)의 문제가 사라지거나 약화되거나 배제될 것이다. 반면, 휴머니스트의 관점에서 보면 식민지라는 역사성과 가부장제 질서에 대한 구조적 문제는 배제된다. 불교적인 관점에서 보면 극단적인 삶의 고통이 문제의 전면에 등장하게 된다. 따라서 어떤 이념, 관점에서 본다는 것은 그 사건이 갖고 있는 다른 차원의 문제들을 배제하는 결과를 낳는다.[2]

결국 문제는 민족주의 그 자체가 아니라 민족주의가 무엇을 배제하도록 요구하고 있는지 드러내고 그럼으로 인해 어떤 실천이 요구되고 있는지 보여주는 일이 필요하다. 즉 자신의 관점이 무엇을 배제하고 있는지를 자각하는 일이 중요하다. 그런데 사건 속에 여러 요소가 있다고 해서 특정한 한 요소가 그냥 자연스럽게 드러나지는 않는다. 위안부 문제와 관련해서 성적 문제가 그냥 드러난 것이 아니라 페미니스트의 투쟁에 의해서 또는 할머니의 커밍아웃을 통해서 '현실'로서 획득되었다는 점을 잊어서는 안된다. 배제란 곧 각 차원 간의 권력투쟁이기도 하다. 각 차원이 평화롭게 공존하고 고정되어 있는 것이 아니라 시간과 공간에 따라, 그리고 담론내의 권력 질서에 따라 끊임없이 배치가 바뀌고 있기 때문이다.

민족'주의'적 관점은 주체의 복합성(다양성)을 민족의 문제로 환원시키고 주체의 다양성을 민족 속에 종속시키도록 명령받는다. 그런 점에서 우에노 지즈코(上野千鶴子)의 비판은 정당하다.[3] 그러나 그 대안으로 제시한 자율적 개인이나 탈민족국가적 시각, 또는 페미니즘 관점 역시 다른 것을 배제하고 있다. 모든 개념이나 이념은 자신의 동일성(정체성)을 위해 타자를 배제하고 있다. 페미니즘의 관점에서 보면 민족주의

---

[2] 민족주의라는 담론 속에 배치된 위안부 문제는 이제 관찰자들에게 민족주의적으로 이해하도록 강요한다. 이데올로기로서 또는 '집합적 기억'으로서 성립된 민족주의가 능동적으로 작동하여 역으로 관찰자의 인식을 규정하게 되는 것이다. 이것을 깨닫는 것이 중요하다.

[3] 上野千鶴子, 『ナショナリズムとジェンダ』, 東京: 靑士社, 1998.

또한 하나의 타자이다. '모든 개념은 폭력이다'는 경구는 그런 점에서 정당하다.

따라서 문제는 배제 그 자체가 아니라 배제하는 방식에 있다. 타자에 대한 부정이나 말살, 폐기 역시 또 다른 환원주의요 억압이다. 우에노 역시 이것을 주장하지는 않는다. 그러나 그의 주장대로라면 현실에서 구체적인 탈출구(해결책)가 없다. 페미니즘의 관점에서 본다면 한국과 일본의 가부장제가 해결되어야만 비로소 일본군위안부 문제의 본질이 해결될 수 있다. 이렇게 되면 일본군위안부 문제의 직접적인 책임 주체(일본정부의 책임)가 소멸되고 나아가 문제 자체가 해체된다. 누구에게 책임을 물을 것인가, 또는 누가 어떻게 책임을 질 것인가에 대해 그가 설명할 수 있는 해법은 없다. 이것은 두 번째 문제 즉 운동에서 흔히 나타나는 청산주의로 빠질 위험성을 다분히 갖게 된다. 한 이념의 특권화에 대한 저항이 그 이념 자체를 부정해 버리고 싶은 유혹으로 발전되는 것은 흔히 있는 일이긴 하나, 운동에서 나타나는 병폐는 그것이 쉽게 청산주의로 연결된다는 점이다.

관계의 복합성이란 측면에서 우에노의 주장처럼 어느 하나에만 특권을 부여해서는 안될 것이다. 그렇다고 해서 역으로 다양성만을 주장하는 것은 다양하다는 것에서만 머물 뿐이다. 그것이 구체적인 실천으로 전개될 때는 의식하든 의식하지 못하든 항상 '배치'의 문제가 제기되고 있다. 따라서 우리에게 요구되는 것은 '배치'하고 있다는 사실을 자각하는 것이다. 자각이 일어나는 순간 배제는 포용과 공존으로, 특권화와 본질화는 상대화와 객관화로 나아갈 수 있는 통로가 열리게 된다. 이런 점에서 나는 '민족주의 비판론'이 중요한 역할을 하고 있다고 본다.

그러나 비판을 넘어 부정하는 것 또한 근본주의에 빠지는 오류를 범한다. 한국의 민족주의를 부정하는 박유하는 오히려 한국의 반일민족주의에 과다한 의미를 부여하고 표상을 만들어 그것을 역이용함으로써 사태의 본질을 왜곡시키고 있지는 않은지? 민족주의가 절대선이 아니듯이 절대악도 아님을 인정한다면 애써 그 진보적 의미마저 부정해버리는 이유는 무엇일까? 한국 민족주의에 비난의 화살을 돌림으로써 자신의 잘못을 위안하려는 심리야 모를 바 아니나, 그렇다고 해서 죄 자체가 소멸되지는 않을 것이다.

사족이지만 오누마 교수가 그렇게 확신에 찬 어조로 한국의 반일민족주의를 비판하고 있는데, 정작 한국의 민족주의에 대한 내용은 없다. 단지 피해자 개인의 현실적 욕구를 억압했다는 주장 말고는 없다. 이렇게 해서는 올바른 비판이라 할 수 없으며, 또한 현실적인 대안을 제시하지도 못한다. 운동 진행상에서 일어난 경직성, 또는 전술상의 잘못을 가지고 운동 전체를, 전략을 비난하는 오류를 종종 본다.

3. 비판 둘: '책임의 동일시'에서 빚어진 면책의 오류

한국의 과거청산운동을 비판하는 논자들이 가진 공통된 잘못은 '책임을 동일시'함으로써 결국에는 책임을 져야할 주체에게 면책을 가져다주고 있다는 점이다. 야스퍼스(Karl Jaspers)는 책임을 법률적 책임, 정치적 책임, 도덕적 책임, 형이상학적 책임으로 구분한 바 있다.[4] 법률적 책임이 형사적 문제라면, 도덕적 책임은 윤리적인 문제로 반드시 강제적인 것은 아니다. 이른바 '성찰'이라는 이름으로 제기되는 책임은 바로 이 지점이다. 그러나 책임을 동일시할 경우, 우리는 법적, 정치적 책임을 져야 할 주체와 도덕적 책임을 져야 할 주체를 같은 차원에서 이해함으로써 결국은 책임의 주체를 사실상 소멸시키는 오류를 범한다. '모두가 죄인이다'는 말은 곧

---

[4] 칼 야스퍼스, 橋本文夫 譯, 『責罪論』, 東京: 理想社, 1965. 「우리에게 죄가 있는가-독일의 자기비판」이라는 제목으로 1948년에 잡지 『유럽』 8호에 실림.

'모두가 무죄다'와 같기 때문이다.[5] 이러한 구별은 불가결하다. 그렇지 않으면 모든 것이 '책임'으로 동일시되고, 결국 책임을 물을 수 없게 되기 때문이다. 전후에 일본 황족 출신의 수상이 라디오에서 '일억총참회'를 주창했던 때가 그런 것이다.

적어도 오누마 교수는 책임을 동일시하는 오류를 범하지는 않았다. 오히려 그는 국제법 학자로서 법적 책임과 정치적 책임, 그리고 도의적 책임을 잘 구분하고 있다. 그렇다면 그는 왜 아시아여성기금을 선택했는가? 법적 책임을 묻는 일이 사실상 불가능하다고 판단했기 때문이다. 아시아여성기금에 정부의 책임과 민간의 책임이 함께 담겨있다는 논리로 정당성을 부여한 것은 사후적이지 않을까? 이런 그의 선택을 도덕적으로 비난해서는 안 된다. 현실주의자이면서 휴머니스트로서 충분히 선택가능한 일일 수도 있기 때문이다.

문제의 핵심은 왜 한국의 피해자와 NGO가 일본정부의 법적 책임을 추궁했는가에 대해 그의 이해가 너무 부족하지 않았나, 그리고 그로 인해 그의 선택이 정치적으로 잘못이라는 점을 이해하지 못한 것이 아닌가 하는 점이다. 먼저 그는 일본정부에게 법적인 책임을 묻는다는 것을 그야말로

---

[5] 이영훈 교수의 위안부 발언 파문 문제의 핵심은 책임을 동일시함으로써 결과적으로 오류를 범했다는 데 있다. 즉 일본제국의 범죄와 그리고 그 죄에 대한 정치적 책임을 지고 있는 현재의 일본정부와 위안소를 드나들었던 한국인 병사의 책임을 동일시한 것이 잘못이었다. 도덕적인 책임만 성찰이라는 이름으로 강조함으로써 위안부 문제의 일차적 책임 당사자, 즉 법적 책임 당사자인 일본정부에게 면죄부를 부여하는 결과를 낳을 위험성을 안고 있다.(책임의 동일시에 따른 오류)
또 한 가지, 친일문제에 대한 이영훈 교수의 발언에 담긴 역사의식도 문제이다. 즉 과거 청산을 주장하는 사람들에 대해 이 교수는 도덕주의적 역사관에 빠져 있다고 비판하고, 공리주의적 역사관을 강하게 주장하고 있다. 물론 도덕주의적 역사관이 많은 한계를 갖고 있다. 그러나 그가 주장한 공리주의적 역사관 속에는 '좋고'(good) '나쁨'(bad)만 있지 '옳고' '그름'은 없다. 인간의 행위, 또는 역사를 이해하는 데는 두 가지가 같이 다루어져야 한다. 옳고 그름이 배제된 역사는 결과만을 중요시하게 되고, 본인의 의도와는 관계없이 결국에는 부당한 체제를 인정하는 지배계급의 역사관으로 전락할 위험성을 내포하고 있다.(극단적 공리주의에서 비롯된 오류) 선과 악의 개념에 대해서는 이정우, 「제4강. 선악」, 『개념-뿌리들 2』, 철학아카데미, 2004 참조.

법적으로만 제한해서 해석하여 부정적인 반응을 보였다. 법적 책임을 묻는다는 것은 가해의 구조를 밝히고, 가해의 최정점에 있는 일본 천황과 전범에게 그 책임을 묻는 일이었다. 그러나 가해자 처벌이라는 주장은 실질적인 의미보다는 사실상 정치적 책임 추궁의 의미가 더 짙다. 왜냐하면 현재로선 실질적인 책임추궁이 불가능하기 때문이다.

그렇다면 일본정부에게 법적 책임을 추궁한다는 것은 무엇을 말하는가? 첫째 가해국 정부가 사실을 인정하고 나아가 사태의 진상과 가해의 구조를 밝히고 사죄할 것, 둘째 피해자의 고통을 치유하기 위해 노력하고 정의롭지 못한 상황을 개선할 의지를 보일 것, 셋째 피해자의 고통을 사회화하기 위해 교육할 것 등을 요구하는 포괄적인 의미도 담고 있다. 이러한 조치는 입법화를 통한 최소한의 자기강제로서 나타날 것이며, 이것이 시행된다면 일본정부로서는 사실상 그 책임을 다하는 일이 될 것이다. 그러나 일본정부는 이것을 하지 않았다. 아시아여성기금이 일본정부의 책임을 민간으로 떠넘겨 돈 문제로만 해결하겠다는 혐의를 갖게 한 것은 바로 일본정부였다. 게다가 피해자들에게 최소한의 신뢰조차 주지 못한 것은 일본정부가 보인 이중적 태도, 한편으로 인정하면서도 다른 한편으로는 부정함으로써 사태를 악화시켰다. 한국의 피해자와 NGO가 분노하고 있는 것은 지금까지 일본정부가 보여준 무책임한 태도 때문이다. 오누마 교수의 말대로 아시아여성기금이 정부 책임과 민간 책임을 결합한 것이라고 한다면, 그 책임을 진 정부가 다른 말을 하고 있는 것 또한 사실 아닌가? 그렇다면 피해자와 NGO는 어느 정부에게 신뢰를 보낼 것이며 진정성이 있다고 믿을 것인가. 믿음은 주지 못한 자에게 일차적인 책임이 있다. 그 책임을 상대에게 돌리는 것은 당당하지 못한 태도이다.

4. 민주화로 가는 또 하나의 길, 한국의 과거청산

현재 한국사회에서 논의되고 있는 과거청산 문제는 크게 두개로 나뉜다. 하나는 식민지하의 친일문제로 매국행위와 식민지지배체제에 대한 협력행위, 그리고 일본제국주의의 침략전쟁에 협력한 행위에 대해 진실을 밝히고 그 죄에 대해 역사적 책임을 물음으로써 공동체가 가져야 할 최소한의 사회적 규범을 세우는 일이다. 다른 하나는 분단과 한국전쟁, 권위주의 정권하에서 일어난 인권침해문제이다. 국가권력의 부당한 행사나 불법행위로 인해 일어난 피해문제로서 진상 규명과 피해 구제, 명예회복, 배·보상 등을 통해 피해자의 한을 풀고 국가와 가해자의 책임을 추궁하는 일이다.

이 일은 ① 과거에 일어난 죄를 다시 환기시켜 정의를 실현하고, ② 피해자의 고통에 응답함으로써 상처를 치유하고, ③ 올바로 책임을 규명함으로써 그러한 피해가 다시 재발하지 않도록 하여 궁극에는 인간의 존엄성을 확대하는 길이라 할 수 있다. 따라서 과거청산 문제를 해결하는 일은 단순한 역사해석이나 평가가 아니라 정의의 실현과 인간해방으로 나아가는 하나의 과정이다.

2005년 8·15 경축일에서 노무현대통령이 '포괄적인 과거청산'을 제안한 이후 과거청산 문제가 포괄적으로 제기되었다. 왜 그러한 제안이 나왔을까? 과거청산에 대한 대통령의 의지 표명, 2005년이라는 역사적으로 상징적인 해가 갖는 사회심리적 요소(과거를 털고 가자), 피해자들의 요구를 어떤 형태로든지 정부가 수용할 수밖에 없는 한계지점에 이르렀다는 점 등을 배경으로 들 수 있다. 그러나 현실적으로 가장 설득력이 있는 것은 민주화 이후 봇물처럼 터져 나온 과거청산 요구에 대해 한국사회가 이제 종합적이면서 체계적인 대책을 수립하지 않으면 안 될 시점에 왔다는 것이다. 과거청산의 범위에서도 알 수 있듯이 100여 년에 이르는 과거사 문제는 매우 다양하고, 그 성격도 다르다.

〈과거청산의 범위〉

1) 강제동원피해자 문제(일본의 역사왜곡 포함)
2) 친일 문제(내부 문제)
3) 인권 피해 문제
   3)-1 국내: 민간인 학살, 의문사, 북파공작원, 삼청대 등
   3)-2 국외: 한−미, 한−베(한국군의 베트남민간인 학살, 고엽제 피해자)
4) 민주화 희생자 문제

위 사안 중 일본과 관련하여 문제가 되는 것이 강제동원 피해자 문제와 친일파 문제일 것이다. 2004년 '강제동원피해자진상규명법'과 '친일반민족행위진상규명법'이 통과되자 일본의 언론들은 두 법은 반일민족주의에 기초하여 만들어진 것이라고 보도하였다. 이는 사태의 본질을 전혀 알지 못하는 데서 비롯된 오해였다. 왜냐, 앞서도 언급했듯이 강제동원 피해자 문제는 그동안 피해자를 방기한 국가가 진상을 밝힐 것을 요구한 법안이었고, 친일파문제는 지배계급의 부도덕성과 특권화에 극도로 분노한 시민들이 최소한의 정의와 사회적 가치를 세우기 위해 만든 법이었다. 물론 여기에는 민족 정서도 깔려 있었다. 그러나 그것이 내셔널한 386세대의 국회의원들 때문에 통과된 법으로 인식한 일본 언론의 오류는 사물을 오히려 단순화시킨 데서 비롯된 것이다. 민족적 언술이 사용되었다고 해서 그것을 민족주의와 바로 등치시키는 것이야말로 시대적 상황과 맥락을 이해하지 못하고, 자기의 관점에서만 사태를 이해하려는 데서 나온 잘못이다. 한국의 과거청산운동이 비록 많은 자기 한계를 가지고는 있지만, 기본적으로 자기 역사에 대한 반성과 피해자의 인권 구제, 그리고 정의의 실현을 위한 운동으로 한국 사회를 한 단계 더 성숙한 사회로 만들기 위한 노력의 한 일환임을 이해할 필요가 있다. 그렇기에 한국의 우익들이 과거청산을 반

대하고 있으며, 같은 맥락에서 일본의 우익 또한 과거청산을 거부하고 있
는 것이다. 그런 점에서 한국과 일본은 시차를 두고는 있으나 첨예한 '기
억을 둘러싼 투쟁'을 공동으로 벌이고 있는 셈이다.[6]

---

6) 또한 일본의 비판론자들은 2000년을 전후하여 한국에서 일어난 새로운 변화와 시도(반
일운동의 점진적 발전, 평화와 인권을 위한 아시아연대운동으로 성숙되어 가는 변화)를
이해하고 있지 못하고 있다. 일본정부의 역사왜곡 문제를 반일을 넘어 인권과 평화를
위한 운동으로 전개하고 있는 사례라든지 위안부 문제를 전쟁과 여성의 문제로 발전시
키려는 사례 등에 굳이 눈을 감고 있다.

【참고문헌】

大沼保昭, 『慰安婦問題とは河だったのか』, 中央公論新社, 2007.
上野千鶴子, 『ナショナリズムとジェンダ』, 東京: 靑士社, 1998.
칼 야스퍼스, 橋本文夫 譯, 『責罪論』, 東京: 理想社, 1965.

한일강제병합100년을 맞는 한일과거사운동의 성과와 전망*
식민주의 청산을 위한 '강제병합100년공동행동 한일시민대회'를 중심으로

박한용**

1. 머리말

2010년 한반도가 일본제국주의의 식민지로 전락한 지 100년이 되는 해를 맞아 한국과 일본의 시민단체를 중심으로 조직된 '강제병합100년 공동행동 한일실행위원회'(이하 '한일실행위원회')는 2010년 8월 22일부터 29일까지 '강제병합100년 한일시민대회'를 도쿄와 서울에서 공동 개최했다. 한일실행위원회는 한일시민대회 개막식(도쿄)과 폐막식(서울)을 통해 '식민주의 청산과 평화실현을 위한 한일시민공동선언'을 발표했다. 한일시민공동선언문은 일본의 한국강제병합 100년을 맞아 한국의 80개 시민단체와 일본의 37개 시민단체가 참가해 공동으로 합의 채택한 것으로 향후 한일 시민단체는 이 선언문에 제시된 원칙과 목표에 기초해 활동을 전개하기로 했기 때문에 그 의의가 적지 않다. 이에 한일실행위원회 조직 과정과 의의, 한일시민대회의 개요, 특히 한일시민대회에서 채택된 한일시민공동선언의 내용과 의의 그리고 향후 과제에 대해서 간단하게 정리하고 이를

---

* '제9회 역사인식과 동아시아 평화포럼 서울대회'(2010. 11. 20~23)에서 발표한 글.
** 민족문제연구소 연구실장, 강제병합100년공동행동한국실행위 공동운영위원장.

공유하고자 한다.

2. 국치100년사업공동추진위원회의 결성

그간 한국 내에서는 일제 식민지 피해자나 관련 시민단체와 학술단체들이 한일 과거사 청산을 위해 많은 노력을 기울였으며, 적지 않은 성과를 거두었다. 그러나 여전히 일본정부는 식민지 지배에 대한 공식 책임을 외면하고 있을 뿐 아니라 식민지 과거사와 침략 전쟁을 미화함으로써 한일 과거사 갈등이 더욱 더 심해지고 있다. 한국의 한일 과거사 청산 관련 활동 또한 개별 분산적으로 진행됨으로써, 복잡하게 얽혀있는 한일과거사문제를 전체적으로 아울러 해결할 수 있는 단계로 발전하지 못한 게 사실이다.

2008년 11월 야스쿠니반대공동행동한국사무국 · 한국정신대문제대책협의회 · 민족문제연구소 등 10개 단체 20여 명이 북한의 평양에서 열린 '일본의 역사왜곡 및 독도강탈책동반대 남북공동토론회'에 참가한 것을 계기로 이에 일제의 한국 강제병합 100년이 되는 2010년을 앞두고 각 단체 또는 개별 사안별로 진행되고 있는 한일과거사 현안을 함께 점검하고 공동 실천을 통해 문제를 해결하기 위해 공동사업기구를 조직해야 한다는 공감대가 2008년 말부터 관련 단체 사이에 널리 형성되었다.

이에 2009년 4월 25일 한일과거사청산을 위해 활동하고 있는 한국의 50여 개의 대표적인 시민단체들이 모여 '2010년 강제병합100년의 역사적 의의를 정립하고 일제식민잔재와 한일과거사 청산의 새로운 발전 단계를 모색하기 위한 공동 논의와 실천 기구'로서 '진실과미래, 국치100년사업공동추진위원회'(이하 '100년위원회')를 조직했다.

100년위원회는 창립제안문을 통해 "지금도 동아시아는 과거 제국주의의 식민지 지배와 침략 전쟁의 역사를 둘러 싼 갈등을 반복하면서 과거의 낡은 역사를 넘어서지 못하고" 있으며, "20세기 제국주의 국가의 식민지 지배와 침략 전쟁의 역사적 청산과 재발 방지를 위한 노력이 결실을 맺지 않는 한 동아시아 사회의 평화와 공존은 여전히 먼 미래의 일"이라고 진단했다. 이어 100년위원회는 "2010년 경술국치(庚戌國恥: 강제병합)100년이 되도록 식민지 과거 청산이 이루어지지 않는 부끄러운 현실"을 반성하고 "그동안 단체 또는 개인에 의한 개별적이고 고립적으로 진행되어 온 식민지과거사 청산의 실천을 총괄하고 일본제국주의의 식민지 지배라는 근원적 책임 위에서 문제를 제기하고 공동의 해결을 모색할 필요"를 제기했다.

3. 한일시민 역사 합의를 위한 한일시민공동기구 결성

100년위원회는 '한일 과거사 청산을 위한 공동행동 실천의제'와 그 실천을 위한 구체적인 사업들을 확정한 후, 이를 일본·재일사회의 한일과거사 또는 평화 관련 시민단체들과 공동으로 실천을 전개하는 것을 핵심 과제로 정했다. 식민지 과거 청산은 식민지 범죄의 진실규명과 명예회복을 위한 각종 배·보상 문제의 조속한 해결이 병행되어야 하므로 한일 양국의 정부와 의회 그리고 한·일·재일 시민단체 간의 긴밀한 공조가 어느 때보다 필요하기 때문이다. 이에 따라 2009년도에는

① 한일강제병합100주년인 2010년을 앞두고, 식민지역사의 청산이라는 주제에 대해 한·일양국 시민들이 가지고 있는 갈등조정과 이해공유의 장을 마련하고,

② 각 주제에 대한 공동의 투쟁목표 결정을 발표하여, 이에 힘을 단기간에 집결시키는 성과를 만들어내어,

③ 이러한 공동 실천을 성과 위에서 지속가능한 동아시아 시민들의 연대를 모색하기 위한 한일 또는 동아시아시민과의 연대를 구축하는 데에

집중했다.

이를 위해 2006년 6월 24일부터 26일까지 일본 기타큐슈에서 '한일공동 실천행동 1차워크숍'을 한일 공동으로 개최해 한일과거사 청산과 관련한 다양한 현안들에 대한 상호 인식과 해결 방안 등에 대해 서로 의견을 교류·공유하는 자리를 마련했다.

이후 100년위원회는 11월 20일 도쿄에서 열린 일본의 시민단체 관계자 회의에서 한일과거사 청산을 위해 한일시민공동기구를 만들어, 8월 강제병합 100년을 맞이해 식민주의 청산이라는 근본 원칙에서 과거사 청산의 원칙과 방향을 도출하고 각종 과거사 현안의 해결 목표를 제시하고 이를 실현하기 위한 행동계획을 공동으로 할 것을 제안했다. 즉 2010년 8월 강제병합 100년을 맞이해 한일공동행동기구를 만들어 한일시민대회를 개최하고 대회에서 한일시민공동선언문을 채택해 이를 근거로 향후 공동실천을 전개하자는 것이었다. 일본의 시민단체들 또한 이 필요성을 공감해 2010년 1월 31일 도쿄에서 '과거를 청산해 평화의 미래로－1·31집회'를 열고 일본 측 공동행동기구를 결성하기로 참석자 전원 합의했다.

2010년 1월 31일 일본 도쿄에서 250여 명의 일본 시민단체·재일한국인 관계자들이 모여 '과거청산과 평화의 미래를 위한 1·31집회'를 개최하고, 한일 과거사의 근본 해결을 위해 일본 시민단체의 총 역량을 결집하는 한편 한국의 시민단체와 연대해 공동행동을 전개할 것을 결의했다. 아울러 '강제병합100년 공동행동 일본실행위원회'를 공식 발족했다.(현재 37개 단체 참가)

한편 한국의 100년위원회도 이에 발맞추어 3월 26일 한국의 시민사회단체와 함께 '강제병합100년 공동행동 한국실행위원회'를 결성했다.(현재 80개 단체 참가) 한국실행위원회는 3월 26일자의 창립선언문에서 향후 사업 목표를 다음과 같이 크게 네 가지로 설정했다.

첫째, 강제병합 100년을 맞이하면서 한국의 근대가 식민지로 시작할 수밖에 없었던 내적 원인을 규명, 반성한다. 이와 함께 일제 식민지배의 폐해와 청산되지 않은 식민지 과거사의 실상을 알리고 식민지 과거사청산이 동아시아 평화의 출발점이 됨을 적극 홍보한다.

둘째, 당면 행동계획으로 일제 식민과정에서 빚어진 각종 한국인 학살과 침략과정에서 발생한 일본군 '위안부'를 비롯한 강제동원 피해자 등의 피해실태를 밝히고, 피해를 회복하기 위한 정치적·법적 조치를 취하도록 일본정부에 요구하다. 이를 위해 일본실행위원회를 비롯한 일본 시민단체들과 연대해 다양한 공동행동을 전개한다.

셋째, 한일뿐만 아니라 동아시아 나아가 전 세계에 뿌리박은 식민주의를 타파하고 자유와 평등, 인권에 기초한 새로운 시대를 만들기 위해 한일 시민사회가 연대해 8월 29일 강제병합일에 한일 또는 동아시아 시민공동선언을 채택하고 그 이념을 실현하기 위해 함께 노력한다.

넷째, '북한과 일본의 수교정상화'가 올바로 추진될 수 있도록 노력하고자 한다. 북일수교는 양국 간에 외교적 차원에서 식민주의를 청산할 수 있는 유일한 기회인 동시에 한반도 평화통일과 동아시아 평화의 획기적인 출발이 되기 때문이다.

이렇게 조직 명칭과 구성을 서로 맞추어 결성된 한일실행위원회는 십수 차례의 자체 회의와 6월과 7월 도쿄와 서울을 오가며 두 차례의 한일워크숍을 통해 상호 의견을 조율하고 특히 선언문을 공동 작성하는 데 노력을 기울였다. 아울러 한일실행위원회는 강제병합조약 체결일인 8월 22일부터 공포일인 8월 29일 1주일을 '강제병합100년 한일시민대회' 기간으로 설정하고 다양한 공동 또는 단독 사업을 전개했다.

8월 22일 일본 도쿄 도시마공회당에서 1,000여 명의 일본 시민과 한국실행위 관계자가 참가해 '강제병합100년공동행동일본대회'(한일시민대회 개막식)를 개최해 '식민주의 청산과 평화실현을 위한 한일시민공동선언'을 채택 발표했다. 이와 함께 한일청년학생선언문도 함께 발표했다.

한국대회는 8월 27일부터 29일까지 서울에서 개최되었다. '한일과거사 청산과 동아시아 평화'라는 주제의 국제학술대회(27일, 28일)와 한일청년 학생포럼(28일)에 이어 8월 29일 오후 성균관대학교에서 '한일시민공동선 언한국대회(한일시민대회 폐막식)'을 거행했다. 한일시민대회 폐막식에서 도 일본대회와 동일하게 '식민주의 청산과 평화실현을 위한 한일시민공동 선언'을 발표하고 이와 함께 한일정부에게 보내는 20개 요구사항과 6개 항 목의 행동계획을 발표했다. 한일청년학생들의 '공동결의성명'도 이 자리에 서 다시 발표되었으며, 2011년도 더반선언 10주년을 맞이해 한일시민공동 선언을 '동아시아역사인권평화선언'으로 확대 발전시킬 것을 공동사업으 로 확정했다.

4. 선언문을 중심으로 본 한일시민 합의의 의미

강제병합100년공동행동 한일실행위원회 명의로 발표된 '식민주의의 청 산과 평화실현을 위한 한일시민공동선언'은 'Ⅰ. 전문 Ⅱ. 조선 침략과 강 점 Ⅲ. 식민지배 Ⅳ. 패전과 해방 이후 Ⅴ. 동아시아의 평화로운 미래를 구축하기 위해 우리의 요구와 행동 계획' 등으로 구성되어 있다.

한일시민공동선언은 무엇보다 한일과거사문제를 식민지 범죄에서 비롯 한 것으로 규정하고 아직까지 한일과거사문제가 해결되지 않는 근본 원인 을 여전히 제국주의의 침략이데올로기인 식민주의에서 찾고 있다. 식민주 의에 대해서는 2010년 1월 31일 일본실행위원회 출범식 때 한국의 100년위 원회가 발표한 아래 기조발제문이 참조된다.

100년 전 일제에 의해 한반도에 강제된 식민주의는 가해국과 피해국의 문제를 넘어 세계사 차원의 범죄행위였습니다. 우리 모두가 다 아는 바와 같이 제국주의는 식민지에 대해 경제적 수탈만 일삼은 것이 아니었습니다. 식민주의는 인종주의나 민족우열론을 동원해 민족 억압과 차별·배제를 정당화했습니다. 또 식민지에 군림한 정권은 예외 없이 일방주의에 기초한 폭력적 체제로서 식민지 민중의 일체의 인간적 권리를 근본적으로 부정했습니다. 그런 점에서 식민주의는 민주주의의 적이기도 합니다. 식민주의는 식민지 민중의 정체성을 말살하는 문화적 제노사이드와 대규모의 학살을 예외 없이 자행했습니다. 때로는 인종 청소의 형태로, 때로는 제국의 대외침략전쟁에 소모품으로 동원하여 간접 학살하기도 했습니다. 그렇기에 식민주의는 언제나 제노사이드를 내재하고 있는, 인간 생명의 존엄성과 평화의 대척점에 서 있는 체제이자 이데올로기입니다.

즉 한일과거사 문제가 전쟁문제 이전인 식민지 지배에 따른 범죄이며, 따라서 전쟁책임을 넘어 식민지 책임에서 출발해야 한다는 점에 합의했다. 또 아직도 과거사가 해결되지 않고 일본이 역사교과서 마저 왜곡하고 있는 것은 영토로서의 식민지는 사라졌어도 제국주의의 침략과 지배이데올로기로서의 식민주의가 아직도 강고하기 때문이라는 점도 지적했다. 나아가 2001년 남아프리카공화국 더반선언에서도 식민주의를 노예노동과 마찬가지로 반인도적 범죄로 규정하고 있다는 사실을 확인했다. 한일시민공동선언은 더반선언의 관점을 더욱 발전시켜 식민주의를 세계사차원에서 반인도적 범죄로 규정하고 이를 청산할 때 비로소 식민지배에 따른 피해에 대한 근본 치유가 가능하다는 것이다.

〈더반선언과 식민주의〉

2001년, 남아프리카공화국의 더반(Durban)에서 「인종주의, 인종차별, 외국인 배척 및 관련한 불관용에 반대하는 세계회의」가 유엔 주최로 개최되었다. 이 회의에서 채택된 「더반선언」은 처음으로 '노예제와 노예 거래'를 '인도(人道)에 반한 죄'로 규정했다. 식민주의에 대해서도 "비난받아야

하며 재발을 막아야 한다"는 것을 확인했다. 나아가 지난 수백 년에 걸쳐
아시아, 아프리카, 라틴아메리카 등에서 수많은 민족과 민중을 괴롭힌 노
예제와 식민 지배를 청산하는 일은 역사적 과제라고 선언하고, 그 실현을
향한 행동계획을 밝혔다. 즉, '합법'인지 아닌지를 따지기 이전에 식민지
지배 그 자체를 '인도에 반한 죄'라고 판단하고, 그 피해가 여전히 계속되
고 있는 현실을 직시하여 극복해 나갈 것을 제기한 것이다. 획기적인 의의
를 가진 이 선언은 구미 각국뿐만 아니라 일본을 포함한 모든 구식민지
국가에 적용된다.

― 「한일시민공동선언문」 '전문'에서 인용

첫째, 이러한 식민주의 청산은 과거사 청산에 있어서 가해와 피해를 넘
어서는 보편성을 제기했다는 평가를 할 수 있다.

둘째, 불충분하지만 한일과거사 청산 또는 식민주의 청산이 동아시아
평화의 불가분의 관계에 있음을 강조했다. 21세기 전 세계에서 유일하게
지역협력체를 구성하지 못한 곳이 동아시아지역이며 오히려 갈등과 충돌
이 고조되고 있다. 그 원인 중 하나는 20세기 제국주의의 침략과 식민지
배, 그 후유증에 따른 역사갈등이 여전히 평화공동체를 형성하는 데 장애
가 되고 있기 때문으로, 식민주의 청산은 동아시아 평화의 필수불가결한
전제라는 점을 제기하고 있다. 특히 북한에 대한 적대정책을 폐지하고 북
일수교를 통해 불완전한 한일과거사 청산을 완성시킴과 동시에 이를 동아
시아 평화의 지렛대로 삼을 것을 제안했다.

셋째, 한일시민공동선언에 최초로 독도―다케시마문제 이는 영토문제
가 아니라 과거 일본의 식민지 침탈과정에서 비롯한 역사문제이며 일본교
과서에서 영토문제로서 다케시마는 일본땅이라는 기술을 삭제할 것을 요
구하고 있다. 한일시민공동선언에 이런 내용이 나온 것은 처음이다.

넷째, 형식적인 선언이 아니라 실제 한일과거사 현안을 해결하기 위한
노력을 실천해 온 한일시민단체들이 중심이 되어 작성했다는 점에서, 그

리고 선언 말미에 20항목의 일본정부에 대한 요구와 이를 실현하기 위한 한일 시민의 6개 공동행동계획을 명기해 이후의 실천을 담보하려는 의지를 담고 있어 이벤트를 넘어선 향후 공동실천 과제를 제시하고 있는 점도 그 의미가 크다.

마지막으로, 2011년 더반선언 10주년을 맞아 한일시민선언을 동아시아 역사평화인권선언으로 확대 발전시킨다는 후속 프로그램을 한일 시민단체가 합의함으로서 한일선언을 동아시아선언으로 발전시키는 것을 공동사업으로 제기했다. 따라서 한일시민대회가 끝이 아니라 공동의 원칙 아래 국제적 연대활동을 강화하는 출발로서 자리 잡고 있다.

한일시민선언은 과거사 현안(아젠다)별로 분산되어 있던 한일시민단체들이 단일한 공동기구에 참가해 작성했다는 점에서 적어도 한일시민사회에서 일정한 공신력을 확보했다. 한일실행위원회는 개인 단위가 아닌 조직 단위의 공동행동기구이며 개인 결합이 아닌 한일과거사(식민지과거사) 관련 단체가 대부분 참가했다는 점에서 민간차원의 대표성과 공식성 그리고 책임성을 담지하고 있기 때문에 선언도 이러한 조직적 뒷받침이 있었기에 가능했다.

또 선언문 작성 과정에서 한국 측과 일본 측은 각자 선언문 작성의 역할을 분담해서(전문과 본문은 일본 측, 요구사항과 행동계획은 한국 측) 초안을 마련하고 이후 수차례에 걸쳐 상호 의견 교환을 통해 이견을 최대한 축소하고 공동의 견해를 확립하고자 노력했다. 특히 한국 측의 경우 관련 전문 학자들을 참가시켜 10여 회 가까이 내부 검토를 거쳤다. 제한된 시간에서나마 최대한 상호 합의를 하기 위한 노력을 거침으로써 일방주의의 위험성을 벗어나고자 했다,

그러나 한국에서는 일부 피해자 관련 단체가 아직 참가하지 않은 상태이며, 일본 또한 지역 단체들이 많이 빠져 있기 때문에 조직의 확대 보강이 필요하다. 지식인(학자)들의 경우 학술대회에 발표자나 토론자로 참가

했지만 한일실행위원회에 조직적으로 참가한 것이 아니기 때문에 시민단체와 학자들을 상호 결합시킬 필요가 있다.

앞으로 과제는 ① 선언문의 내용을 한일 시민사회에 확대하고 ② 이를 동아시아역사인권평화선언문으로의 발전시키며 ③ 20여 항목의 요구 사항과 6개 행동계획에 대한 실천을 여하히 조직할 것인가 하는 문제와 ④ 이에 따른 한일시민단체의 조직적 대응은 물론 동아시아 및 기타 해외 지역의 관련 시민들과 연대해 조직과 실천을 심화시키는 것이다.

【첨부】「식민주의 청산과 평화실현을 위한 한일시민공동선언」

식민주의의 청산과 평화실현을 위한 한일시민공동선언

강제병합100년 공동행동 한일실행위원회

Ⅰ. 전문

1. 1910년 8월 22일 대일본제국이 메이지천황의 이름으로 '한국병합조약'을 강요하여 대한제국의 주권을 빼앗고 가혹한 식민 지배를 통해 한민족의 존엄성을 훼손한 지 금년으로 100년이 되었다. 1945년 8월 15일, 일본의 포츠담선언 수락－패전으로 식민 지배가 종식되고 한민족이 해방된 지 65년이 지났다. 그러나 일본 정부는 여전히 '병합조약'의 적법성과 유효성을 주장하며, 식민지배의 실상을 은폐하고, 피해자에 대한 사죄와 배·보상을 외면하고 있다. 또한 해방 직후 이루어진 남북 분단은 지금도 한민족을 옥죄고 있다. 애초에 미소 양군이 남북한에 진주한 것은 한반도가 일본 식민지였기 때문이다. 1950년에는 동서냉전의 대리전인 '한국전쟁'이 일어나 민간인을 포함한 300만 명의 사망자와 1,000만 명의 이산가족이 발생하는 참극이 벌어졌다. 남북한은 군사분계선을 경계로 군사적으로 첨예하게 대립하는 휴전 상태이며, 전쟁 종식과 평화에 대한 전망은 불투명하다. 일본과 북한(조선민주주의인민공화국) 사이에는 국교 정상화도 이루어지지 않았다. 한반도에서 식민주의는 아직도 청산되지 않았다.

2. 2001년, 남아프리카공화국의 더반(Durban)에서 「인종주의, 인종차별, 외국인 배척 및 관련한 불관용에 반대하는 세계회의」가 유엔 주최로 개최되었다. 이 회의에서 채택된 「더반선언」은 처음으로 '노예제와 노예 거래'를 '인도(人道)에 반한 죄'로 규정했다. 식민주의에 대해서도 "비난받아야 하며 재발을 막아야 한다"는 것을 확인했다. 나아가 지난 수백 년에 걸쳐 아시아, 아프리카, 라틴아메리카 등에서 수많은 민족과 민중을 괴롭힌 노예제와 식민 지배를 청산하는 일은 역사적 과제라고 선언하고, 그 실현을 향한 행동계획을 밝혔다. 즉, '합법'인지 아닌지를 따지기 이전에 식민지 지배 그 자체를 '인도에 반한 죄'라고 판단하고, 그 피해가 여전

히 계속되고 있는 현실을 직시하여 극복해 나갈 것을 제기한 것이다. 획기적인 의의를 가진 이 선언은 구미 각국뿐만 아니라 일본을 포함한 모든 구식민지 국가에 적용된다.

3. 한국 강제병합 100년을 맞이하는 지금, 식민주의를 청산하고 동아시아의 평화로운 미래를 구축하는 일은 남북한과 일본, 동아시아 시민의 공통과제이며, 이를 실현하기 위해 손을 잡고 함께 나아가야 할 때이다. 이에 우리는 '한일시민공동선언'을 천명하고, 동아시아의 식민주의 역사청산과 인간의 존엄성 회복, 평화 실현을 목표로 우리의 과제와 행동계획을 선언하고자 한다.

Ⅱ. 조선 침략과 강점

1. 메이지(明治)정부이래 아이누모시리와 류큐(琉球) 등을 식민지화하여 제국 확장의 제물로 삼은 일본은 1875년 9월 군함을 강화도에 침입시켜 강화도 사건을 일으켰고, 다음 해 조선에 불평등한 조일수호조규 체결을 강요하여 조선 침략의 발판을 구축했다. 나아가 1894년 일본은 청일전쟁을 일으켰다. 청일전쟁이라고 하나 전쟁터는 조선·중국·대만에 걸쳐 있었으며, 조선에서는 침략에 저항하여 궐기한 동학농민군을, 뤼순(旅順)전에서는 많은 비전투원을, 대만 영유 전쟁에서는 할양·식민지화에 저항하는 민중을 학살했다. 동학농민군 2~5만 명, 뤼순 주민 2만여 명, 대만 의용병·주민 1만4천 명이 일본군에 의해 희생되거나 학살당했다. 일본군이 저지른 최초의 제노사이드, 즉 집단학살이었다. 일본은 청일전쟁을 통해 조선에서 청을 몰아냈고, 또한 대만 식민지화를 실현했다. 이것이 일본이 아시아·태평양에서 50년 이상에 걸쳐 저지른 침략과 전쟁의 시작이었다.

2. 1904년 일본은 러시아와 전쟁을 벌였다. 대한제국에 대한 러시아의 영향력을 배제하고 한반도를 지배하에 두기 위해서였다. 러일전쟁에서 일본은 한반도를 전장(戰場)으로 삼고 한국의 '보호국'화를 진행시켰으며, 독도=다케시마(竹島)를 강제로 일본에 편입했다. 나아가 포츠머스조약 체결 후에는 외교권을 빼앗고 군대를 해산시켰으며 내정감독권을 장악해 갔다. 그런 다음 병합을 '완성'시킨 것이다. 일본은 군사적 협박하에서 한국 황제에게 1904년부터 1907년에 걸쳐 한일의정서, 제1차 한일협약, 제2차 한일협약(을사조약), 제3차 한일협약(정미7조약)과 1910년

의 '병합조약' 체결을 강요했다. '대등한 입장'과 '자유로운 의사'에 근거하지도 않았으며, 조약에 필요한 정당한 형식·수속 등이 결여되어 있었다. 따라서 위의 네가지 조약과 '한국병합조약'은 모두 국제법에 비춰보아도 불법·무효이다.

3. 일본의 강제병합에 대해 조선의 여성을 포함한 민중과 군인들이 의병투쟁을 일으켰으며, 그중에 안중근은 '동양평화 침해'의 책임자인 이토 히로부미를 사살했다. 그러나 일본은 의병투쟁을 무력으로 탄압했다. 체포된 의병들도 다수는 포로로 대우받지 못하고 현장에서 사살되었다. 1913년까지 희생된 의병 수는 일본측 자료로 확인 가능한 것만 해도 최소한 1만 7천여 명에 달한다. 한편 일본에서도 사회주의자 등이 러일전쟁 반대를 주창했고, 1907년에는 「조선인민의 자유, 독립, 자치의 권리」를 결의했다. 이에 대해 일본정부는 '대역(大逆)사건'을 조작하여 고토쿠 슈스이(高德秋水), 칸노 쓰가(管野すが) 등 24명에게 사형 판결을 내리는 등 탄압으로 대응했다. '한국강제병합'은 이러한 탄압과 동시에 이루어졌다.

4. '병합조약' 전문은 한국병합의 목적을 "상호 행복의 증진"과 "동양의 영구평화 확보"에 있다고 호도했다. 그러나 일본의 한국 강제병합은 "제국 백년의 장계(長計)"에 따라 계획, 실행된 것이며, 제노사이드를 거듭함으로써 실현된 것이다. 일본은 식민지 조선을 발판으로 중국, 만주, 나아가 아시아 전역으로 침략을 확대해갔다. 아시아를 전쟁과 파멸의 구렁텅이로 몰아넣었고 민중에게 막대한 손해와 심각한 고통을 안겨주었다. 조약 전문과는 정반대로 '병합조약'은 양국의 민중을 불행하게 만들고 동양의 평화를 파괴하는 주범이었던 것이다.

III. 식민지배

1. 한국 병합을 강행한 일본은 현역 군인을 조선 총독으로 임명하여 군사적 지배를 강화하고 병합에 저항하는 조선 민중을 혹독하게 탄압했다. 국책회사이자 천황·황족이 대주주인 동양척식주식회사는 토지조사사업으로 획득한 대규모 토지를 값싸게 불하받아 조선인 소작인들을 수탈했다. 고율 소작료로 지탱되는 식민지지주제가 구축되고, 조선의 쌀은 산미증식계획 등을 통해 대거 일본으로 유출되었으며, 수많은 농민들이 빈농으로 몰락해 갔다. 또 조선 전역에서 문화재를 수집·약탈하여 다양한 경로로 일본에 반출·유출시켰다.

2. 1919년 3월 1일 독립운동가, 종교지도자 33명이 독립선언을 발표했다. 3·1독립선언은 일본 제국의 조선 지배가 전 아시아에 불행을 초래하는 이유를 논리정연하게 밝히고 일본인의 각성을 촉구했다. 그러나 일본정부는 이 귀중한 충고에 귀를 기울이기는커녕 독립선언 기초자를 체포·투옥했고, 나아가 만세 시위에 나선 수백만의 민중에게 탄압을 가해 수천 명을 학살하고 많은 사람들을 다치게 하거나 체포했다. 그러나 독립 운동은 한반도 밖으로 확산되었으며, 중국의 상하이에서는 임시정부가 수립되었고 중국 동북부 지방에서는 무장 투쟁이 전개되었다. 이에 대해 일본은 간도 지방의 조선인 촌락에서 제노사이드를 저질렀다. 일본 내에서도 1921년 니가타(新潟)현 나카쓰카와(中津川)에서의 조선인 노동자 학살·학대 사건과 관련하여 진상 규명 등을 위한 노력이 조직화되었다. 이것은 종주국인 일본 내의 독립운동·노동운동의 단서가 되었다. 1920년대 이후에도 조선 독립 투쟁과 항일전쟁은 중국, 대만, 일본에서 이어졌으며, 일본정부는 치안유지법 등을 적용하여 투옥, 고문, 학살 등으로 대응했다.

3. 1923년 9월 간토대지진이 일어나자, 계엄령하에서 '조선인이 독을 풀고 있다' 등의 '유언비어' 유포와 함께, 수많은 조선인들이 군대, 경찰, 민중의 손에 살해당했다. 관헌이 사체를 감추고 증거 인멸을 꾀했기 때문에 정확한 수는 알 수 없지만, 희생당한 조선인은 수천에 달한다. '유언비어'는 자연발생적인 것도 있었다고 추측되나, 관헌이 조직적으로 유포한 것이 큰 영향을 미쳤다. 이 학살에 대해 다이쇼(大正) 데모크라시의 사상가 요시노 사쿠조(吉野作造)는 "세계무대에 얼굴도 내밀 수 없을 정도의 큰 치욕"이라고 말했으며, 야마카와 기쿠에(山川菊榮) 등 사회주의자들도 조선인 학살을 규탄했다. 간토대지진에서의 조선인 학살의 1차적인 책임은 명백히 일본정부가 져야 한다.

4. 1930년대 들어 일본은 본격적으로 중국을 침략하기 시작했다. 먼저 중국 동북부(만주)를 점령했고, 나아가 베이징, 상하이에 파병하여 중국 오지까지 침략을 확대했다. 이와 더불어 '내선일체(內鮮一體)'를 주창해 조선의 식민 지배를 더욱 강화해 갔다. '황국신민(皇國臣民)'의 서사' 암송, 신사참배, '궁성요배', 조선어 금지, '창씨개명' 등에 의해 조선 고유의 문화를 압살하고 조선인의 황국신민화를 추진했다. 문화적 제노사이드라고 불러야 할 일이다. 그 목적은 조선을 중국, 동남아

시아 침략을 위한 병참기지로 삼고, 조선인을 천황의 명령에 따라 죽을 수 있는 충성한 신민으로 만들고자 한 것이었다.

5. 일본은 침략전쟁을 확대해 나감에 따라 총력전 체제를 구축·유지하기 위해 일본인뿐만 아니라 조선인도 강제동원하였다. 일본의 청년층을 남김없이 전선에 동원함으로써 심각한 노동자 부족에 빠진 기업·생산 현장에 조선인을 노동력으로 동원했고, 부족한 병사를 채우고 총알받이로 삼기 위해 병력으로 동원했다.

1939년 이후 각의(閣議)에서 전시 생산을 유지하기 위한 「노무동원계획」 등을 결정하고 조선인을 강제동원하기 시작했다. 조선인들은 일본 국내, 쿠릴 열도·사할린, 남양군도 등의 광산·농장·군수공장·토목공사 현장 등에 동원되어 임금도 제대로 받지 못하고 강제노동에 시달렸다. 그중에는 감언이설에 속아 '여자근로정신대'로 끌려 온 12~15세의 소녀들도 있었다. 이러한 강제동원은 ILO의 강제노동금지조약(일본은 1932년 비준)을 위반한 것이다. 가혹한 강제노동과 학대, 원폭 피폭, 공습, 함포 사격 등으로 많은 노동자가 사망했으며, 사망자의 유골은 지금도 각지에 방치되어 있다. 해방 후 일본에 잔류하거나 의도적으로 방치되어 가족 이산 문제가 심각하게 발생했다.

일본은 1938년부터 특별지원병을 모집하고, 1944년부터는 징병제를 실시하여 부족한 병사를 식민지 청년들로 충원하였다. 조선인을 포로 감시원, 군속·군부(軍夫)로 동원하기도 했다. 조선인 군인, 군속 가운데 수만 명이 전투, 기아, 질병 등으로 사망했으나 사망자 유골은 방치되었고 가족 품에 돌아온 경우는 거의 없다. 더욱이 전후에는 유족에게 통보하거나 동의를 구하는 절차 없이 사망자를 야스쿠니신사에 합사하는 횡포를 저질렀다. 야스쿠니신사는 유족들의 합사 취하 요구마저 거절하여 '2차 가해'를 범하고 있다. 전쟁생존자 중에도 심한 장애를 입거나, 'BC급 전범'으로 몰려 사형 등 중형을 받거나, 시베리아 포로로 억류되는 등 가혹한 운명에 처한 피해자도 적지 않다. 그러나 패전 후 일본정부는 이들이 '일본인이 아니다'라는 이유로 「전상병자·전몰자 유족 등 원호법」이나 은급 대상에서 제외시켰다. 이는 명백한 국제인권규약 위반이다. 2010년에 제정된 「전후강제억류자특별조치법(시베리아특조법)」에서도 조선인·대만인은 제외되었다. 이것은 국제인권규약을 위반한 것이다.

노동력과 병력으로 강제동원된 피해자들에게는 미불 임금, 수당, 저금, 후생연금 등 노동 채권이 정산되지 않은 상태로 남아 있었으나, 1965년 한일청구권협정과 일본 법률144호는 이들의 권리를 일방적으로 소멸시켰다.

6. 여성의 존엄성을 송두리째 짓밟은 '성적 동원'과 '성노예' 제도(이른바 일본군 '위안부' 제도)는 조선인 피해자들의 몸과 마음에 치유하기 힘든 상처를 입혔다. 일본군 '위안부' 제도란 '여성의 성'을 도구로 삼아 병사들의 성을 관리, 통제하고 군의 '사기'를 고양시켜 침략전쟁을 수행·유지하는 제도였다. 일본군과 일본 국가는 이같은 반인도적 범죄를 저지르고도, 지금까지 사죄나 배상 등의 공적 책임을 이행한 적이 없다. '여성을 위한 아시아평화 국민기금'은 일본군 '위안부' 범죄가 국가 범죄·국가 폭력임을 은폐하고 일본정부의 책임을 모면하려는 호도책에 불과하다.

7. 전쟁 말기인 1945년 3월 미군의 도쿄대공습으로 희생된 10만여 명 중에는 1만여 명의 조선인도 포함되어 있었다. 또 1945년 8월 히로시마와 나가사키의 피폭자 30만 명 가운데에는 수만 명의 조선인이 있었다. 일본정부는 이들 전쟁피해자에 대해 아무런 보상도 하지 않았으며, 후생성은 한국인 원폭 피폭자에게 원폭의료법·특별조치법·피폭자원호법 대상에서 제외한다고 통지했다. 2007년 11월 최고재판소에서는 이 통지를 위법으로 판결하여 한국에 거주하는 피폭자 역시 일본인 피폭자와 똑같은 의료 지원 등을 받을 수 있게 되었다. 그러나 북한 거주 피폭자는 지금도 아무런 원호도 받지 못하는 등 차별은 여전히 계속되고 있다.

Ⅳ. 패전과 해방 이후

1. 1945년 8월 15일 일본 제국의 포츠담선언 수락과 무조건 항복으로 한반도 전역에 대한 식민지배는 소멸되었다. 1943년 11월의 카이로선언은 "조선인민의 노예상태"에 유의하여 "자유롭고 독립된 국가의 건설"을 제시했으며, 포츠담선언은 카이로선언을 재확인한 것이다.

이에 따라 한반도는 일본 제국으로부터 독립을 회복하게 되었다. 그러나 일본은 식민 지배로 인한 자원·식량·문화재의 약탈, 민족말살정책 등 독립운동에 대한 가혹한 탄압, 학살, 강제연행과 희생을 강요한 데 대해 한 마디의 사죄도 표명하지 않았다. 게다가 새로운 국가를 만드는 한국 민중의 투쟁을 방해했으며, 한국전쟁 때는 미군을 지원하여 남북분단의 고착화에 가담했다. 일본은 식민 지배를 청산하기는커녕 남북 분단을 유산으로 남겨놓은 것이다.

2. 그 배경에는 식민 지배 자체를 부정한 적이 없는 미국과 영국 등이 주도한 극동군사재판에서 '평화에 반한 죄'와 '통상의 전쟁 범죄', 그리고 몇 건의 '인도에 반한 죄'를 다뤘으나, 일본의 식민 지배 책임에 대해서는 추궁도 하지 않고 불문에 부쳤다는 점이 있다. 또 소련의 대두, 중국 혁명의 승리에 위기감을 느낀 미국이 일본을 반공의 방파제로 삼아 냉전체제에 편입시키는 방향으로 대일 정책을 크게 전환한 것도 있다. 이에 따라 샌프란시스코 강화회의에서 남북한은 제외되었고 일본의 배상 문제도 보류되었다. 다만 재산·청구권은 특별조치를 위해 교섭의 대상이 된다고 인정했다. 이처럼 구미 각국의 식민지 지배 책임 회피와 냉전 상태가 일본의 불철저한 식민 지배 청산을 허용했다. 강화조약이 발효되자, 일본은 맨 먼저 일본인만을 대상으로 전쟁 전의 군인연금제도를 부활시켰다. 식민지 출신자들에게는 모든 보상을 거절하고 미불임금조차 지급하지 않았으며, BC급 전범으로 처형만 했다. 또 패전의 결과로 이루어진 식민지 해방은 일본 민중에게 식민 지배에 대한 깊은 반성을 불러일으키지 못했으며, 오히려 조선과 조선인에 대한 뿌리 깊은 차별과 배외 의식을 온존시키고 말았다.

3. 1965년 6월의 한일기본조약, 한일청구권협정 등은 식민주의를 청산하지 않았다. 한국 정부는 식민지배에 대한 배상을 요구했지만, 일본정부는 병합조약은 적법했고 "일본이 조선에서 좋은 일을 했다"고 강변하면서 식민지배를 정당화하고 배상을 거절했다. 미국은 이런 일본정부를 지지했으며, 박정희 정권은 개발정책을 우선시하여 무상·유상 5억 달러의 '경제 원조'를 받아들였다. 한일청구권협정 제2조는 "청구권에 관한 문제는 완전히 그리고 최종적으로 해결된 것으로 한다"고 규정했다. 식민지배하의 여러 범죄 행위와 그 피해에 대한 책임 추궁, 배상 문제는 봉인되었다. 또한 한일기본조약 3조에서 한국정부를 한반도에서 "유일한 합법적 정부"로 규정하여 남북 분단의 고착화에 가담했다.

4. 그러나 1987년의 한국 민주화와 1991년의 소련 해체−냉전 종식 후, 식민지배와 침략전쟁의 피해자들은 봇물이 터지듯 목소리를 내기 시작했다. 일본군 '위안부' 피해자, 강제연행·강제노동 피해자, 구 군인·군속 등은 일본정부와 기업에

사죄와 배상을 요구하며 소송을 제기했다. 일본에 거주하는 구 군인·군속과 한국 거주 피폭자들도 '전상병자·전몰자 유족 등 원호법', '피폭자 원호법' 등의 적용을 요구하는 소송을 일으켰다. 이에 대해 일부 기업은 강제노동 피해자에게 실질적인 보상을 한 경우도 있었다. 한국 거주 피폭자의 호소에 대해서는 사법부가 일본 정부의 재외 피폭자 분리 조치를 위법으로 판단하고 피해자 구제를 명하는 판결을 내렸다. 또한 일본 거주 구 군인(상이군인)에게 위로금을 지급하는 특별법 제정으로 부분적인 구제가 있었다. 그러나 일본 사법부는 다른 피해자의 청구에 대해서는 모두 기각 판결하고, 일본정부도 한일청구권협정을 방패막이로 삼아 문제 해결을 완강히 거부하고 있다.

한편, 피해자의 '전후보상' 실현을 요구하는 호소에 대답해 일본 안에서 많은 시민이 재판 투쟁 지원 등에 나섰으며, 2000년에는 여성국제전범법정을 열었다. 1970년대 이후의 한국 민주화 투쟁 지원, 기생 관광 반대, 김대중 씨 구출, 정치범 지원 운동 등을 토대로 '전후보상' 실현을 목표로 하는 한일 시민의 공동 운동이 조직된 것이다. 이 과정에서 과거의 식민지 지배·피지배 관계를 넘어 전쟁책임 추궁, 식민주의 청산을 위한 광범위한 시민연대가 형성되었다.

5. 일본정부는 전후 일본에 남아 생활할 수밖에 없게 된 조선인에 대해 차별·배제·동화정책을 계속했다. 샌프란시스코 강화조약 체결과 동시에 재일조선인의 일본 국적을 박탈하고 출입국관리령·외국인등록법 등 관리 법령으로 생사여탈의 권한을 장악했으며, 민족 교육 등 민족적 자주권 일체를 인정하지 않았다. 이로써 재일조선인은 사실상 무국적 상태에 놓여 생존 자체가 위험한 상황이 되었다. 일본정부는 냉전을 이용한 분단정책으로 재일조선인을 식민주의적 관리하에 두었고, 1965년 한일협정으로 남북 분단 고착화에 일조한 이후에는 분단 지배를 한층 심화시켰다. '한국적(韓國籍)'을 가진 사람에게는 '협정 영주'를 인정하여 관리를 완화했으나, '조선적(朝鮮籍)'인 사람에게는 영주권을 인정하지 않고 억압을 강화했다. 이후 '조선적'에 대해서도 '특례 영주'를 인정하고 '특별 영주'로 일원화했으나, 2008년 출입국관리법 개악을 통해 '일반 영주자'에 대한 감시와 관리를 강화했다. 일본이 난민조약과 인종차별철폐조약 등에 가입하면서 사회보장 면에서 차별 조치는 어느 정도 시정되었으나, 재일의 고령자들은 국민연금 적용에서 제외되어 거의 무연

금 상태에서 빈곤에 허덕이고 있다. 노령자 지급금을 지급하는 자치체도 있으나, 그것도 월평균 5천 엔에 지나지 않는다. 최근 고등학교 무상화 조치에 조선학교 학생을 제외하는 등 재일조선인에 대한 차별과 분단 정책은 변화될 기미가 없다.

V. 동아시아의 평화로운 미래를 구축하기 위해

1. 동아시아는 지금 커다란 전환기에 직면해 있다. 한국은 민주화운동의 성과에 힘입어 지난 역사의 아픈 기억을 정리하고 상처를 치유하기 위한 '과거청산'이 정부와 민간 차원에서 추진되었으며, 2000년 남북공동선언에 의해서 남북 교류도 왕성해졌다. 식민 치하, 한국전쟁, 군사독재하에서 발생했던 강제동원 피해와 친일 문제, 민간인 학살, 인권 침해 등의 진상을 규명하고 피해자의 명예를 회복시키며 배상을 하는 것과 함께 '친일파' 문제에 대한 책임추궁도 있었다. 이것은 미래를 열어나가기 위해서는 과거를 직시하고 올바르게 자리매김해야 한다는 취지에서 비롯된 것이다. 또한 시행착오를 거치면서 축적된 남북 교류의 성과는 동아시아의 전쟁 분위기를 억제하고 평화체제를 구축하는 데 디딤돌 역할을 하고 있다.

2. 한편 일본은 전쟁책임 추궁과 관련하여 천황의 책임을 불문에 부쳐왔다. 식민지배에 대해서도 피해 당사자의 호소에 진지하게 귀 기울이고 용서를 구하지도 않은 채 처리했으며, 북한과의 관계 정상화를 무기한 연기했다. '무라야마(村山) 담화'(1995년), '한일 파트너십 선언'(1998년), '조일평양선언'(2002년)을 통해 남북한에 대해 식민지배로 인해 "막대한 손해와 고통을 주었다"고 하며 '사과'를 했지만 그에 따른 실천은 없었다. 오히려 '새 역사교과서를 만드는 모임'이 편집한 침략전쟁·식민지배를 미화하는 역사 교과서를 검정·합격시키는 등 일본사회의 역사인식은 계속 후퇴하고 있다. 일본이 탈냉전시기에도 여전히 미국과의 종속적인 군사동맹에 매달려 아시아 여러 나라들에 등을 돌리는 한, 동아시아 공동체는 구축될 수 없고 평화로운 미래는 요원한 꿈이다.

3. 지금이야말로 식민주의의 청산을 통해 피해자에게 사죄와 배상을 실시하고 그들이 짊어진 역사의 아픔을 영원히 기억에 새기며 다시는 그러한 오류를 반복하지 않기 위한 사업을 진행해야 한다. 2001년의 「더반선언」은 노예제와 식민주의를 비판하고 재발 방지를 촉구한 점에서 획기적인 의의를 갖지만 피해보상까지

나아가지는 못했다. 「한일시민공동선언」은 「더반선언」을 동아시아에서 구체화하고 더욱 진전시켜 나갈 것을 목적으로 한다. 「더반선언」 10주년인 2011년에는 「동아시아 역사·인권·평화 선언」을 만들어 갈 것이다. 또한 한일 시민은 한반도의 탈냉전과 탈식민주의를 실현하고자 남북 분단을 극복하고 통일을 지향해 갈 것이다. 이를 위해 조일 국교정상화, 휴전협정의 평화협정 전환, 한반도의 비핵화를 실현해 갈 것이며, 그 위에 동아시아 비핵화의 실현, 나아가 전쟁 없는 동아시아 평화 공동체를 구축하고자 한다. 이제 한일 시민은 연대와 행동으로 평화의 미래를 함께 열어갈 것을 엄숙히 선언하며, 다음과 같이 우리의 요구와 행동계획을 밝힌다.

우리의 요구와 행동 계획

1. 일본정부에 대한 요구

우리 한일 시민은 100년 전에 시작된 식민지배로 인해 지금까지도 청산되지 않은 다음 문제를 일본정부가 책임지고 신속하게 해결할 것을 요구한다.

> (1) 1894년 이후 청일전쟁과 러일전쟁, 그리고 의병전쟁, 1910년 한국병합 전후 일본 제국주의의 침략전쟁 일환으로 동아시아 각국 민중에게 가한 제노사이드 학살에 대한 진상과 피해 사실 규명에 나설 것
>
> (2) 3·1 독립운동 참가자의 사상자에 대해 일본정부는 소장하고 있는 관련 자료에 근거해 조사를 하고, 그 조사 결과를 공표할 것
>
> (3) 일본정부는 1923년 9월 간토대지진 때 조선인 학살 사건 직후부터 죽은 조선인의 시체를 숨겨 조선인에게 인도하지 않거나 조선인 폭동을 날조함으로써 조선인 학살에 대한 국가 책임을 은폐하려 했다. 일본정부는 이 '이중의 죄책(罪責)'을 깊게 반성하고, 조선인 학살의 진상을 정부 책임으로 분명히 하며 배상할 것
>
> (4) 많은 조선인은 식민지기와 패전 후에 정치적 자유를 빼앗기고 다양한 피해를 입었다. 일본의 식민 치하 및 패전 후에 치안유지법이나 군형법, 소요죄 등 정치형법으로 연행, 구속, 구금, 학대, 고문, 사형된 모든 조선인 피해자에 대한 진상 규명, 사죄, 배상을 할 것.

(5) 만주사변 이후 제국 일본은 잇달아 침략전쟁을 반복해 갔으며, 그 과정에서 조선인은 노동자로서 끌려가거나 군인·군속으로서 전쟁터에 보내져서 목숨을 잃거나 했다. 전시하에서 이루어진 강제연행·강제노동, 병력 동원의 진상 조사를 실시하고 희생자와 유족에게 사죄하고 배상할 것.

(6) 침략전쟁을 수행하는 가운데 일본은 많은 조선인 여성을 '성노예'로 전선에 끌고 가서 인간으로서의 존엄을 짓밟는 범죄를 저질렀다. 또 일본정부가 설립한 '여성을 위한 아시아 평화국민기금'은 일본군 '위안부' 문제의 해결책이 될 수 없다. 구 일본군·일본정부에 의해 국가 차원에서 조직적·지속적으로 성적 강제를 당해야 했던 일본군 '위안부' 피해자에게 사죄하고 배상할 것.

(7) 히로시마와 나가사키에 투하된 원폭에 의해 많은 조선인이 피해를 입었으나, 일본정부는 그들 피폭자에 대한 조치를 게을리 해 왔다. 남북한 거주 피폭자를 조사하여 모든 피폭자에게 즉각 수첩을 교부하고 의료비, 건강관리 수당 등을 지급할 것.

(8) 도쿄대공습을 포함한 모든 공습에 대해 실태 조사를 하여 피해 상황을 밝히고, 동시에 국적 차별 없이 모든 공습 피해자에게 보상하기 위해 「공습 희생자 원호법(가칭)」을 제정할 것

(9) 전시에 사할린에 보내진 많은 조선인은 가혹한 노동을 강요당했고, 패전 후에는 현지에 방치되었다. 사할린 잔류 한국인·조선인에게 사죄와 배상을 할 것.

(10) 패전 후 많은 조선인 포로가 시베리아로 끌려가 강제노동에 종사해야 했다. 시베리아 억류 한국인·조선인에 대해 일본인 억류자와 동일한 사죄와 배상을 할 것.

(11) 전시에 군속으로 끌려간 조선인 일부는 '포로 학대' 등으로 전범으로 몰려 사형을 비롯한 중형을 받아 처형되거나 복역했다. 한국인·조선인의 '특정 연합국 재판 구금자'(BC급 전범) 및 그 유족에 대해서 특별급부금을 지급할 것.

(12) 일본은 군인·군속으로 끌려가 사망한 조선인을 가족의 동의 없이 무단으로 야스쿠니신사에 합사했다. 한국인·조선인 군인·군속의 야스쿠니신사 강제합사를 취하하고 사죄·배상을 할 것.

(13) 침략전쟁에 동원되어 사망한 조선인의 유골은 유족에게 반환되지 않았으며, 아직도 그 실태조차 명확하지 않다. 징병·징용 등으로 전장·노동 현장 등에 동원되어 사망한 한국인·조선인의 유골을 정부가 책임지고 유족에게 반환할 것.

(14) 일본은 식민지 시기에 약탈해서 일본 국내로 가져간 문화재를 반환할 것.

(15) 재일조선인의 역사적인 경위와 생활 실태에 입각해서 국적 차별을 중지하고 권리를 보장할 것. 특히 조선학교 학생에 대한 고교 무상화 적용 제외를 즉각 시정할 것. 또한 재일조선인을 포함한 모든 소수자에 대한 차별과 배외 정책을 철폐할 것

(16) 일본은 '조일평양선언' 이래 이른바 '납치' 문제를 구실로 조선민주주의인민공
화국과의 국교정상화 교섭을 중지하고 있다. 식민지배의 완전한 청산을 전제
로 조일국교정상화를 진행할 것.

(15) 국기·국가법을 구실로 일장기·기미가요(일본국가)를 강제하는 것은 인간으로
서의 사상·양심의 자유를 침해하는 행위이자 헌법 위반이다. 학교에서 일장
기·기미가요의 강제를 거부하는 교사·학생에 대한 모든 박해를 중지할 것.

(18) 독도＝다케시마는 러일전쟁에 편승하여 일본에 강제로 편입되었으므로 명백
히 식민지배의 일환으로 일어난 역사 문제이다. 독도에 대해 '영토문제'로서
각 교과서에 기술하게 하는 조치를 중지할 것.

(19) 일본은 검정을 통해 침략전쟁의 정당화와 식민지배의 미화를 시도하는 역사
교과서의 기술을 사실상 용인하고 있다. 조일수호조약(1876년) 이래의 일본
과 한반도의 역사를 정확하게 기술한 역사 교과서를 편집·발행하고, 일본군
'위안부'에 관한 기술을 부활시키는 등의 올바른 역사교육을 할 것.

(20) 침략전쟁과 식민지배에 관한 역사는 왜곡이나 망각의 대상이 아니라 우호와
공존에 입각하여 동아시아의 미래를 여는 토대로서 받아들여져야 한다. 역사
사실을 직시하는 교육을 실천하는 교원에 대한 모든 박해를 중지할 것. 또한
일본은 한국·중국과 협력해 역사화해를 포함시킨 '공동 역사 교과서' 작성을
향해 노력할 것.

이상에서 우리는 식민지배와 침략전쟁에 의한 각종 피해의 진상을 규명하고 피해
구제를 위한 신속한 조치(사죄, 배상 등)가 실현될 수 있도록 일본정부가 법을 제정할
것을 요구한다. 또 한국 정부도 강제동원 피해의 진상 규명과 구제 조치를 위한 기왕의
활동이 중단 없이 그 임무를 완수할 수 있도록 관련법을 개정할 것을 요구한다.

2. 행동계획

우리 한일 시민은 청산되지 못한 과제들을 해결해 나가기 위해 이하의 행동을
함께 진행시켜 나갈 것이다.

(1) '한일 시민 공동선언'에 대한 지지와 공감을 많은 시민 속으로 확대하고 '선
언'에 대한 찬동자를 획득해 나간다.

(2) 한일 간에 자매·우호도시 관계를 맺고 있는 지역을 중심으로 한일·조일의
평화로운 미래를 열어가기 위해 과거청산에 힘쓸 것을 정부에 촉구하는 의
회 의견서 채택 운동을 추진한다.

(3) 한일 국회의원에게 '한일 시민 공동선언'에 대한 이해와 지지를 구하고, 피해자에 대한 사죄와 배상을 실행할 수 있는 법을 제정하도록 촉구한다.

(4) 식민지배의 사실, 가해·피해의 실상을 기록으로 남기기 위해서 '식민지배진상규명법'(가칭)의 제정을 추진하는 한편, 민간 차원에서도 공동의 조사보고서를 만들기 위해 노력한다.

(5) 정부 안에 과거청산을 위한 과제(간토대지진 시의 조선인 학살, 사할린 잔류자, 문화재 반환, 역사 교과서 편찬 등)를 다루기 위한 조직의 설치를 요구해 나간다.

(6) 식민주의 청산과 동아시아 평화를 위해 활동한 한일 두 지역의 시민단체와 시민들은 지난 운동의 성과를 토대로 국제연대활동을 더욱 강화해 나간다.

강제병합100년 공동행동 한일실행위원회

[한국] 겨레하나되기운동연합, 고인돌사랑회, 고조선역사문화재단, 고조선유적답사회, 간토대진재조선인학살진상규명과명예회복을위한한일재일시민연대, 광복회, 국학운동시민연합, 기독교장로회생명선교연대, 나눔의집, 내일을여는역사재단, 단재신채호선생기념사업회, 대한민국임시정부기념사업회, 대한민국임시정부사적지연구회, 독도수호대, 독도향우회, 독립유공자유족회, 동북아공동체연구회, 동아시아갈등해결국제연대, 동아시아역사시민네트워크, 동아시아평화를위한세계NGO역사포럼, 동암차이석선생기념사업회, 동학농민혁명유족회, 동학민족통일회, 미주동포시민사회단체협의회, 민족문제연구소, 민족문제연구소광주지부, 민족민주열사추모(기념)단체연대회의, 민족정기구현회, 민족회의, 민주군인회, 민주사회를위한변호사모임과거청산위원회, 밀양독립운동사연구회, 바른역사정의연대, 보재이상설선생기념사업회, 사명당기념사업회, 성프란시스대학풍물단(두드림), 세계인권선교회, 시베리아삭풍회, 아시아평화문화교류협회, 아시아평화와역사교육연대,

아시안브릿지, 아힘나운동본부, 안중근의사기념사업회, 야스쿠니반대
공동행동한국위원회, 여천홍범도장군기념사업회, 역사문제연구소, 우
리마당통일문화연구소, 운암김성숙선생기념사업회, 일본군'위안부'할
머니와함께하는마산창원진해시민모임, 일본군'위안부'할머니와함께하
는통영거제시민모임, 임종국선생기념사업회, 전국역사교사모임, 정신
대문제대책부산협의회, 정신대할머니와함께하는시민모임, 정치발전통
합연대, 친일잔재청산전북시민연대, 태평양전쟁피해자보상추진협의
회, 코리아글로브, 평화의나무 합창단, 평화재향군인회, 평화통일시민
연대, 포럼『진실과정의』, 한국교원총연합회, 한국근현대사학회, 한국
YMCA전국연맹, 한국원폭피해자협회, 한국정신대문제대책협의회, 한
국정신대연구소, 한국진보연대, 한국청년학생포럼위원회, 한민족사바
로찾기운동본부, 한민족생활문화연구회, 한일민족문제학회, 한민족운
동단체연합회, 한일100년평화시민네트워크, 효창원을사랑하는사람들,
흥사단, 흥사단민족통일운동본부, AsiaPeaceBuilders, KIN(지구촌동포연
대) 이상 80개 단체

[일본] 강제연행·강제노동희생자를생각하는홋카이도포럼, 강제연행·기업책
임추급재판전국네트워크, 간토대진재조선인학살진상규명과명예회복
을위한한일재일시민연대, 노래의모임, 노-!합사, 동경조선인강제련행
진상조사단, 민족문제연구소도쿄지회, 부락해방동맹나라켄연합회, 아
비코평화네트, 아젠다·프로젝트, '악마의포식'을노래하는합창단전국
연락회의, 우타고에'사이타마'합창단, '위안부'문제해결을연대네트워크,
일본가톨릭정의와평화협의회, 일본기독교협의회야스쿠니신사문제위
원회, 일본뱁티스트런맹야스쿠니신사문제특별위원회, 일본제철원징용
공재판을지원하는회, 일본청년학생실행위원회(나아가라), 일한회담문
서전면공개를요구하는회, 일한민중연대전국네트워크, 일한의여성과역
사를생각하는회, 재일코리아NGO센터, 재일코리안청년연합, 재일한국
민주통일연합회, 재한군인군속재판을지원하는회, 제2차후지코시강제

연행·강제노동소송을지원하는호쿠리쿠연락회, 초후물레회, (특)여성
들의전쟁과평화인권기금, 평화를실현하는기독교인네트, 피스보트, '한
국병합'100년시민네트워크, '한국병합'100년진정한화해·평화·우호를
요구하는2010년운동, 헌법9조-세계로미래로연락회, 헌법을살리는회
간토연락회, 헌법을살리는회도치기, VAWW-NET재팬 이상 36개 단체

분야별 행동계획

① 일본군 '위안부' 문제

- 우리는 일본정부가 입법 제정을 통해 일본군 '위안부' 범죄에 대해 피해자에
  게 공식사죄와 법적 배상 등을 조속하게 시행하도록 국내외적으로 적극적
  인 활동을 펼친다.
- 우리는 한국정부가 대일외교 현안점으로 일본군 '위안부' 문제해결을 채택
  하고, 일본정부에게 공식 사죄와 법적 책임이행을 요구하도록 촉구하는 활
  동을 벌인다.
- 우리는 국제사회가 일본정부가 일본군 '위안부' 범죄의 책임 이행에 나설 것
  을 지속적으로 압박하도록 국제여론을 조성하는 활동을 해나간다.
- 우리는 미래 세대를 위해 과거의 참혹했던 일본군 '위안부' 문제와 같은 범
  죄가 재발되지 않도록 그 역사를 기억하고, 추모 사업을 추진해 나가며, 여
  성에 대한 폭력 근절을 위한 평화·인권 교육을 추진해 나간다.

② 강제동원문제

- 2010년 10월 7~11일, 「일본 전국 순회 강제동원피해자 증언대회」를 성공리
  에 실행하여 시민사회에 피해 실태를 알리고, 일본에서 추진 중인 강제동원
  피해 구제를 위한 입법화 운동에 힘을 싣도록 한다. 그리고 이 성과를 기초
  로 참여단체를 확대하여 연례적인 증언대회를 갖도록 한다.
- 후지코시회사를 상대로 한 재판투쟁을 적극적으로 전개하고, 사기·강제

노동·임금미지급 등 후지코시회사의 불법성과 비인도적 행위를 국제노동기구 등 국제사회에 알리기 위해 2011년까지 보고서 등을 만들어 제출한다.

- 한국에서 강제동원 피해 실태를 지속적으로 규명하기 위해 2011년까지 강제동원진상규명센터(가)를 설립한다. 이 센터를 통해 지금까지 추진하던 피해자와 유족의 증언 채록, 자료 수집과 조사사업을 확대하는 한편, 한일 간의 정보 교류와 연대활동을 강화해 나간다.
- 지금까지 진행된 재판 자료들을 체계적으로 수집하여 종합자료집과 보고서를 만들어 역사의 기록으로 남긴다.
- 강제동원 피해자의 피해 구제를 위해 추진 중인 「한국인 구 일본군 군인·군속동원 피해자 보상법」과 「한국인 강제노동 피해자 보상기금법」 제정을 위해 거리 서명, 한일 국회의원과의 간담회 개최 등 다양한 방법을 공동으로 모색하여 실행한다.
- 2010년 12월 강제동원 피해 문제를 비롯한 한국의 과거청산 문제를 전문으로 다루는 잡지 '진실과 정의'(민족문제연구소와 포럼 진실과 정의가 공동으로 편집위원회 구성)의 창간호 발간을 현실화하여 진상규명과 과거사 문제의 사회화에 앞장선다. 이를 위해 한국과 일본의 관련 시민단체와 뜻을 가진 시민들의 잡지 회원 참여를 조직해 간다.

③ 야스쿠니 무단합사 문제

- 야스쿠니신사의 역사인식이 가지고 있는 위험성을 한일 시민사회에 알려나가기 위해 2011년 일본 순회전시회와 도록 발간 등을 추진한다.
- 무단합사 취하를 위한 재판 투쟁과 매년 8월 일본 도쿄에서 야스쿠니 반대 촛불행동을 계속해 나간다.
- 유족의 야스쿠니신사 무단합사 요구를 거부하는 일본정부와 야스쿠니신사의 부당함을 국제사회에 알리기 위한 영문 보고서를 만드는 등 다양한 방법을 모색해 나간다.

④ 간토조선인학살 문제

- 일본변호사협회가 고이즈미 전 총리에게 보낸 권고문에서 지적한 바와 같
  이 일본정부가 공권력을 이용해 조선민족을 학살한 죄를 인정하고 사죄와
  배상할 것을 요구한다.
- 한국정부는 일본정부로 하여금 이 사건과 관련된 모든 자료를 보전할 것과
  자료열람을 요청할 시 모든 자료를 공개할 수 있도록 일본정부에 공식적으
  로 요구할 것을 촉구한다.
- 일본 의회 의원들이 「간토 조선인 학살사건 조사위원회 설치법안」을 제정
  할 수 있도록 촉구해 나간다.
- 한국의 국회의원들이 「간토 재일동포학살사건에 대한 진상조사위원회 설치
  법안」을 제정할 수 있도록 촉구해 나간다.
- 한일 양국 시민단체는 사이타마에 묻혀 있는 강대흥, 구학영과 같이 명백한
  학살 희생자들의 유족을 찾아내고 유골봉환사업을 추진해 나간다.

⑤ 사할린동포 문제

- 일제 강제병합 101년을 맞는 2011년 8월 기간 중, 한국의 민간단체와 러시아
  사할린의 한인단체, 일본의 민간단체, 국제인권기관 관계자들이 서로 연대
  하여 사할린 현장을 대대적으로 방문하며 '한러일 사할린 현장 민간포럼' 및
  '사할린 한인 증언대회'를 준비한다.
- 한-러-일 민간단체 차원에서 노력하여 젊은 세대들도 참여하는 시범적
  '조선인 묘비 실태조사'를 실시하여 피해자 문제를 국제적으로 알리고 한일
  양국 정부 차원의 책임 있는 조치(대대적인 실태조사, 현지 위령시설 건립,
  유골반환문제 등) 등을 지속적으로 촉구한다.
- 2011년 초 사할린 현장 방문을 위한 '한-러-일 민간단체 사전 워크숍'을
  서울에서 개최한다.

⑥ 민족차별 문제

- [고등학교 등 취학지원금지급에 관한 법률]적용에서 조선고급학교를 제외한

것은 부당하다. 한일시민들은 일본정부가 조선고급학교에 무상화를 적용하
도록 연대하여 투쟁한다.
- 일본정부가 제도적인 무연금상태에 있는 재일 장애자와 고령자에 대한 구
제조치를 조속히 취하도록 한일시민들이 공동으로 노력한다.
- 재일조선인자녀들의 민족교육권은 존중되어야 한다. 이중삼중의 차별 속에
서 고생하고 있는 민족학교들을 지원하기 위하여 [민족교육지원한일시민기
금(가)]을 창설한다.
- 일본행정의 도움 없이 피해자가 스스로 세우고 20년간 운영해온 유일한 역
사기념관인 교토의 '단바망간기념관 재건'을 위한, '윤도현 밴드 모금 콘서
트'[11월 27일(토) 교토]에 한일민간단체들이 함께 힘을 모으고 참가하여, 재
건을 위한 기초를 다진다.

⑦ 교과서 문제

- 한일 양국의 교과서 관련 시민단체들은 평화로운 공생을 위해 청소년에 대
한 역사교육과 시민들의 역사대화 등을 통하여 역사인식공유를 지향하고,
동아시아 평화공동체를 실현해 나가는 데 앞장선다.
- 일본 중학교 교과서 채택과정에서 역사왜곡 교과서가 채택되지 않도록 한
국과 일본 양국에서 강력한 연대활동을 펼쳐 나간다. 특히 중학교 교과서
검정과 채택이 예정되어 있는 2011년에는 한일간 자매 우호도시 지역을 중
심으로 풀뿌리 시민연대를 통해 우익교과서의 채택을 저지한다.
- 2011년 10년을 맞는 한중일 시민연대를 더욱 강고히 하며, 조선민주주의인
민공화국, 타이완 등을 포함한 동아시아 각국의 시민연대를 통해 평화로운
동아시아 건설을 위해 노력한다. 나아가 이를 토대로 평화지향의 역사인식
을 세계인들과 공유해 나간다.
- 동아시아 역사갈등을 해결하기 위한 공동의 역사교과서 만들기를 계속 진
행해 나간다. 또한 한중일의 시민·연구자·교사들이 만든『미래를 여는 역
사』등 한일 공동교재를 널리 보급하고, 더욱 많은 학교 현장에서 활용할
수 있도록 한다.

- 역사인식 공유를 위한 대중교육과 연구활동을 지속적으로 전개해 나간다. 특히 청소년을 위한 한중일역사체험캠프를 더욱 심화·확대하고, 연구자, 교사, 청년, 시민활동가 등이 참여하는「역사인식과 동아시아 평화포럼」과 역사기행 등을 개최하여 교류와 연대의 장을 넓혀 나간다.

⑧ 동아시아역사인권평화선언

올해 일본의 '조선강제병합100년'을 맞아 한국과 일본 양국에서 다양한 행사가 추진되고 있습니다. 하지만 자칫하면 조약 체결과 관련한 적법·부적법 논쟁과 한일 간의 민족갈등으로 인해 그 의미가 퇴색할 우려도 있습니다. 그래서 지난해 이래 '보다 보편적인 시각에서 일본의 식민지지배와 침략책임에 대해 물을 필요가 있다'는 문제제기가 있어서, 올해 1월 도쿄(東京)에서 동아시아 선언 준비위원회가 결성되었습니다.

과거의 식민지지배와 침략에 대한 청산작업은 비단 일본과 한국만의 과제가 아닙니다. 2001년9월 남아프리카공화국 더반에서 열린 유엔 회의에서 '과거 500년에 걸쳐 인류를 지배해 온 서구제국에 의한 노예제와 식민지지배는「인도에 대한 범죄」'라고 선언한 것은 획기적인 일입니다. 일본이 과거의 식민지지배를 청산하는 것은 이러한 국제 사회의 조류에도 부합하는 것이며, 메이지(明治) 이후 일본이 이웃 나라들에 입힌 피해를 진지하게 반성하고, 미래를 향해서 모든 차별을 없애며, 사람이 사람을 지배하는 제도를 거부한다 것을 의미합니다.

근대 이후 서구 제국은 '「문명」의 이름으로 하는「야만」에 대한 지배'를 사명으로 삼아 아편전쟁을 시초로 동아시아에 대한 침략, 전쟁, 지배를 자행해 왔습니다. 이와 비슷한 맥락에서 일본 역시 메이지 이후「문명개화」를 기치로 서구를 모방·추종하고, 홋카이도와 오키나와(沖繩), 대만, 조선, 중국대륙으로 판도를 넓혀 갔으며, 그 와중에 동아시아 민중에게 막대한 피해를 끼쳤습니다.

'강제병합 100년 한일시민대회'의 성과를 계승·발전시키고, 나아가 일본의 침략·식민지지배를 '500년에 걸친 서구중심 세계의 극복'이라는 보편적인 역사적 맥락 속에 자리매김시킴으로써 동아시아의 근현대사를 전면적으로 재검토하고, 더반선언의 정신을 동아시아에서 구체화하고 이어 더반선언 자체를 더 한층 발전시키기 위해서, 오는 2011년9월 10일 동아시아 선언 대회를 개최해 동아시아의 NGO들이 공동선언을 선포할 예정입니다.

◎ 이후의 계획

2010년 9월: 현재 마에다 아키라(前田 朗)를 중심으로 선언문 초안을 작성하고 있으며, 9월 안에 완성할 예정. 〈http://easiahhpa2.exblog.jp〉 참조.

2010년 7월~10년 12월: 의견수렴을 위해 일본 각지에서 연속 공청회(학습회) 개최.

2010년 10월: 한국 준비위원회 결성과 한국 내에서 선언문 초안 검토 진행.

2011년 1월: 중국과 대만, 동남아시아 등의 참가 단체 모집, 행동계획 수렴을 위한 질문지 송부.

2011년 3월: 의견수렴 결과를 토대로 선언문 초안 확정. 동아시아선언 검토를 위한 '동아시아 회의' 개최.

2011년 9월 10일: 더반선언 10주년 「동아시아 선언·행동 계획의 선언 대회」 개최.

동아시아 역사·인권·평화선언과 행동계획 준비위원회
준비위원장 서승(리츠메이칸대학)
사무국장 마에다 아키라(도쿄조형대학)

역사적 기록에 대한 감정·서술과 연구*

2006년 미국 매사추세츠 공과대학(MIT) 판화사건을 생각한다

유원난(劉文楠)**

1. MIT 판화 사건

2006년 4월, 나는 미국에서 유학을 하고 있었는데, 당시 중국인 유학생들 사이에 커다란 논쟁이 일어났고 그것이 주요 미디어의 관심을 끌었다. 사건의 단초는 매사추세츠 공과대학(MIT)의 메인 홈페이지에 게재된 '시각 문화 워크숍(visual culture workshop)' 개최 선전에 일본군이 청국군 포로를 학살하고 있는 모습을 그린 청일전쟁 후의 일본 선전용 판화가 실린 일이었다.

이 일은 많은 중국인 유학생들의 반감과 항의를 불러일으켰다. MIT의 중국인 유학생들은 대학 측에 공개 사죄와 '시각 문화 워크숍' 홈페이지의 수정을 요구했다. 또 일부 학생은 적극적으로 나서서 학교 측에 프로그램의 정지와 더불어 교수 2명의 제적을 요구했다. 그 프로그램에 참가하고 있는 일본계 교수에게 협박장을 보낸 학생도 있었다. 사건의 최종적인 해결방법은 '시각 문화 워크숍' 연구 프로그램의 책임자인 존 다위[John W.

* '제11회 역사인식과 동아시아 평화 포럼 도쿄회의'(2012. 11. 24~26)에서 발표한 글.
** 중국, 사회과학원 근대사연구소 연구원.

Dower 교수가 그 판화를 열람하고 난 후 감정이 상한 사람들에게 유감의
뜻을 밝히고 인터넷에 게재된 관련 판화 옆에 성명을 추가로 게재하는 것
이었다. 그 성명은 다음과 같다.

　　(판화사건으로 인해) 긴 시간이 지났다고 해도 검열을 거치지 않은 전쟁
　인쇄물은 열람자를 지금도 불쾌하게 만들 가능성이 있다는 점을 이해하기
　바란다(Keep in mind that uncensored war prints can be disturbing to view,
　even years after the depicted events).

2. 사건의 마무리와 애국주의 · 민족주의 논란

　패전 후의 일본을 연구하고 있는 존 다워 교수는 2002년 '시각 문화 워크
숍' 홈페이지를 만들고 그것을 기초로 인터넷 상에 공개강의를 개설, 선전
물과 사진, 영화 등 도상자료에 대한 분석을 통해 시각 문화가 역사 속에
서 어떤 영향을 미쳤는지를 논했다. 논쟁을 불러일으킨 청일전쟁 선전 판

화는 인터넷 상에는 이전부터 올라가 있었지만 대중의 관심을 끌지는 못
했다. 그 선전 판화가 MIT의 메인 홈페이지에 실리자 중국인 유학생 포럼
의 익명 게시판[mitbbs(未明空間)]에 이에 항의하는 글이 올라왔다. 항의문
의 저자는 홈페이지에 참가하고 있던 미야가와 시게루(宮川繁) 교수가 그
프로그램의 책임자라고 오해하여 그에게 일본의 군국주의 선전과 중국인
을 차별하는 인종주의 인식이 있다고 판단했다. 항의문에서는 일부러 홈
페이지에 게재된 '폭행청병참수지도(暴行淸兵斬首之図)' 판화에 링크를 해
놓고 미야가와 교수에게 연락하는 방법을 설명해서 중국계 사람들에게 학
교 측과 일본 교수에게 항의할 것을 호소했다. 이 항의문이 각 대학의 포
럼에 널리 전재되었고 중국인 유학생들의 감정을 강렬하게 자극했다. 미
야가와 교수에 따르면 하루에 수백 통의 항의 메일을 받았다고 한다.

이 사건은 최종적으로는 평화적으로 해결되었지만, 처음 발표된 항의문
에 의해 일부 사실이 왜곡되었다. 존 다워 교수가 아무런 설명도 없이 그
판화를 사용했던 것은 아니다. MIT의 메인 홈페이지에 게재된 '폭행청병참
수지도'에는 매우 간단한 설명만 첨부되어 있었다. 존 다워 교수는 인터넷
공개강의에서 많은 역사적인 도판을 역사적 상황 속에서 자리매김해, 그
러한 도판이 당시 사람들의 심정에 미친 영향과 그것에 의해 촉발된 역사
적인 문제들을 분석하려 한다고 설명했다. 논쟁을 불러일으킨 계기가 된
'폭행청병참수지도'는 '탈아시아'라는 과정에서 출현한 것으로, 쇠락한 대
청국과 무능한 병사의 이미지를 그려냄으로써 당시 일본이 서양화와 근대
화를 통해 서양열강의 대열에 끼고자 했던 욕구를 보여주고 있다. 존 다워
교수의 분석방법은 아래와 같다.

이 판화는 지상의 잘려진 머리 등 매우 무시무시한 상황을 연출하고 있
다. … 1세기 이상이 지난 오늘날도 이러한 치욕과 멸시는 여전히 쇼크를
준다. 필시 민족적 편견이라는 관점에서 보면 이러한 중국인에 대한 멸시는

당시 구미에 있었던 반아시아 인종주의(黃禍論)의 어떠한 논의에도 없던 것
이다. … 일본인에 대해 말하자면 그것은 단지 서양화를 위해서는 한 걸음
더 나아갈 필요가 있다는 것을 나타내고 있다. 즉 백인의 이미를 채용하면
서도 자기를 그 밖에 배제시키고 있기 때문이다. 그 '독이 든 열매'는 1894년
부터 1895년 사이의 폭행을 그린 것으로, 이것은 40년 후 천황의 장병과 해
군의 선원이 또 다시 중국과 전쟁을 일으키고 전면적인 폭행을 자행한 것과
연계되어 있다.

즉, 존 다워 교수는 이 도판을 군국주의를 찬양하기 위해서가 아니라
어느 정도 인도주의적인 입장에서 일본군의 전쟁 중의 폭행을 문제 삼기
위해 사용한 것이다. 사실 홈페이지를 개설했을 때 그가 걱정했던 것은
일본 우익에 의한 공격이었지 중국의 애국 청년들에 의한 문제제기는 아
니었다.

진상이 밝혀진 후, 포럼에는 새로운 논쟁거리가 발생했다. 그것은 중국
인 유학생들의 과격한 반응에 대한 재검토와 비평이었다. 중국계 미국인
林達와 薛涌 등은 글을 발표하여 중국인 유학생들이 이 사건에서 보여준
'취약한 감정과 역사관'에 대해 비판했다. 어떤 사람은 그것이 일종의 민족
주의적 정서라고 설명했다. 존 다워 교수의 동료이자 중국사 연구자인 피
터 퍼듀(Peter Purdue) 교수는 MIT의 중국인 유학생에게 공개서한을 보내,
그들에게 역사에 대한 올바른 이해, 이성과 신중함 및 열린 태도로 격한
감정을 불러일으켰던 그 문제에 대해 토론하자고 제안했다.

6년 이상이 지난 지금도 나는 그 사건을 인상 깊게 기억하고 있다. 그
당시 나도 많은 중국인 유학생들과 똑 같이 세계적으로 유명한 대학의 메
인 홈페이지에 '폭행청병참수지도'와 같은 도판이 게재된 것에 깊은 분노
를 느꼈다. 나로서는 유대인 학살 사진을 어느 대학의 홈페이지에 '시각
문화'의 견본으로 게재한다는 것은 상상도 할 수 없는 일이었기 때문이다.
후에 MIT의 학생회는 항의 문서를 통해 홈페이지의 문화적 감수성(cultural

sensitivity)을 개선하라고 요구했다. 그것은 그러한 배려가 결여된 홈페이지의 처리에 관한 것이지 존 다워 교수의 연구나 '시각 문화' 프로그램 자체에 대한 것은 결코 아니었다.

나도 한편으로는 많은 사람들이 지적했듯이 비이성적인 극단적인 민족주의 감정과 애국을 내세운 과격한 언동에는 반대한다. 2006년의 MIT 판화사건과 그 최종적인 해결방법은 하나의 좋은 규범적 사례라 할 수 있다. 이 사건은 우리들에게 역사적인 감정과 서술·연구의 관계에 대해 더 깊이 생각하도록 했다. 나아가 애국주의와 민족주의의 합리적인 경계가 어디인지를 다시 한 번 생각하는 계기가 되었다.

3. 열린 태도로 공동의 과거를 토론해야 한다

그러나 6년 이상이 지난 현재, 오히려 현실적인 상황은 더 나빠졌다고 생각한다. 나는 '역사인식과 동아시아 평화 포럼'에 참석하는 기회를 빌려, 이 문제에 대한 나의 관점을 설명하려고 한다. 더불어 우리들의 공동의 노력에 의해 중일 양국의 상호이해와 우호가 증진되기를 기대한다.

먼저, 역사에 대해 우리들은 정말로 중립적인 감정을 갖고 대하는 것이 가능한 것일까? 이 점에 대해 나는 매우 회의적이다. 인류 역사를 돌이켜보면 매우 잔혹하고 처참한 사건이 다수 발생했다. 전쟁, 대학살, 공황 등 그러한 예는 적지 않다. 인도적인 차원에서 보면 이러한 모든 사건은 불쾌한 감정을 만들어 낸다. 더욱이 민족이나 국가라는 개념이 개입되면 침략전쟁과 인종적 말살과 같은 사건은 피해자 측에게 감정상의 집합적 피해의식을 만들어 낸다. 그 감정상의 피해는 시간적·공간적으로 지속되면서 종종 체험자의 범위를 넘어, 교과서와 박물관, 영화, 그리고 사람과 사람 사이의 구전에 의해 많은 사람들 사이에서 공유된다.

일본의 중국 침략전쟁을 체험한 사람 중 다수가 사망했는데도 여전히 지난날 일본의 침략 역사에 대한 중국인의 감정이 매우 격렬한 원인도 여기에 있다. 어떤 사람은 그것은 만들어진 분노의 감정으로 정부 측의 미디어와 교육이 강제한 결과라고 생각한다. 나로서는 그러한 편협한 설명은 받아들이기 어렵다. 역사상 거기에서 발생한 사건, 일본군의 중국 침략은 사실이지 허구가 아니다. 침략을 받은 측이 그러한 사실과 대면했을 때 느끼는 분노는 정상적이고 정당한 것이다. 역사적인 기억과 감정을 과도하게 강조하는 구조적인 측면이 있을 수도 있다. 어떤 사람은 그러한 감정과 체험의 중요성, 진실성을 간과하고 그것을 '취약한 감정'이라고 비웃는다. (그러한 행위는) 모두 분노를 품고 있는 사람들의 강한 반감을 불러일으키고 현실적인 충돌을 가져온다.

나는 MIT 판화사건에서 MIT와 존 다워 교수 등이 이러한 점을 제대로 이해하지 못했다고 생각한다. 즉 전쟁 판화가 중국인의 감정에 상처를 입힐 수 있다는 점을 고려하지 않았다. 그렇지만 역사가 만들어낸 상처와 감정이 절대로 과격한 언동을 정당화하는 것은 아니다. 『중용(中庸)』에 "희노애락이 아직 일어나지 않은 상태를 중(中)이라고 한다. 일어났으나 치우치지 않고 절도 있음을 일러 화(和)라고 한다. 중은 천하의 대본(大本)이고, 화는 천하가 도를 이루는 바탕이다."라는 구절이 있다. 감정의 존재 그 자체는 피하기 어렵지만 감정을 표현할 때는 법률과 토론의 규칙 등 일정한 규범을 지켜야 한다. 그럴 때 비로소 현실적인 조화를 이룰 수 있을 것이다.

만약 우리들이 "일종의 역사적 사건에 대해 감정을 갖는 것을 피하기 어렵다."는 것을 전제로 한다면 다음과 같은 질문에 직면할 것이다. "역사적으로 발생한 사건에 대해 일종의 중립적인 감정을 갖고 표현하는 것은 가능한가?"라는 것이다. 나는 기본적으로는 매우 어렵다고 생각한다. 특히 포스트모던 역사학의 영향을 받아 역사 서술이 다원화되고 있는 경향까지

고려하면 더욱 그러하다. 물리적 세계에서 발생한 것에는 하나의 진실밖에 없지만 과거에 대한 서술은 서술자의 주관적 영향을 피하는 것이 불가능하고 다양하게 변화한다. 몇 가지 다른 서술이 있다는 것은 그 가운데 필연적으로 잘못된 것이 있다는 것을 의미하는 것은 아니다. 그것은 예를 들자면 구로사와 아키라(黑澤明)의 명작 '라쇼몬(羅生門)'[1]과 같다. 우리들은 사료와 인터뷰, 현지조사를 통해 과거에 발생한 사건에 접근할 수 있지만 우리들이 과거에 있었던 일을 서술하려고 할 때, 어느 정도는 일정한 입장에 서게 된다. 이 때문에 '감정을 개입시키지 않는 것'과 '객관'적 입장을 취하는 것은 매우 어렵다. 아니면 이렇게 말하는 것은 가능할지 모른다. '감정을 개입시키지 않는 것'과 '객관'도 일종의 입장이라고.

즉 역사 연구자의 관점에서 보면 존 다워 교수의 입장은 매우 정당한 것이지만 중국인 관점에서 보면 일종의 모독이다. '감정의 중립'이라는 입장은 전문적인 학술연구에서는 상대적으로 쉽게 적용될 수 있지만, 공민교육의 일부인 역사교육에서는 감정의 중립을 지키는 것은 어렵다. 그것은 공민교육이 요구하는 것이 국가와 민족에 대한 아이덴티티와 애국심이고, 일정 정도는 촉발된 감정적인 아이덴티티에 의해 만들어진 공동의 역사에 의존하지 않을 수 없기 때문이다. 이러한 관점에서 보면 한중일 3국이 공동으로 역사를 편찬하는 것은 중요한 의미를 갖는다. 그것은 커뮤니케이션과 협의를 통해 3국 사이의 역사서술의 차이를 해소하는 것에 그치지 않는다. 공동의 역사 편찬 자체는 일종의 민족과 국가의 경계를 초월한 공통인식과 아이덴티티를 구축하는 것이라고 할 수 있다.

마지막으로 전문 역사 연구자로서 역사적 감정의 불가피성과 역사서술

---

[1] 1950년 구로사와 아키라 감독이 만든 영화. 같은 사건을 자신에게 유리하도록 달리 기억하는 모습을 통해 인간의 이기심을 잘 드러냈다는 평가를 받는다. 1951년 베니스영화제에서 대상에 해당하는 황금사자상, 1952년 아카데미 최우수 외국어 영화상을 받았다. (편집자 주)

이 나날이 다원화하고 있는 것에 대해 나는 내 자신에게 묻곤 한다. 그것은 나는 어떻게 역사를 서술할 것인가라는 것이다. 또 당시의 MIT 판화사건으로 이야기를 되돌리면, 당시 존 다워 교수와 그 동료는 그들의 홈페이지와 연구를 옹호하기 위해, 그것은 그들의 학문적인 자유라고 주장했다. 그들은 전문 역사 연구자이다. 일반 민중과 그 밖의 전문 고등교육을 받은 학생들과는 달리, 연구를 위한 방법론과 지식을 축적하고 있다. 그들은 첫째 사료를 왜곡하거나 속이거나 하지 않고, 둘째 사료에 대해 편파적인 해석을 하지 않고 비판적인 태도로 사료와 그 역사적인 상황을 연구하는 것에 의해 사료의 의의와 그 역사적 역할을 충분히 분석하는 것이 가능하다. 또한 보통의 민중과 같이 사료의 표면적인 의미밖에 보지 못하는 것은 아니다.

MIT 판화사건에서 중국인 학생으로부터 지적과 항의를 받았다고 해도 이들 연구자는 모두 그들의 전문적 입장을 견지했다. 그들은 판화를 열람하고 불쾌감을 느꼈다는 것에는 유감을 표했지만 자기의 연구에는 어떤 잘못도 없다고 생각하고 있었다. 중국 유학생의 항의를 고려해 그들이 자신들의 홈페이지 내용을 바꾸는 일은 없었다. 짧은 성명을 추가하여 홈페이지 내용이 열람자에게 불쾌감을 줄지도 모른다고 주의를 준 것에 불과하다.

미국의 연구자는 중국과 일본의 역사를 초연한 입장에서 학문의 자유를 추구하는 것이 가능할지도 모른다. 중국과 일본, 한국의 역사 연구자라면 3국의 현실 정치의 복잡한 관계에 따라 학문의 자유를 추구하는 것은 용기가 필요할 뿐 아니라, 역사연구에 미치는 눈에는 보이지 않는 영향을 확실하게 의식하지 않으면 안 된다. 역사의 다원적 서술이란 역사를 마음 내키는 대로 인형 옷을 갈아입히듯이 쓰고 싶다고 생각하는 것을 쓴다는 의미는 아니다. 그것은 일반 민중보다도 전문적인 훈련을 받은 역사 연구자가 비판적으로, 또 신중하게 진실을 추구하는 태도를 가질 때 비로소 과거에 발생한 일을 탐구하는 것이 가능하며, 독립된 정신으로 자유롭게 학문을 추구해야 한다는 것을 가리킨다.

피터 퍼듀 교수는 MIT 판화사건과 관련해 중국인 유학생에 보낸 공개서한에서 다음과 같이 발언했다.

> 내 직업은 일생을 바쳐 우리들의 감정을 격동시키거나 고통을 주거나 하는 주제에 대해 그 상호이해를 심화시키기 위해 노력하는 것이다. 그러나 가령 우리들이 장래의 비극을 피하지 못하더라도 우리들은 이성과 신중함을 갖고 외부에 열린 태도로 역사를 토론해나가야 한다. 가령 그것이 더 심한 고통을 수반하는 것이라도.

그렇다. 그것은 우리들이 오늘 여기에 이 포럼에 참가한 이유이기도 하다. 우리들은 역사가 우리들의 현재의 감정에 미치는 영향을 직시하고 역사와 현실과의 연계를 직시하고 더욱 더 이성과 신중함으로 열린 태도로 우리들의 공동의 과거에 대해 토론해 나가는 것이 필요하다.

역사박물관과 역사인식*
최근 한국의 두 역사박물관에 대한 비판

이동기**

1. '역사박물관의 붐'을 맞이하며

국제적으로 본다면 이미 1980년대 후반부터 역사박물관은 줄곧 성세를 누려왔다. 특히 최근 10년 전부터 유럽의 주요 국가에서는 협애한 민족사 주제의 박물관을 넘어 탈식민, 탈근대적 박물관 건립으로 한 걸음 더 전진하고 있다. 탈민족적(post-national) 다중정체성을 보조하고 동행하는 역사인식의 사회적 매개 과정이 개시된 것이다. 흥미롭게도 최근 한국에서도 다양한 행위 주체들에 의해 역사박물관과 역사전시관들이 건립되고 있다. 물론 유럽과는 달리, 지난 10년 동안 한국에서 건립된 역사박물관들은 한국현대사의 여러 인물이나 주제와 관련한 것이다. 그 전시관들은 각기 다른 역사인식에 근거하고 있으며 그 나름의 특정 역사의식과 기억문화를 전달하고 있다. 이제 역사박물관은 역사교과서에 못지않게 역사인식과 역사의식의 격렬한 쟁투장이 되고 있다. 2012년에도 서울에는 세 개의 주요한 역사박물관, 즉 박정희기념·도서

---

 * '제11회 역사인식과 동아시아 평화포럼 도쿄대회'(2012. 11. 23~27)에서 발표한 글.
** 강릉원주대학교 사학과 교수.

관, 대한민국역사박물관, 전쟁과 여성인권박물관이 각각 개관했다. 이 글은 그중 건립 과정과 전시내용 모두 심각한 문제를 안고 있는 앞의 두 역사박물관, 즉 박정희기념·도서관과 대한민국역사박물관에 대한 비판적 보고와 함께 그것과 관련된 역사인식을 다루며 대안적 전망과 활동 지평을 논한다.

2. 역사박물관의 '역사문화'적 성격

학문분과로서의 역사와 문화공간으로서의 박물관은 인간의 실존 욕구이자 특징인 기억을 유지하고 그것을 통해 현재와 미래를 위한 방향설정을 끌어내고자 하는 공통점을 지니고 있다. 그런데 학문적인 역사서술에서 사료가 그렇듯이 역사를 주제로 한 박물관에서 소장품들은 그 자체로 직접 말하지 못한다. 역사박물관이 수집하고 보관하고 전시하는 '유물'들은 활용과 배제, 배치와 구성 및 의미 부여와 해석 과정을 통해 방문객들에게 말을 거는 것이다. 그렇기에 역사박물관의 역사 전시는 학문적 역사서술이 그런 것처럼 객관성의 요구를 피할 수 없다.

그러나 역사박물관은 역사학계의 관심 대상의 차원을 넘어 기본적으로 정치적 성격과 기능을 갖고 있는 것이기도 하다. 역사박물관은 단순히 과거의 유물 전시를 통해 지나간 삶을 보여주는 데 그치는 것이 아니라 오히려 정치공동체 구성원의 현재적 기억과 정체성 및 미래지향적 가치와 전망과 관련된 것이기 때문이다. 역사박물관은 정치문화의 형성과 발전에 필수불가결한 공동체의 역사적 정체성과 그것에 기초한 현재적 역사의식을 매개한다. 그렇기 때문에 역사박물관은 정치(문화)와 무관할 수 없다. 특히 민주주의 사회의 역사박물관은 애초부터 정치적 당파성을 극복하며 정치공동체 구성원의 이질적인 기억과 다양한 역사의식에 조응하면서도 그것의 성찰적 소통을 매개하는 곳이어야 한다. 특히 법과 제도의 차원을 넘어선 실질적 민주주의 정치문화의 발전에 관심 있는 정치가들과 비판적 시민사회가 역사박물관에 전향적인 관심을 보여야 하는 이유가 바로 여기에 있다.

여기서 우리는 전문적인 역사학적 연구 및 역사교육 그리고 정치문화의 영역을 포괄하면서도 그것을 넘어선 '역사문화' 또는 '공적 역사(public history)'라는 개념이 필요해 보인다. 독일의 역사이론가 외른 뤼젠(Jörn Rsen)에 따르면, '역사문화'는 "역사의식이 개인의 영역이 아니라 사회적인 영역에서 실천적으로 발현되는 것"을 말한다. 그렇기에 '역사문화'는 단순히 개인적인 기억을 넘어서 사회적이고 집단적으로 형성되는 '문화적 기억'의 층위를 지칭하면서 동시에 학문적 연구 밖에서 이루어지는 다양한 역사 서술과 재현 형식들, 역사연구 성과의 정치적 문화적 활용, 학교뿐 아니라 학교 바깥의 사회 문화 영역에서 발현되는 역사의식 등을 일컫는다. 한 사회가 자신의 과거를 어떻게 '문화적 기억' 내지 집단적 역사의식으로 가질지는 단순히 전문적 역사연구나 학문적 역사서술 그대로 결정되지 않는다. 다양한 정치적 실천과 문화 영역 속에서 이루어지는 '과거의 사회적 현재화'가 그 자체로 좀 더 논의될 필요가 있다. 특히 학교에서 이루어지는 역사교육 외에도 여러 공론장과 일상세계에서 역사는 더욱 더 문화적 삶의 소재이자 매개가 되었고, 사회적으로 형성되고 변형되는 역사의식은 정치적 문화적 지향과 욕구, 가치와 규범의 근거가 되고 있다. 그렇기에 비판적 시민사회와 역사학계는 역사박물관이 특정 정치 세력이나 권력의 정치선전적 문화의 장이 되지 않도록 견제하면서 동시에 원래의 '역사문화'적 성격에 조응할 수 있도록 다양한 사회적 주체들의 지적 숙고와 토론 및 합의를 끌어내도록 애써야 한다.

3. 박정희기념관과 대한민국역사박물관 비판

1) 박정희기념관: 극우 세력의 정신적 안락처

박정희 기념·도서관(이하 '박정희기념관')은 지난 2012년 2월 서울 마포구 상암동 상업 지구 초입에 들어섰다. 건립에는 208억 원의 국가 예산을 포함해 총 700여 억 원이 투입되었다. 박정희기념관은 전체 면적 5,290㎡이고 기둥의 높이가 20m에 이르고 3층으로 된 초대형 신축 건물을 자랑한다. 1층은 전시실, 2층은 전시실과 일반열람실, 3층은 특별자료열람실로 구성되어 있다. 이 기념관을 비판하는 많은 사람들이 거듭 상기해야 하는 참담한 사실은 애초 이 기념관 건립을 자극한 사람이 1997년 당시 대선 후보였던 야당정치가 김대중이었다는 것이다. '지역 간 화해'니 '국민통합'이니 하는 허사 속에는 영남 지역의 표를 의식한 당파적 꼼수가 자리 잡고 있었다. 그것은 역사 기념과 평가의 문제를 정치적 흥정의 대상으로 전락시킨 반민주적인 행위였다. 이에 고무 받은 박정희기념사업회가 1999년 기념관건립을 추진했을 때 당시 김대중 대통령은 208억 원의 국고 지원을 약속했다. 이는 역사전시관 건립을 권력 장악의 전리품쯤으로 간주한 지극히 참담한 일이었다. 비록 노무현대통령 시절 국고 지원을 중단하며 박정희기념관 건립을 원점으로 돌리려고 노력했지만 법적 소송을 거쳐 2009년 결국 국고지원은 예정대로 이루어졌다.

전시 내용의 근간은 '내 일생 조국과 민족을 위하여' '희생'한 영웅 박정희의 미화다. 다시 말해 '조국근대화'를 내세워 박정희가 '민족중흥'의 역사를 '진두지휘' 했음을 강조한 역사관이다. 전시실은 크게 세 부분으로 나뉘어져 있다. 2층에서 시작하는 1전시실은 '아! 박정희 대통령'이란 제목으로 18년 6개월간의 '눈부신 업적들'이 연도별로 전시되어 있다. 2전시실은 '근대화의 과정을 따라가는 시간여행'이란 제목으로 박정희 통치 시기의 경제정책과 과학기술정책 및 안보정책을 보여준다. 3전시실 '인간 박정희와의 만남'은 박정희의 인간적 매력을 보여주고자 한다.

충분히 예상할 수 있듯이, 박정희기념관은 5·16쿠데타를 '민족중흥과 근대화를 위한 혁명'으로 정당화할 뿐 아니라 박정희 통치 시기의 헌정파괴와 인권유린에 대해서는 어떤 언급도 없다. 아울러 이 전시관은 박정희 통치 시기의 다양한 사회사적, 문화사적 측면들을 보여주는 데도 아무 관심 없다. 그런데 흥미로운 것은 이 전시관이 박정희의 영웅적 숭배 자체가 간단치 않음을 역설적으로 보여주고 있기도 하다는 사실이다. 이 전시관의 핵심이라 할 '인간 박정희'의 생애사는 전시관의 맨 마지막 한편을 차지하고 있을 뿐이다. 일제강점기에서의 만주군 장교 경력이나 해방 직후 남로당 관련 이력뿐 아니라 1979년 암살된 당시 상황과 과정 등 생애사의 주요 국면과 쟁점들을 모두 생략해야 하니('영웅서사'에 조응하지 않아), 결국 경제성장 정책의 몇몇 표피적 성과로 전시관을 가득 채워야 했던 것으로 보인다.

그렇기에 이 전시관의 근본적 문제는 '박정희 영웅화'보다는 결국 한국 현대사에 대한 편향적 역사인식이다. 다시 말해 독재자 변호론의 전형인 '공과론'이 전시관의 기조를 구성하고 있다는 것에 유의해야 한다. 즉 이 전시관은 한편으로는 박정희의 모든 반민족적, 헌정 파괴적, 반인권적 행위들에 대해 침묵하면서 '박정희와 그의 시대'에 대한 긍정적 기억을 창출하고자 한다. 그러나 다른 한편으로 박정희가 일부 과오가 있었다 하더라도 공적이나 업적이 너무나 크기에 충분히 존경받고 '민족의 영웅'으로 부르기에 손색없다는 변호론을 전시의 기본 전제로 삼고 있다. 박정희 정권 같은 '범죄정권'적 독재에 대해서는 애초부터 공적과 과오를 저울질 하는 식의 양적 평가가 불가능하다는 사실, 그리고 그 '공과론' 자체가 교묘한 독재 변호론임을 강조할 필요가 있다. 아울러 근대화의 작은 성과가 있더라도 그것을 독재자의 계좌에 넣어둘 수는 없다는 사실도 강조될 필요가 있을 것이다.

2) 대한민국역사박물관: '제2의 박정희기념관'?

2008년 8·15 경축사에서 이명박 대통령은 '성공'과 '기적'의 대한민국 역사를 후세에 전승하기 위해 현대사박물관을 건립하겠다고 말했다. 박물관 명칭, 전시방향, 대한민국 건국 시점을 둘러싼 혼선과 논란 속에서 정부는 2009년 4월 건립위원회를 출범시키고 그해 10월 공식 명칭을 '대한민국역사박물관'으로 확정했다. 이후 건립계획, 전시주제 설정, 자료수집, 홍보, 공사 등 여러 사안들이 빠른 속도로 추진됐다. 서울 광화문 근처 미 대사관 옆에 위치한 대한민국역사박물관은 대한민국의 '태동', '기초 확립', '성장과 발전', '선진화, 세계로의 도약'을 각각 주제로 하는 네 개의 상설전시실을 전시구성의 핵심으로 하여 11월 22일 대선을 앞두고 당초 예정된 2013년 2월보다 앞당겨 개관한다.

가장 우선적인 비판의 초점은 박물관 건립 주체의 비전문성이다. 건립추진위원 명단의 경우 민간위원 19인 중 역사학 전공자는 4명, 전문위원 21명 중 한국현대사 관련 전문연구 실적을 가진 사람은 6~7명에 불과했다. 비판적 한국현대사가의 참여는 원천적으로 배제되었다. 또한 그동안 전시내용과 관련한 공청회 한번 열리지 않았다는 사실은 건립 주체들의 비민주성을 여실히 드러낸다.

전시내용의 경우도 심각하기는 마찬가지다. 흔히들 이를 '제2의 박정희기념관'이라고 하지만 전시 내용을 보면 그렇지는 않다. 대한민국역사박물관의 핵심 추진 세력을 극우파 인사들로 보기도 어렵고 전시 기본 구상도 극우적 역사상과는 좀 차이가 있다. 정밀히 살펴보면, 뉴라이트(New Right)식 역사상과 (온건 수구파적)보수주의자들의 '(자칭) 중도적' 역사상의 결합으로 보는 것이 적절하다. 그들의 역사인식에서 두드러진 것은 반인권 범죄의 변호나 반공주의적 '자유민주주의' 체제 옹호 내지 독재자 찬양도 아니고 민주화 역사나 저항 주체의 역사를 전면적으로 부정하는 것이 아니라, 대한민국의 성장과 '성공' 신화를 통해서 이른바 '어두운 면'을 상대화하고 주변화하는 데 매달린다는 것이다. 그렇게 하더라도 결국 대한민국역사박물관은 '건국-부국-선진화'의 협애하고 단선적인 역사 인식에 근간한 전시 구성 속에서 해방 후 친일파의 재등장이 지닌 의미, 국가범죄의 상흔과 희생, 다양한 대안적 정치 세력과 그들의 구상들, 그리고 남북관계와 통일의 전망 등은 거의 어떤 정당한 역사적 지위를 받지도 못한다. '성공'이니 '기적'이니 하는 허황되고 자기도취적인 역사상은 지금까지의 공식적인 단선적 지배사관을 강화하는 이데올로기적 효과와 정치적 지배의 정당성 강화를 지향하는 것에 불과하기 때문이다. 어쨌든 대한민국역사박물관을 단순히 '제2의 박정희기념관'쯤으로 보고 비판하기 보다는 그것이 기괴한 '성공신화'와 서사에 갇혀 역사의 희생과 비극 또는 대안적 역사 발전의 길들에 정당한 의미를 부여하지 못하고 있다는 사실과 민주주의 사회의 다양한 기억과 경험들을 획일화하는 문제들에 초점을 맞춰 계속 비판할 필요가 있다.

4. 대안적 전망과 방향

1) 아직은 박정희기념관을 방문하는 이가 많지 않다. 21세기 민주주의 한국에서 박정희기념관은 한국사회 수구 세력 내지 극우파들의 정신적 안락처로 전락할 가능성이 없지 않다. 또 서울시가 최근 그동안 그 기념관을 위해 무상으로 부지를 제공한 것을 재검토하고 있으며 도서관 운영과 관련해 기념관 측과 대결하고 있어, 새로운 국면으로 전환될 수도 있다. 더 많은 대중적 개입과 정치적 압박을 통해 기념관이 폐기될 수 있도록 새로

운 논의와 결집을 준비해야 할 것이다.

2) 대한민국역사박물관의 경우, 대선 후 '민주적 정부'가 들어서면 하루 빨리 개관을 취소하고 전시 방향과 내용을 전면적으로 재검토하는 절차를 밟아야 한다. 현대사박물관은 한편으로는 다원주의적 역사 연구의 성과와 개방적 역사인식의 양상들을 잘 보여주는 곳이야 한다. 특히 현대사박물 관은 고유한 경험과 기억을 갖고 있는 동시대를 살아 온 박물관 방문객들에게 하나의 명확한 역사상을 강제, 주입하는 곳이 아니라, 오히려 다원주의적 역사 지식들을 매개함으로써 새롭게 많은 의문들을 갖게 만드는 곳이 되는 것이 바람직하다. 다른 한편 현대사박물관은, 지난 시기 국가권력의 범죄나 공동체 내 반인권적 비극에 대해서는 인권과 평화의 보편적 가치와 규범을 더 명확히 드러내는 장소여야 할 것이다. 그것은 특히 정부 주도의 현대사박물관이 반드시 갖추어야할 기본 방향이다.

3) 기실 역사박물관의 전시 내용 자체보다 더 중요한 문제는 건립 과정의 민주적 절차와 정치공동체 성원들의 참여이다. 역사박물관 건립에는 더 많은 전문가들과 시민사회 다양한 주체들이 비판적이고 개방적인 토론을 전개하면서 전시관 구상과 계획에 능동적으로 참여할 필요가 있다는 말이다. 대선후보의 정략적 제언이나 대통령의 결정과 지시로 역사박물관과 역사전시관이 건립되고 심지어 그 전시내용까지 정해지는 일은 21세기 민주주의 정치공동체의 기본 가치와 원리에 전혀 어울리지 않는다. 그렇기에 이명박 정부가 대한민국역사박물관 건립 과정에서 비판적 시민사회와 역사학계를 원천적으로 배제한 것은 질타 받아 마땅하다. 하지만 야당을 비롯한 시민사회와 비판적 역사학계가 무관심과 무기력 또는 무지로 인해 대한민국역사박물관 개관이 다가오기 얼마 전까지 거의 손을 놓고 있었던 '역사적 사실'도 비판적으로 기록되고 기억되어 마땅하다.

4) 아울러 역사(전시) 관련 전문가들 내지 유관 시민단체들 사이의 개방적인 토론과 조정 및 민주적 절차와 광범위한 합의의 중요성은 현재 진행

중인 민족문제연구소의 '시민역사관'그리고 평화박물관건립위원회의 '평화박물관' 건립 준비 등에도 마찬가지로 해당되는 말이다. 과거청산의 큰 흐름과 대의에서 발원했다 하더라도 '역사문화'로 자리 잡으려면, 현재 준비 중인 그와 같은 역사전시관 구상과 계획도 더 개방적이고 전향적인 논의와 만날 필요가 있다. 사회운동적 맥락과 요구만 강조할 일이 아니다. 이를테면, '전쟁과여성인권박물관'이 2012년 5월, 설립 추진 9년 만에 드디어 개관한 것은 참으로 반갑고 다행한 일이다. 하지만, 그 전시 내용을 놓고 사전에 얼마나 폭넓은 토론을 벌였는지, 또 개관 후 어떤 비판적 논평과 논쟁이 있었는지 질문해 보아야 한다. 거듭 강조하면, 역사박물관은 방문객들이 숙연하게 특정 역사상을 일방적으로 배워가는 곳이 아니라 소통하고 부딪히며 수많은 질문들을 안고 나가는 곳이어야 한다. 비판과 소통은 박물관 건립 전에도 후에도, 안에서도 밖에서도 다 필요하다. 역사박물관에서 평화와 인권의 역사인식과 성찰적 역사의식은 바로 그런 방식으로 확장되는 것이다.

국가기억과 개인기억 속의 베트남전쟁*

한홍구**

1. 머리말: '잊혀진 전쟁' 베트남전쟁

미국에서는 한국전쟁을 '잊혀진 전쟁(the Forgotten War)'이라고 부른다. 그런데 한국에서 잊혀진 전쟁은 베트남전쟁이다. 연 인원 32만 명이 참전하여 5천 명이 죽고 1만 명이 부상당한 전쟁. 20세기 후반 세계사의 흐름에 결정적인 영향을 미친 베트남전쟁은 어느 나라보다도 깊게 이 전쟁에 발을 담갔던 한국에서는 근 25년 동안 철저하게 잊혀졌다. 1999년 9월, 『한겨레 21』이라는 시사 주간지가 한국군에 의한 베트남 민간인의 학살 사건을 보도할 때까지. 오랜 기간 국가도 베트남전쟁을, 그 참혹했던 전쟁에 한국군이 대규모로 파견되었던 사실을 기념하지도 기억하지도 않았다.

이 글에서는 미국에 이어 최대 규모의 파병을 단행한 한국에서 베트남전쟁에 대한 기억이 어떻게 지워지고 되살아났는가를 국가의 공식 기억과 참전 군인들의 기억, 그리고 베트남전쟁을 인권과 평화의 관점에서 새롭

* '제7회 역사인식과 동아시아 평화포럼 북경대회'(2008. 11. 6~9)에서 발표한 글.
** 성공회대학교 교양학부 교수.

게 인식하려는 시민운동 진영의 기억 간의 상호작용을 중심으로 살펴볼
것이다.

2. 베트남전에 대한 사회의 기억

한국에서 월남은 '패망'했다. 베트남전쟁에 대한 '공식 기억'이 대중과 만
나는 전쟁기념관의 해외파병실에는 월남이 1975년 4월 '패망'한 것으로 되
어있다. 그것은 통일도 해방도 아니었다. 통일된 베트남이 버젓이 존재하
건만, 지금 한국에 수만 명의 베트남 사람들이 살고 있건만, '월남'은 '패망'
했고, 패배한 전쟁인 '월남전'의 기억은 지워져 버렸다. 박정희는 월남전의
주역들을 서로 다른 이유로 무대에서 제거해 버렸다. 초대 맹호부대 사단
장 윤필용은 포스트 박정희 시대를 거론했다는 이유로 불경죄로 투옥되었
다. 초대 주월 한국군 사령관으로 군 내외의 신망이 두터웠던 채명신 장군
은 예편과 함께 대사로 해외를 전전해야 했다. 2대 주월 한국군 사령관 이
세호는 육군참모총장이 되었지만, 인사비리로 해임되었고, 1980년에는 부
정축재자로 몰려 전두환에 의해 구속되었다. 한국현대사에서 지워져 버린
것은 '월남전'의 기억만이 아니었다. 미국의 편에 서서 대규모 파병을 단행
한 박정희가 죽은 뒤, 전두환이 박정희 없는 박정희 체제를 이끌게 되었
다. 전두환은 박정희의 수법을 모두 이어 받았지만, 박정희의 그림자를 지
우고자 했다. 박정희를 잊고 살기는 민주화 운동 진영도 마찬가지였다. 수
백 명 동포의 학살자들과 싸우기에도 민주진영은 힘이 부쳤기에 죽은 독
재자를 떠올릴 겨를이 없었다.

베트남전 참전 군인들도 목소리를 낼 수 없었다. 사실 전두환, 노태우,
정호용, 장세동, 박세직 등 5공화국의 실세들은 대부분 월남전에 참전했
다. 신군부의 핵심이 되는 하나회의 형성과 발전에는 베트남전 파병을 통

해 선후배 간의 서로 당겨주고 밀어준 인연이 크게 작용했다. 그럼에도 불구하고 신군부는 집권 후 군 선배들을 통제하기 위해 재향군인회 조직을 재편하면서 월남참전 전우회 등을 해체시켜 버렸다. 정치군인이나 고급 장교들 사이의 베트남전에 대한 기억이 정치적 요인에 의해 좌우되었다면, 중간 간부나 일반 병사들의 기억은 한편으로는 반공국가 체제의 공식 이데올로기에 의해, 다른 한편으로는 오일 쇼크와 중동붐과 같은 사회경제적 격변에 의해 큰 영향을 받았다. '월남에서 돌아온 새까만 김상사'라는 노래가 더 이상 불리지 않는 현실 속에서 20대의 젊은 참전 군인들은 개별적으로 사회 속에 흡수되었다. 이들 참전 군인들의 집단적 목소리는 1990년대에 들어서야 고엽제 문제의 공론화 과정을 통해 우리 사회에 다시 등장했다.

체 게바라가 볼리비아로 가기 직전인 1967년 아시아, 아프리카, 라틴아메리카 3대륙연대회의에 보낸 메시지에서 둘, 셋, 또는 더 많은 베트남을 만들자고 호소했던 것처럼 전 세계의 젊은이들은 68혁명이라는 대사건을 일으켰다. 전 세계가 반전평화의 거센 물결에 휩싸였을 때, 대규모 파병을 단행한 한국에서는 베트남전에 대한, 그리고 파병에 대한 반대의 목소리를 거의 들을 수 없었다. 5천 명의 젊은이가 목숨을 잃은 전쟁에 대해 비판적인 입장에서 나온 글이라고는 이영희의 베트남전쟁 외에는 이렇다 할 것이 거의 없다 해도 과언이 아니었다. 한국에서 베트남전쟁에 대한 기억은 문학을 통해 형상화 되었다. 박영한의 『머나먼 쏭바강』(1978), 황석영의 『무기의 그늘』(1984), 안정효의 『하얀 전쟁』(1985), 이상문의 『황색인』(1987) 등은 베트남전쟁을 다룬 대표적인 소설들이다. 이 중에서 『하얀 전쟁』은 1992년 정지영 감독에 의해 영화화 되었는데, 참전 군인의 정신적 상처와 민간인 학살 문제를 다룬 이 영화가 만들어지자 참전 군인들은 영화사를 습격하기도 했다. 이 무렵, 재미 언론인인 김민웅이 『말』지에 베트남전에서 한국군에 의한 민간인 학살 문제를 당시에 간행된 미국 인권단체의 보고서를 인용해 소개하였다가 『말』지 사무실이 흥분한 참전 군인들에 의해 쑥대밭이 되는 소동을 겪기도 했다.

1992년 12월 한국이 베트남과 수교하면서 베트남전쟁에 대한 국가의 공식 기억을 정리해야 할 필요성이 제기되었다. 김영삼 정권은 문민정부를 표방하였으며 집권 초기에 군부 내의 강력한 사조직인 하나회 숙청을 단행하는 등 군과 일정한 긴장관계를 빚었다. 특히 여성인 김숙희 교육부 장관은 국방대학원에서 특강을 하면서 베트남전쟁 당시 한국군의 파병을 '용병'이라고 표현했다가 보수 진영의 강력한 반발을 받아 취임 1주일 만에 물러나야 했다.

이런 소동과 아울러 고엽제 문제가 불거지고 참전 군인들의 행동이 가시화되면서 국가도 뒤늦게나마 베트남전의 공식 기억을 재정리하기 시작했다. 1996년 국방군사연구소는 『월남파병과 국가발전』이라는 책을 펴냈다. 이 책의 제1부는 월남 전쟁과 군사전략을 다뤘고, 제2부는 월남파병과 국가발전으로 한국군의 파병과정과 철군에 대해서 설명한 뒤, 정치·외교·군사·경제 등 각 분야에 걸쳐 한국군의 파병이 어떻게 국가발전에 기여했는가를 설명했고, 제3부 고엽제는 한국의 고엽제 피해에 대해서는 언급하지 않은 채 고엽제의 사용 배경, 독성, 미군과 한국군의 고엽작전을 다뤘다. 이렇게 대한민국은 뒤늦게 베트남 파병에 대한 국가의 공식 기억을 재정리하였지만, 여기에는 고엽제 이외에는 오직 밝은 면만이 있을 뿐이었다.

3. 잊혀진 기억의 성찰과 기억의 대립

베트남전쟁에 대한 국가의 '찬란'한 공식 기억과 대중들의 희미해진 기억이 중대한 도전을 받은 것은 1999년의 일이었다. 이 해 9월 시사주간지

『한겨레 21』은 베트남에서의 한국군에 의한 민간인 학살이라는 충격적인 사건을 보도했다. 후속 보도를 통해 밝혀진 바에 의하면 한국군은 약 80여 건의 민간인 학살을 자행하여 9천여 명의 희생자를 낳았다고 한다. 한국군에 의한 베트남 민간인의 학살이 뜨거운 논쟁점으로 떠오른 1999년 9월이라는 시점은 또한 노근리 사건이라는 한국전쟁 당시 미군에 의한 한국 민간인 학살이 새롭게 밝혀진 때이기도 했다. 두 사건은 후자에서는 한국 사람이 피해자였고 전자에서는 가해자였다는 점에서 극히 대조적인 사건으로 보이지만, 한 발 떨어져서 살펴본다면 동맹군이라 불리는 군대에 의한 주재국 민간인의 학살이라는 점에서 본질적으로 똑같은 사건이다.

이 사건은 베트남전쟁을 경험하지 못한 젊은 세대에게는 충격적일 수밖에 없지만, 1960년대와 70년대를 살았던 사람들에게는 희미한 기억 속에 묻힌 사건들이었다. 다만 그 당시에는 이를 민간인 학살이라 부르지 않았을 뿐이다. 그 시절 이 사건들은 한국군의 무용담으로 우리에게 다가왔다. "한국군은 너무나 용감해서 베트콩들이 감히 건드릴 엄두를 못 낸다. 우리 편이 한 명이라도 다치기만 하면 한국군은 끝까지 쫓아가서 적을 반드시 죽였고 적을 놓치게 되면 인근 마을이라도 반드시 손을 봐주었다"는 식의 이야기는 학교에서, 교회에서, 버스 속에서, 목욕탕에서, 식당에서 등등 어디서나 들을 수 있는 이야기였다. 군사독재 정권 시절의 무용담이었던 이 잊혀진 기억을 민간인 학살이라는 고통스러운 사건으로 정직하게 대면할 수 있었던 것은 아마도 민주화 운동의 경험 때문이었을 것이다. 민간인 학살 기사를 본 독자들은 누가 먼저랄 것 없이 스스로 성금을 보내기 시작했다.

물론 한국사회의 대다수 성원들에게 여전히 베트남전쟁은 잊혀진 전쟁이었다. 아니, 베트남전쟁은 잊혀진 전쟁보다는 직접 겪지 못한 전쟁이었다. 보통의 일본 국민들이 해외에서 일본군이 저지른 만행에 대해 잘 알 수 없었던 것처럼 대다수의 한국 사람들도 한국군이 그런 끔찍한 일을 저질렀다는 사실을 알 수 없었다. 1960년대와 70년대에 한국정부는 '우리는 단 한 번도 남을 침략한 적이 없는 평화를 사랑하는 백의민족'이라고 가르쳤으며, 월남에 파병된 한국 병사들은 활발한 대민 지원 사업을 통해 월남 국민들의 사랑과 신뢰와 존경을 한 몸에 받는 존재라고 선전해댔다. 1940년대 초반 동남아시아로 '진출'한 일본군이 백색제국주의자들의 식민지를 '아시아인에 의한 아시아'로 만들려는 '해방자'였던 것처럼, 베트남에 '진출'한 한국군은 공산침략으로부터 아시아의 우방을 지키려는 '반공십자군'이었다. 이런 이데올로기와 정보통제 때문에 한국 사람들은 한국군이 베트남에서 실제 행한 일을 알 수 없었다. 일본군 '위안부' 문제의 경우 피해 당사자의 증언과 한국에서의 진상규명·사죄·배상요구에 응답하여 일본의 양심세력이 운동을 시작하였다면, 한국에서는 피해 당사자인 베트남 측의 요구가 있기 전에 한국의 시민사회가 진상 규명과 베트남 민간인 피해자들에 대한 사죄를 촉구하는 '미안해요, 베트남' 운동을 벌였다.

한국군에 의한 베트남 민간인 학살 보도는 한국사회 전체를 당혹스럽게 만들었는데, 그중에서도 가장 당혹스러워 했던 집단은 당연히 참전 군인들이었다. 한국군은 연인원 32만 명이 베트남전쟁에 파병되었다고는 하지만, 실제 최일선에서 민간인 학살이 일어나게 되는 수색섬멸작전에 참가한 병사들은 극히 일부에 지나지 않았다. 반공주의, 국가주의가 강력했던 한국에서 많은 참전 군인들에게 베트남 참전이라는 사실은 남들이 높이 평가해 주지 않아서 그렇지 개개인들에게는 자부심의 원천이었다. 그런데 『한겨레21』의 보도가 있고난 뒤 다수의 언론매체와 방송 프로그램이 민간인 학살을 떠들기 시작했고, 급기야는 아들딸이 "아빠도 그랬어?"라고 물어보기 시작했다. 더구나 이 무렵은 베트남전 참전 군인들이 고엽제 피해를 호소하면서 한국과 미국의 법원에 손해배상 소송을 제기하던 때였다. 참전 군인들로서는 피해자로서의 상처와 고통을 호소해야 하는 마당에 갑자기 학살의 가해자라는 감당하기 힘든 부정적인 그림자가 드리운 것이다.

이 같은 상황에 참전 군인들은 강력히 대응하기 시작했다. 2000년 6월 27일 약 4천여 명의 성난 참전 군인들은 최초로, 그리고 끈질기게 민간인 학살에 대해 보도해 온 한겨레신문사를 습격하였다. '미안해요, 베트남' 운동을 전개해 온 베트남전 진실위원회 등 시민단체들도 참전 군인들의 공격목표가 되었다. 2000년 7월 6일 베트남전 진실위원회가 준비한 문화제는 참전 군인들의 방해를 받았으며, 10월의 학술토론회는 참전 군인들이 행사장을 점거하고 관계자들을 폭행하여 행사 자체가 무산되었다. 이런 가운데 2000년 12월 15일에는 베트남전 진실위원회와 참전군인 측을 대표한 한국군사학회의 공동주최로 '한국군의 베트남 참전-그 빛과 그림자'라는 합동토론회가 개최되었다. 이 합동토론회에서 양자 간의 입장 차이는 전혀 좁혀지지 않은 채 팽팽한 대립만이 확인되었다. 국가에 의해 재구성된 공식 기억과 대중들의 망각만이 존재하던 한국 사회에 베트남전쟁에 대한 경쟁하는 기억이 자리 잡게 된 것이다.

베트남전쟁에 대하여 성찰적 기억과 베트남 피해자들에 대한 사죄를 요구하는 시민사회의 목소리가 등장한 것은 이런 저런 이해관계 때문에 분열되어 있던 참전 군인들을 하나로 뭉치게 하여 베트남전참전유공전우회가 결성되었다. 한편 군 당국도 베트남전에 대한 공식기억을 강화할 필요를 절감하였다. 군은 국방군사연구소에 처음으로 베트남전쟁 담당 연구원을 배치하였고, 참전 군인들의 증언을 광범위하게 수집하여 증언집을 간행하였으며, 『한국군과 베트남전쟁』 등 여러 권의 책자를 간행하였다. 참전 군인들에게 한국 사회에서 베트남전쟁이 잊혀진 전쟁이 되어버린 사실은 커다란 소외감을 가져다주었다. 게다가 민간인 학살의 문제가 갑자기 떠오른 것은 이들을 당혹스럽게 만들었다. 이에 참전 군인들은 자신들의 존재감을 부각시키기 위하여 한국의 경제발전에 한국군의 베트남전 참전

이 얼마나 큰 기여를 하였는지를 과장하여 말하기 시작했다. 서울과 부산을 가로지르는 경부고속도로가 파월 장병들의 송금으로 지어졌다고 주장하거나 이른바 '월남특수(越南特需)'의 효과가 500조에 달한다고 주장하는 것은 이런 상실감과 위기감이 복합되어 나타난 것이라 할 수 있다.

한편 '인권 대통령'을 표방한 김대중이 이끄는 한국정부는 군 당국과는 차별화된 대응을 보였다. 김대중 대통령은 베트남전쟁에서의 한국군에 의한 민간인 학살이 공론화되기 이전인 1998년 베트남을 방문하였을 때 한국군의 베트남 파병에 대해 유감을 표명했으며, 공론화 이후인 2001년 8월 트란 득 루엉 베트남 국가주석이 방한하였을 때는 "우리는 불행한 전쟁에 참여해 본의 아니게 베트남 국민들에게 고통을 준 데 대해 미안하게 생각하고 위로의 말씀을 드린다."라고 공식 사과하였다. 이 같은 태도는 김숙희 장관의 '용병' 발언 파문 당시 그를 즉각 경질한 김영삼 정권과는 분명히 구분되는 것이었다. 물론 김대중 정권도 민간인 학살에 대하여 철저한 진상조사를 하거나, 베트남 피해자들에게 정당한 배상을 행한 것은 아니다. 그럼에도 김대중 정권은 공적개발원조(ODA)자금을 통한 간접적인 방식으로 베트남 피해자들에게 조금이나마 다가갔다. 김대중 정권은 민간인 학살이 발생한 약 40여 곳의 마을에 ODA자금을 이용하여 학교를 지었다. 이 학교에 민간인 학살에 대한 사죄라는 공식적인 팻말은 걸리지 않았지만 누구라도 한국정부가 왜 이 지역에 학교를 지었는지는 금방 알 수 있는 일이었다. 그러나 보수 세력과의 타협으로 출범한 김대중 정부는 국내에서 베트남전쟁에 대한 공식 기억을 새로이 만드는 작업을 진행하지는 않았다.

한편, 군사정권에 장악되어 있었던 방송들 역시 방송 민주화 투쟁을 통해 거듭나게 되었다. KBS(한국방송공사), MBC(문화방송), EBS(교육방송) 등은 각각 베트남전에서 한국군에 의한 민간인 학살을 재조명하는 프로그램을 제작, 방송하였다. 특히, 한국 현대사의 이면을 파헤쳐 독특한 입지를 구축한 문화방송의 〈이제는 말할 수 있다〉 프로그램은 '월남에서 돌아온 새까만 김 병장' 특집을 통해 참전 군인들의 실제 모습을 조명했다. 창작 뮤지컬 '블루 사이공' 역시 한국전쟁의 상처와 베트남전쟁의 상처가 무관한 것이 아님을 극적으로 보여주었다. 이 뮤지컬의 대사의 한 구절처럼 월남에서 김 상사가 쏜 총알은 그의 일생을 꿰뚫었다. 그러나 한국 사회는 그 상처를 애써 외면해 왔다. 2005년 베트남 통일 30주년을 맞이하여 평화박물관건립추진위원회(베트남전진실위원회에서 발전적으로 개편된 단체)가 주최한 '정신의학자가 본 전쟁의 상처─베트남전쟁과 한국사회 제1회 심포지엄'은 한국사회에서 최초로 참전 군인들의 '외상 후 스트레스 장애(PTSD)' 문제를 제기했다.

4. 맺음말: 베트남과의 새로운 만남

최근 한국사회가 베트남과 만나는 지점은 국제결혼이다. 한동안 '베트남 처녀와 결혼하세요'라는 펼침막을 도처에서 볼 수 있었다. 많은 경우, '절대 도망 안 감' 등 입에 담기 민망한 내용이 버젓이 붙어있기도 했다. 베트남전쟁 기간 파월 기술자나 군인들과 베트남 여성 사이에 태어난 아이들을 '라이따이한'이라 불렀는데, 1992년 한국과 베트남이 수교한 이후, 이들의 존재는 두 나라에서 뜨거운 문제로 부각되었다. 이들 라이따이한의 문제와는 한국 남성과 베트남 여성 사이에서 태어난 아이들은 21세기 한국사회에서 또 다른 소외를 준비하고 있다. 결혼이주 여성들을 위해서는 이주 노동자 단체나 여성 단체가 많은 프로그램을 운영하고 있으나, 2세 아이들을 위한 프로그램은 평화박물관건립추진위원회가 기획한 '미세스 사이공' 전시회와 '엄마나라 이야기' 등을 제외하고는 거의 없는 것이 현실이다.

분단국가 한국에서 전쟁에 대한 성찰적 인식이 대두하기 시작한 것은 극히 최근의 일이다. 한국전쟁은 여전히 끝나지 않은 전쟁이고, 일본의 한국 침략은 편협한 민족주의적 관점에서 주로 비판되었다. 그러다보니, 한국군의 베트남 파병과 한국군에 의한 베트남 민간인의 학살 사건에 대한 성찰과 반성은 1999년에 가서야 비로소 시작되었다. 규모의 면에서는 차이가 있겠지만, 일본의 한국침략과 한국군의 베트남 파병이 서로 통할 수 있다는 사실에 대한 자각은 아직 한국사회에서 충분히 이루어지고 있다고는 할 수 없다.

전쟁 피해와 평화적 생존권*

나이토 미쓰히로(內藤光博)**

1. 머리말

동서냉전 종결 후 1990년대에 들어와 이른바 '전후 보상 재판'이 진행되면서 전후 보상 문제가 커다란 법적, 정치적 문제가 되고 있다. 일본군 '위안부' 소송, 강제연행·강제노동 소송'으로 대표되는 이러한 소송에는 여러 갈래에 걸쳐 있는 해결 곤란한 법적 논점이 바로 초점이 된다. 특히 전후 보상 문제는 일본군 '위안부' 문제에서 볼 수 있는 바와 같이 국제연합 인권위원회(현재의 인권이사회)에서도 조사, 논의가 진행되어 국제적인 인권 문제로 전 세계가 주목하고 있다. 또한 1960년대 후반에 제기된 이른바 원폭 소송을 시작으로 1970년대 나고야 공습 소송, 2000년대에 들어와 중국 잔류 고아 및 잔류 부인(婦人) 소송, 또한 최근에는 도쿄 대공습과 오사카 공습을 둘러싼 국가 배상 소송이 제기되는 등 일본인 전쟁 피해자도 일본정부에 피해 회복과 사죄를 요구하고 있다.

이러한 전후 보상 재판이 터져 나온 것은 전전(戰前) 일본의 '식민지주의'

---

 * '제8회 역사인식과 동아시아 평화포럼 도쿄대회'(2009. 11. 20~24)에서 발표한 글.
** 일본, 센슈대학(專修大學) 법학부 교수.

에 대한 책임감과 반성의 결여를 보여주는 것임과 동시에 아시아 태평양 전쟁에 대한 '전후 처리'가 충분하지 않다는 것을 나타내는 것으로, 이를 방치해 온 전후 일본정부의 무책임함을 명료하게 드러내는 것이다. 본래 전후 처리 문제는 강화조약에 의해 전쟁 피해자에 대한 피해 회복 및 사죄 등으로 해결을 도모하였다. 그러나 일본정부는 이제까지 이 문제를 법적이건 정치적이건 간에 어느 편으로도 제대로 해결하려고 하지 않았다. 식민지 지배와 침략 전쟁 자체에 대해서도 명확하게 공식 사죄조차 하지 않고 있다.

일본국 헌법 전문(前文) 1항은 "일본 국민은 …정부의 행위로 다시 전쟁의 참화가 일어나지 않도록 결의한다."고 정하고 있다. 여기에서 말하는 '전쟁의 참화'란 일본의 역사적 문맥에서 보면 직접적으로는 아시아 태평양 전쟁(15년 전쟁)에서 일본정부가 국가 정책으로 수행한 침략 전쟁으로 국내외의 사람들이 입은 막대한 전쟁 피해를 가리키는 것이라고 할 수 있다. 또한 일본국 헌법 전문 2항은 "전 세계 국민이 동등하게 공포와 결핍에서 벗어나 평화롭게 생존할 권리가 있는 것을 확인한다."로, 이른바 '평화적 생존권'을 규정하고 '평화'를 '인권'과 결부시키고 있다.

필자는 전후 처리 문제의 근저를 이루고 있는 본질은 일본정부의 억압, 차별, 폭력을 기반으로 한 식민지 지배, 그것과 밀접불가분의 관계에 있는 침략 전쟁의 개시 · 수행 · 결과에 대한 전쟁 책임론이며, 기본적으로 해야 할 것은 식민지 지배와 침략 전쟁에 대한 반성 뒤에 '전 세계인들이 평화롭게 생존할 권리'에 의거하여 모든 전쟁 피해자의 피해 회복에 대한 책임을 다하는 것이라고 생각한다.

이 발표에서는 일본의 전후 보상, 전후 처리 문제에 대해 첫째, 전쟁 피해의 실상을 밝히고 둘째, 일본의 전후 처리로서 전후 보상 문제의 현상과 문제점을 검토하고 마지막으로 일본국 헌법의 평화적 생존권의 시점에서 전후 보상 문제의 법적 해결 논리를 제시하여 동아시아의 평화 보상의 전망을 제시하고자 한다.

2. 일본의 전후 처리 '전후 보상'의 문제

1) 일본정부의 '전후 처리 문제': '피해와 가해의 중층성'론

일본의 전후 처리 문제는 '식민지 지배'와 '침략 전쟁'을 배경으로 하는 '전쟁 책임'의 문제와 불가분의 관계에 있다. 이 점에 대해 역사학자인 이에나가 사부로(家永三郎)는 일본정부의 전쟁 책임을 ① 국제적 책임으로서는 피침략국, 피점령국 사람들에 대한 책임, ② 국내적 책임으로서는 미증유의 심각한 피해를 준 일본 국민에 대한 책임으로 나누고 있다. ①의 국제적 책임은 일본군 '위안부'나 강제 연행되어 노동을 강요받는 등 생명, 건강, 자유를 박탈당하고 정신을 지배당한 옛 식민지, 점령 지역 사람들 및 그 유족에 대한 책임이며, 전후 보상 재판 현재 진행되고 있는 많은 재판을 통해 일본정부의 법적 책임을 묻고 있다. ②의 국내적 책임은 전쟁으로 육체적, 정신적, 재산상의 피해를 입고 현재도 여전히 피해를 회복하지 못한 채 방치되어 있는 일본 국민에 대한 책임이다.

이러한 일본정부의 전쟁 책임에 대해서 역사학자 아라이 신이치(荒井信一)도 '식민지 지배' 및 '침략 전쟁'과 관련된 '피해와 가해의 중층성'이라는 성격을 지적하면서, 식민지 지배와 관련된 과거 청산 및 침략 전쟁으로 피해를 입은 일본 국내외의 피해자에 대한 개인 배상 양쪽을 포함한다고 밝히고 있다.

2) 전후 보상 재판과 동아시아의 민주화, 역사 인식

전후 보상 문제에서 직접적으로 문제가 되는 것은, 물론 일본의 전쟁 범죄로 피해를 입은 아시아 국가의 사람들에 대한 일본정부의 피해 회복(보상이나 배상)과 사죄, 그리고 일본인 전쟁 피해자에 대한 피해 회복과 사죄이다. 그러나 이와 함께 중요한 것은 메이지시대 이후 일본이 취해 온 식민지 지배 및 침략 전쟁에 대한 역사적 책임이다. 즉 근본적으로 당면한 문제는 '일본의 식민지 지배 및 아시아 태평양 전쟁을 어떻게 생각하는가?'라는 역사 인식의 문제인 것이다. 1990년대 후반에 발족한 '새로운 역사 교과서를 만드는 모임'이 2001년 간행한 『새로운 역사교과서』에 대한 문부과학성의 용인과 2000년대에 들어와 고이즈미 준이치로(小泉純一郞) 전 수상의 야스쿠니신사 공식참배 문제 등으로 일본정부의 역사 인식은 국내외로부터 격렬하게 비판을 받았다. 이는 일본의 잘못된 역사인식이 아시아 국가 간 가장 큰 문제라는 것을 이야기해주고 있다.

3. 전쟁 피해의 실상과 평화적 생존권

1) 전후 보상 재판으로 보는 전쟁 피해의 실상

전쟁 피해의 실상은 여러 자료로 알 수 있는데, 전후 보상 재판의 상황도 그중 하나이다. 옛 식민지, 군사 점령지의 사람들 및 연합국 군인, 민간인 전쟁 피해자 그리고 일본의 피해자가 제기하고 있는 전후 보상 재판을 살펴보면 피해의 유형은 다양한데, 비인도적 행위와 학대 행위에 의한 생명의 박탈, 신체와 정신에 대한 침해 행위 및 재산 침해 행위에 대한 배상 청구로 집약된다. 이 점에서 알 수 있는 바와 같이 전쟁 및 무력에 의한 식민지 지배는 궁극적으로 인권 침해 행위라는 점이다. 전후 보상 재판에 나타난 피해 실태를 정리하면 〈표 1〉과 같다.

〈표 1〉 전후 보상 재판의 내용

재판의 성격	재판의 사례
옛 식민지 사람들이 일본정부의 불법 행위에 대해 제기한 손해 배상 청구	• 전 일본군 '위안부'가 일본정부를 상대로 제기한 손해 배상 청구 • 강제 연행, 강제 노동으로 학대 행위를 당한 피해자가 일본정부 및 기업을 상대로 한 손해 배상 청구 • 옛 식민지 출신으로 극동 군사 재판소에 의해 BC급 전범으로 유죄 판결을 받은 사람들의 보상 요구 • 샌프란시스코강화조약에 의해 일본 국적에서 이탈한 조선반도 및 타이완 출신 전 군인, 군속의 보상 청구 • 옛 일본군에 징병, 징용된 한국의 전 군인, 군속과 유족들에 의한 야스쿠니신사 합사 중지 청구와 손해 배상 청구
군사점령지 사람들이나 연합군 포로들에게 범한 불법 행위에 대한 손해 배상 청구	• 난징대학살이나 731부대에 의해 생체 실험을 당한 사람들의 손해 배상 청구 • 옛 일본군이 방치한 독가스 피해에 대한 배상 청구 • 민간인 학살, 학대를 당한 피해자, 유족의 배상 청구 • 강제 연행, 강제 노동으로 학대 행위를 당한 피해자 및 유족의 일본정부 및 민간 기업에 대한 배상, 사죄 청구 • 일본군에 의해 국제법에 위반되는 학대를 당하거나 강제 연행, 강제 노동을 당한 연합군 전 포로의 배상 청구 • 일본군 '위안부'로 끌려간 중국인, 필리핀인과 네덜란드인 여성의 손해 배상 청구 • 미지불 임금, 저금 채권에 대한 청구 • 옛 식민지, 점령지를 불문하고 동원노동자, 이입노동자를 둘러싼 상기의 불법 행위 책임 외의 미지불 임금 청구 소송, 군사 우편 저금의 환불 청구 • 군표에 대한 보상 청구 • 연금, 유족 연금, 부상과 질병 연금 등의 청구 • 옛 식민지 출신의 전 일본병사, 군속 혹은 그 유족의 연금, 전상병자(戰傷病者) 전몰자 원호법 상의 연금, 일시금 수급 청구
일본 국민들이 국가를 상대로 한 배상 청구 소송	• 미국 원폭 투하의 국제법 위반 확인과 국가의 피해 방치 책임에 대한 국가 배상 청구 • 중국 잔류 고아의 유기 책임과 생활 보장에 관한 입법부작위에 대한 국가 배상 청구 • 중국 잔류 부인의 유기 책임과 생활 보장에 관한 입법부작위에 대한 국가 배상 청구 • 미국의 도쿄(오사카) 대공습에 대한 국가법 위반의 확인과 피해 방치 책임에 대한 국가배상 청구

2) 전쟁 피해의 본질: '평화적 생존권' 침해

이러한 피해 상황을 종합적으로 살펴봤을 때, 전쟁 피해자는 일본정부의 전쟁 정책이 불러일으킨 귀결인 공중 폭격 등으로 인한 무차별 학살과 재산 소실, 일본군 '위안부'(성적 노예)의 강제 연행, 노동 강요, 일상생활에서는 생각할 수 없는 생명의 박탈, 신체와 정신의 손상, 재산과 가족의 상실, 그리고 지역사회의 파괴 등 인간으로서 유지해야 할 문화적이고 건강한 생존을 확보하는 데 필요한 기반을 잃었다. 또한 전후에도 일본정부가 책임 있는 입법조치나 행정조치를 취해서 피해를 회복시키려고 하지 않음으로써 '평화 속에서 살 권리'를 빼앗겼다고 생각된다. 이러한 점은 '인간으로서의 존엄'을 유린하는 것이며 '궁극적인 인간침해행위'라고 할 수 있다. 구체적 피해 내용은 〈표 2〉와 같이 정리할 수 있다.

〈표 2〉 전쟁 피해의 내용

피해의 성격	피해의 내용
생명, 신체, 정신에 대한 침해와 '인간으로서의 존엄' 유린	직접적으로 전쟁 피해자는 생명을 빼앗기고 신체 및 정신에 장애를 입어 인간으로서의 존엄이 짓밟혔다. 대다수의 피해자는 전후에도 계속하여 신체장애와 정신 피해로 고통 받고 있다.
생존 기반의 소실	전쟁은 생존 기반을 소실시켰다. (a) 재산 파괴와 소실 　전쟁은 피해자의 생존 기반인 가옥을 비롯하여 재산을 파괴, 소실시켜 생활의 기반을 빼앗았다. (b) 가족의 죽음 　전쟁은 사람들로부터 가족을 빼앗았다. 특히 부모를 잃은 아이들은 전쟁고아가 되어 생존 기반과 교육 받을 기회를 빼앗겼다. (c) 마을 소실 　전쟁은 마을을 파괴했다. 이 점은 생존을 확보하는 데 불가결한 공동체(커뮤니티)의 붕괴를 의미한다.
피해의 계속	전전 일본 제국 정부가 일으킨 전쟁 정책의 결과인 전쟁 피해는 전후에도 일본정부에 의해 권리 회복이 도모되지 않고 계속 방치되어 물적 피해와 정신적 고통이 계속되고 있으며 인간의 존엄이 짓밟히고 있다.

4. 전쟁 피해 회복과 평화적 생존권론

1) 헌법의 역사적 해석과 '과거 청산'

독일의 법학자인 베른하르트 슐링크(Bernhard Schlink)는 '법에 의한 과거의 극복'은 가능하지만 '법은 상기 및 망각에 의한 과거의 극복을 위해 갖추어져 있는 도구성'을 가진다고 했다. 즉 법은 '과거의 망각'이나 '과거의 상기'에 의해 과거의 극복을 이루는 기능을 한다는 것이다.

필자는 법이라는 것이 본래 과거의 과오를 '상기'하고 이를 바로 잡아 마땅히 있어야 할 사회의 미래상을 제시하는 것이라고 생각한다. 헌법 또한 역사의 소산으로, 언제나 역사 속에서 그 의미를 검증할 필요가 있다. 전후 60년을 지나는 오늘날, 도쿄 재판에서 재판 받을 일이 없었던 식민지 지배 및 침략 전쟁에서의 반인도, 반인권 행위(인도에 대한 죄)가 명확해짐에 따라 일본의 전쟁 책임에 대한 불충분한 태도와 전후 보상 문제에 대한 헌법학 시점의 결핍이 명료해졌다. 일본은 패전으로 인해, 메이지 헌법에서 일본국 헌법으로 개정될 당시 당연히 이러한 역사적 과오를 극복하고 평화로운 사회를 구축하는 것이 최대의 과제였을 것이다. 이 점은 일본국 헌법 전문이 '인류 보편 원리'로서의 민주주의와 자유의 가치를 호소하고, 무엇보다도 제9조와 함께 '전 세계의 국민이 평화롭게 생존할 권리'를 확인한 것에 명확히 드러나 있다.

2) 헌법 전문의 역사적 규범으로서의 의미와 '과거 청산'

이러한 관점에서 일본국 헌법의 제정에 이르는 역사적 과정은 다음과 같이 이해할 수 있다. 일본국 헌법 전문은 직접적으로는 포츠담 선언의 취지에 따라 제정되었다. 전후 책임이라는 관점에서 보면, 포츠담 선언 수락으로 일본은 카이로 선언의 내용을 이행할 의무를 짐과 동시에 전쟁 범죄인의 엄중 처벌(전쟁 책임의 추구)을 받아들인 것이다. 더욱이 카이로 선언은 '일본의 침략행위로 획득한 영토에 대한 원상회복', '조선인민을 노예상태에서 해방'을 선언했다. 식민지의 원상회복과 식민지 사람들의 인신해방의 의무를 구체적으로 일본에 부과한 것이다.

　일본국 헌법 전문은 이러한 일본의 전쟁 책임과 평화로운 국제 사회 구축의 책무를 명확히 했다. 특히 일본 국민은 '정부의 행위로 다시 전쟁의 참화가 일어나지 않도록 결의하고,'(제1단) '전제와 예종, 압박과 편협을 지상에서 영원히 제거하기 위해 노력하여 국제 사회에서 명예 있는 지위를 점하고자 한다', '전 세계의 국민이 모두 공포와 결핍에서 벗어나 평화롭게 생존할 권리를 갖는다는 것을 확인한다'(제2단)로 되어 있는 점에서 명확히 드러난다. 이러한 전문의 규범적 내용은 일본이 초래한 과거의 '전쟁참화', 즉 식민지지배에 의한 강압 정치와 카이로 선언에서 말하는 '조선인민의 노예상태'를 비롯해 중국(타이완), 그 외 아시아인들에 대한 노예적 강제와 전제적 지배로 많은 사람들의 생명을 빼앗고 신체에 상해를 입혔으며 재산을 빼앗고 막대한 정신적 고통을 준 점에 반성하고 과거의 희생자에 대한 사죄와 배상을 당연히 해야 하는 것, 즉 '전후 보상 수행 의무'를 요청하고 있다고 보아야 할 것이다.

　필자는 이러한 일본국 헌법에 담겨있는 역사관을 '평화헌법사관'이라고 부른다. 일본국 헌법 전문이 요구하고 있는 것은 이러한 '전쟁의 참화'가 초래한 국제법 위반 행위를 포함한 개인의 인권 침해에 대해 성실하게 보상을 하는 것이며, 국회는 일본국 헌법 전문에 의거하여 전후 보상 입법의 책무를 지는 것이라고 해야 할 것이다.

　필자는 전후 보상 문제는 재판에 의한 개별적 해결로는 한계가 있다고 생각한다. 모든 전쟁 피해자에게 피해 회복을 도모하는 법률을 제정하는 것으로만 전후 보상 문제는 해결할 수 있다.

전쟁 피해자에 대한 피해 회복의 근거가 되는 것은 평화적 생존권이다. 평화적 생존권이 생겨난 역사적 배경으로는 다음과 같은 요인을 들 수 있다.

첫째, 전쟁 형태의 변화가 있었다. 20세기 두 번의 세계 대전을 통해 '총력전 체제'가 확립되었다. 전투인력과 일반 시민을 막론하고 모든 사람들이 직접, 간접적으로 전쟁을 수행하는 데 관련이 되고 모든 물적 자원이 전쟁에 투입되었다. 이러한 전쟁에 의한 피해가 일반 시민을 휘말리게 해, 1929년 발효된 파리부전조약과 1945년 발효된 UN헌장은 원칙적으로 전쟁을 위법화하고 평화의 유지와 실현을 목적으로 제정되었다. 이러한 역사적 배경이 평화적 생존권 성립에 큰 영향을 준 것이다.

둘째로는 평화와 인권의 밀접불가분한 관계이다. 평화가 없는 전쟁 상태하에서는 국민의 인권이 보장될 리 없다. 평화를 유지하는 것은 다른 여러 인권을 누리기 위한 필수 전제라고 해도 좋을 것이다. 일본국 헌법 전문의 평화적 생존권 조항의 참고가 된, 1941년에 처칠(Winston Leonard Spencer Churchil)과 루즈벨트(Franklin Delano Roosevelt) 간에 조인된 '대서양헌장(Atlantic Charter)'에도 "나치 폭정의 최종적 파괴 후 양자는 모든 국민에 대해 각자의 국경 내에서 안전하게 거주할 수 있게 하며 또한 모든 국가의 모든 인류가 공포 및 결핍에서 해방되어 그 생명 보존을 보장하는 평화가 확립되기를 희망한다"라고 호소하고 있어 평화와 인권의 밀접불가분한 관계를 살펴볼 수 있다. 그러나 평화적 생존권이 인권이라고 할 수 있을 정도로 명확한 내용을 가지고 있는가하는 점이 일본의 판례에서는 부정적인 견해가 나오고 있다. 그 이유는 '평화'라는 문구 자체가 추상적이며 무엇을 가지고 '평화적 생존'인지가 명확하지 않기 때문에 평화적 생존권의 권리 내용도 명확히 할 수 없다는 것이다.

이에 반해 유력한 헌법학설에서는 일본국 헌법 전문의 "전 세계의 국민이 평화롭게 생존할 권리를 가지는 것을 확인한다"(제3항)는 말을 기초로,

헌법 9조와 개인의 존중을 규정하는 13조를 매개로 평화주의의 관점에서 평화의 내용을 명확히 하여 구체적 권리로 파악하는 견해가 유력하게 주장되고 있다. 즉 평화주의에서 말하는 '평화'란 일본국 헌법에 있는 '모든 전쟁의 포기와 모든 전력을 유지하지 않는 것'을 구체적 내용으로 하기 때문에, 평화적 생존권이란 '전쟁과 군대가 일체 없는 또는 이러한 것에 의한 구속과 강제가 일체 없는 상태로 평화롭게 생존하며 생활할 수 있는 권리'로 정의할 수 있다는 것이다.

또한 평화적 생존권의 재판 규범으로서 구체적 권리성을 인정한 최근의 판례로는 2008년 4월 17일에 판결된 이른바 '자위대 이라크 파견 위헌 소송' 나고야 고등법원의 판결이 있다. 이 판결에서는 '평화적 생존권은 모든 기본적 인권의 기초이며 그 향유를 가능하게 하는 근본적 권리이다. 헌법 전문이 '평화롭게 생존할 권리'를 명언하고 있는 데다 헌법 9조가 국가의 행위 측에서 객관적 제도로 전쟁 포기와 전력 불보유를 규정하고, 나아가 인격권을 규정하는 헌법 13조를 비롯해 헌법 제3장이 개별적인 기본적 인권을 규정하고 있는 점으로 볼 때 평화적 생존권은 헌법상의 법적인 권리로서 인정해야 한다'라며 직접적으로 평화적 생존권의 구체적 권리성을 인정하고 있다.

필자는 이러한 학설 판례의 견해를 지지하면서도, 나아가 평화적 생존권은 전술한 헌법 전문의 역사적 규범 해석을 통해 식민지 지배와 침략 전쟁의 반성 위에 일본정부에게 전후 처리, 전후 보상의 책임을 부과한 것이라고 생각한다. 이에 의거하여 전후 일본국 헌법하에서도 전전 일본의 전쟁 정책으로 피해를 입은 모든 사람들이 침해된 생존을 확보할 권리의 회복 요구권을 포함하는 것이라고 이해한다. 따라서 필자는 평화적 생존권에 의거하여 국내외의 모든 일반 시민의 전쟁 피해자에 대한 피해 회복 조치를 강구하는 책임이 일본정부에 부과되었다고 생각한다.

5. 맺음말: 진정한 화해와 아시아의 평화 보장을 목표로

이제까지 서술한 바와 같이 일본정부는 '전후 책임'의 관점에서 일본국 헌법 전문의 역사적 규범적 의미를 고려하여 모든 전후 보상 문제를 아우르며 응당한 보상 지불과 사죄를 내용으로 하는 포괄적인 '전후 보상법'을 제정할 의무를 지고 있다고 생각한다. 전쟁 피해자들은 이미 고령이며 실로 시간과의 싸움이 되고 있다. 또한 재판소도 이제까지 서술해 온 취지에 따라 적극적인 판단을 해야만 한다. 그러나 '전후 책임'의 관점에서 보는 전후 보상 문제 해결은 이것만으로는 끝나지 않는다. 전후 보상 문제가 제기하고 있는 핵심은 식민지 지배 및 침략 전쟁이 사람들의 생명을 빼앗고 신체에 상해를 입히고 재산을 빼앗고 가족을 붕괴시키며 민족과 여성에 대한 차별과 박해를 노골적으로 일으키는 궁극적인 인권 침해 행위라는 점이다. 일본국 헌법의 평화주의는 이러한 전쟁과 식민지 지배의 부정을 그 기초에 두며, 헌법 전문은 전 세계 국민의 평화적 생존권을 보장하고 있다. '평화 보장은 현대 세계에서 자유와 안전의 제1조건이며 이러한 의미에서 평화권은 다른 모든 인권과 세트가 되어 항상 실현되어야만 하는' 권리라고 할 수 있다.

이처럼 생각하면 전후 보상 문제 해결을 위해서는 금전적 배상과 사죄뿐만 아니라 인권 침해 행위인 전쟁의 철저한 부정과 과거 과오의 검증, 전쟁 피해자의 모든 면에서의 보살핌, 그리고 미래에 같은 과오를 거듭하지 않기 위한 수단을 구축할 필요가 있다. 더 구체적으로 일본정부는 모든 전쟁 피해의 실태를 가급적 빠르게 조사하여 공표하고, 피해자의 육체적, 정신적 장애에 대한 회복(rehabilitation) 조치를 강구해야 한다. 나아가 후세를 위한 교육, 특히 역사교육 및 헌법교육에서 과거의 식민지 지배와 침략 전쟁에 의한 가해 행위와 책임을 명확히 하고, 다시는 이와 같은 잘못을 저질러서는 안 된다는 것을 가르쳐야 한다. 이처럼 과거를 상기하고 전

쟁 책임을 기초로 전후 보상 문제를 해결하는 모습이야말로 식민지 지배
와 침략 전쟁과 같은 역사적 과오를 극복하는 동시에 아시아 각국과의 진
정한 화해를 불러오고 신뢰 관계를 구축하는 것으로 이어지며, 장래 아시
아의 평화 보장 시스템 구축을 위한 기본 조건이 될 것이다.

【참고문헌】

家永三郎,『戦争責任』, 東京: 岩波現代文庫, 2002.

山内敏弘,『平和憲法の理論』, 東京: 日本評論社, 1992.

小林直樹,『現代基本格の展開』, 東京: 岩波書店, 1976.

内藤光博, 「日本の戦後補償問題と日本国憲法の平和主義の原理－重慶大爆撃賠償請求訴訟における日本政府の賠償責任について」, 『法學論叢』37(2), 檀園大學校附設法學研究所, 2013.

内藤光博, 「中国残留婦人国倍訴訟における立法不作為違憲論」, 『専修法学論集』99, 専修大学法学会, 2007.

内藤光博, 「戦争被害受忍論と平和主義の原理－戦争被害に対する憲法的補償に関する一考察」, 『専修法学論集』11, 専修大学法学会, 2012.

内藤光博, 「戦争被害と平和的生存権の法理－東京大空襲訴訟東京地裁判決(2009年 12月 14日)をもとに」, 浦田一郎ほか(編), 『立憲平和主義と憲法理論: 山内敏弘先生古稀記念論文集』 수록, 東京: 法律文化社, 2010.

内藤光博, 「戦後責任・戦後補償と日本国憲法－平和主義の原理からの考察」, 『世界憲法研究(小林直樹教授80周年生誕記念号)』6, 国際憲法学会韓国支部, 2001.

内藤光博, 「戦後処理問題と憲法学の課題」, 全国憲法研究会(編), 『憲法問題』18, 東京: 三省堂, 2007.

内藤光博, 「『従軍慰安婦』問題と平和主義の原理－関釜裁判一審(山口地裁下関支部) 判決をめぐって」, 専修大学法学研究所紀要『公法の諸問題』Ⅴ 수록, 専修大学法学会, 2000.

内藤光博・古川純, 『東北アジアの法と政治』, 東京: 専修大学出版局, 2005.

内藤光博ほか(編), 「日本の植民地支配の実態と過去の清算－東アジアの平和と共生に向けて」, 『ICU21世紀COEシリーズ』8, 東京: 風行社, 2010.

内線光博, 「空襲被災と憲法的補償――東京大空襲訴訟における被災者救済の憲法論」, 『専修法学論集』106, 2009.

荒井信一, 『戦争責任論─現代史からの問い』, 東京: 岩波書店, 2005.

Mitsuhiro NAITO "Postwar Compensation Trial and the Japanese Constitution: Peace, Human Rights of Asia and WarResponsibility of Japan", in SungNak－in(ed.), *Constitutionalism and Constitutional Adjudication in Asia,* College of Law, Seoul National University Korea Legislation Research Institute, Seoul, Republic of Korea, 2005.

ベルンハルト・シュリンク岩淵達治・藤倉王手子・中村昌子・岩井智子訳),『過去の責
任と現在の賀任－ドイツの場合』, 東京: 岩波性店, 2005.

난징대학살기념관의 전쟁기억과 평화 구축*

진준봉(陈俊峰)**

1. 머리말

  기념관은 역사상 중대한 역사사건 또는 역사인물을 기념하는 주제 박물관이다. 역사기억을 전승하고, 인격을 도야하고, 미래의 교육기구를 계발하며, 역사·문화교육과 평화이념 전파를 일체로 하는 중요한 장소이기도 하다. 특히 전쟁별 기념관은 역사교훈을 기억하고 평화교육을 진행하는 면에서 상당히 중요하며 대체할 수 없는 지위와 작용을 갖고 있다. 난징에 건립된 침화일군난징대학살우난동포기념관(侵华日军南京大屠杀遇难同胞纪念馆, 이하 '난징대학살기념관'으로 칭함)은 일본군이 난징을 점령한 후 저지른 방화, 살육, 간음, 약탈 등 갖은 폭행을 주제로 하고 있는 전시관이다. 건립 20여 년 이래, 난징대학살기념관은 지난날의 경험을 오늘의 교훈

---

* '제8회 역사인식과 동아시아 평화포럼 도쿄대회'(2009. 11. 20~24)에서 발표한 글. 이 글의 원래 제목은 '침화일군난징대학살우난동포기념관(侵华日军南京大屠杀遇难同胞纪念馆)이 전쟁기억과 평화구축에서 차지하는 지위와 작용'이다. 침화일군난징대학사우난동포기념관이 정식 명칭이지만, 한국에서는 흔히 부르는 '난징대학살기념관'으로 줄이고 제목도 조정하였다(편집자).
** 침화일군난징대학살우난동포기념관 부관장.

으로 하여 사람들에게 전쟁의 재난을 보여주고, 평화이념을 전파하고, 전쟁기억과 평화구축에서 훌륭한 역할을 하고 있으며, 중국 평화박물관에서 중요한 지위를 차지하고 있다.

2. 난징대학살기념관에 전시된 '전쟁'

역사를 회고해보면, 중국인민의 항일전쟁에 대한 기억은 치열하게 항전을 전개했던 당시와 항전이 최종 승리를 거둔 후를 가릴 것 없이 기록문학, 시가, 소설과 기타 양식의 문예작품 또는 유적지, 박물관, 기념관 등 다양한 형식을 통해 전해진다. 이러한 기억 매체들은 모든 사람들에게 중화민족의 영웅 아들딸들이 국가의 멸망을 위기에서 구하기 위해 불물을 가리지 않고 뛰어든 감동적이고 눈물겨운 사적을 보여주고 있으며 전쟁 연간의 삶과 심리상태, 전쟁의 고난과 당사자 및 뒷사람의 마음의 상처를 담고 있다. 기념관은 이런 기억을 저장하는 데 적합한 장소 중 하나로 중요한 역할을 담당하고 있다.

1930~40년대 일본은 전 세계에 걸친 전략적 이익을 실현하기 위해 미리 정한 작전 방침에 따라 중국을 침략했다. 청일전쟁 이후의 위세를 바탕으로 1931년 9월 정식으로 중국 동북삼성을 침공해서 중국 땅을 병탄한 것을 시작으로, 1937년 7월에는 전면적인 중일전쟁을 일으켜 전쟁을 격화시켰다. 1937년 12월 13일 일본군은 당시 중화민국의 수도인 난징을 공격해서 점령했다. 이어 6주간에 걸쳐 난징에 대한 방화, 살육, 강간, 약탈 등의 폭행을 시작하여 30만 명에 달하는 난징 인민이 희생되고 헤아릴 수 없이 많은 진귀한 보물들이 훼손되었으며, 수만 명의 여성들이 비참하게 유린당하는 등 난징은 거대한 손실과 끝없는 고통을 받았다. 난징대학살은 일본이 중국에서 저지른 폭행 중에서도 가장 전형적이고 집중적이며 엄중했

던 대표적 사례이다. 전쟁기억의 저장체의 하나로서, 난징대학살의 피난
자들을 애도하고 세상 사람들에게 역사의 교훈을 얻게 하고 평화를 소중
히 여기고 미래를 열기 위해 난징대학살기념관은 1985년 8월에 정식으로
세워져 문을 열었다. 그 후 1994년부터 1995년까지, 2005년부터 2007년까
지 확장을 거쳤으며, 신관은 2007년 12월 13일, 난징대학살로 30만 명 살해
70주년에 세워져 문을 열었다. 난징대학살기념관은 현재 지면 면적 약 7.4
만 평방미터, 건축면적 2.5만 평방미터, 전시면적은 1만 2천 평방미터에 달
한다. 기념관은 기능별로 전시구역, 유적추모구역, 평화공원구역과 소장
교류구의 4개 구역으로 나뉘며, 이것이 모여서 난징대학살이라는 엄청난
참사의 기념물을 유적형 박물관이다.

　난징대학살기념관은 두개의 큰 역사자료 전시실이 가지고 있다. 그중의
하나는 주요 전시실로 2개의 큰 전시를 한다. 하나는 '인류의 재앙－침화
일군난징대학살 역사사실 전람'으로, 기념관의 가장 기본적인 전시이다.
시간 순서에 따라 상하이8·13송호(淞沪)항전,[1] 난징보위전부터 난징 함
락까지, 난징폭행, 난징안전구역, 일본군이 시체를 훼손하여 증거를 없애
고 자선단체가 시체를 묻는 것, 특별재판이었던 도쿄재판과 난징재판, 마
지막으로 이에 대한 역사연구와 증인의 증언까지 모두 강력한 실증성을
가진 사료를 전시하고, 현대적 진열수단으로 이를 보충함으로써 일본군이
난징에서 행한 죄행을 폭로하고 세상 사람들에게 전쟁이 인민에게 준 재
난과 고통을 알리고 있다.

　두 번째 전시는 '승리 1945'로, 일본이 중국의 타이완을 침공해서 점령한
사건을 시작으로 해서 일본의 중국 대륙 70년침략사를 보여주고, 마지막

---

[1] 중·일전쟁 초기 상하이 일대에서 벌어진 대규모 전투. 상하이에 상륙하려는 일본군에
　맞서 중국군은 참호전을 전개하였다. 일본군은 2배 이상의 중국군을 물리쳤으나, 예상
　외로 거센 중국군의 저항으로 지원병을 투입해야 했으며, 상당한 병력 손실을 보았다.
　이 전투로 3개월이라는 짧은 기간 안에 중국 대륙 전체를 장악하려는 일본군의 계획이
　달성되기 어려움이 확인되었다. (편집자 주)

에는 일본의 패전부터 중일국교정상화까지 역사가 전시되어 있다. 전시는 선별적으로 일본군의 중국에 대한 무차별 폭격, 세균전, 화학전, 노동자와 농민의 강제 노역, 강제위안부, 대학살 등의 죄행을 분류하여 전시함으로 써 일본군이 저지른 전쟁 폭행을 상세히 보여주고 전쟁의 죄악을 낱낱이 열거하고 평화와 미래를 노래하였다.

다른 또 한 전시실의 중요한 기능은 기획 전시로 중요한 임시 전시 업무를 맡고 있다. 현재까지 '청소년평화서예전', '철도유격대전', '아버지대의 전쟁', '일본 만화가 100명이 그린 8·15' 등 전쟁과 평화를 주제로 하는 전시회를 열었다.

전시실 안의 전시 외에 기념관 주제전시를 보충하고 구체화하기 위해 야외전시도 하고 있다. 예를 들어 기념관 입구는 조각상 광장으로 높이 11미터에 달하는 '집과 가족을 잃다'는 조각물과 8개의 '시민조난'과 '원혼의 납함' 동상으로 구성되어 있다. 조각상의 형상은 중국 인민이 전쟁의 위협으로 집을 잃고 떠돌아다니고, 가족이 뿔뿔이 헤어지고, 가정이 풍비박산나는 차마 눈뜨고 볼 수 없는 처참한 생활과 생존상태를 깊이 보여준다. 전시집회구역에는 영어, 중국어, 일본어 등 12가지 문자로 새겨있는 '조난자 300000'이라는 재난의 벽과 난징대학살의 발생 시각을 나타내는 표지 비석이 있다.

유적추모구역에는 '고성(古城)의 재난'이라는 대형 조합 조각상, '역사 증인의 발자국'이라는 구리로 만든 길, '폭설'이라는 구리로 만든 시비의 벽, '만인갱' 유적 등이 있다. 이런 전시물은 모두 전쟁의 재난을 보여주고 기억하게 한다. 마지막으로 평화공원구역에는 자금초 화원, 일본의 벗들이 심은 나무들과 평화의 나무, 신드버그(Sindberg) 장미원[2] 등이 있다. 이

---

2) 베른하르트 아르프 신드버그(Bernhard Arp Sindberg)는 난징대학살 당시 시멘트 공장을 운영하던 덴마크인이다. 신드버그는 자신의 공장에 피난처를 만들고 덴마크 국가를 문에 걸어 일본군의 출입을 막음으로써 1만여 명의 중국인들을 구했다. 장미 육종사였던

들 전시물들은 평화로운 환경을 정착시키는 것이 인류생활에서 중요한 의의를 가지고 있음을 나타낸다.

여기에서 침략전쟁의 역사가 밝혀지고 비판되었으며 중국인민의 비참한 경력이 상세하게 묘사되었다. 예를 들어 부모를 잃어 절반 무너진 벽 아래에 홀로 서서 크게 울고 있는 어린 아이의 사진, 눈앞에서 금방 숨진 남편의 시체를 안고 통곡하는 부녀, 이 모든 것은 관람자들에게 전쟁이 사람들에게 주는 고통을 보여주며 사람들이 전쟁의 거대한 파괴력을 더욱 철저히 이해할 수 있게 돕는다. 관람자 중 한 사람인 주씨는 이렇게 썼다. "지금은 평화와 발전은 시대의 주된 멜로디가 되었지만, 난징대학살은 중국 인민에게 거대한 상처를 남겼다. 전 세계 인민이 모두 함께 인류의 평화를 소중히 여기고 사랑했으면 좋겠다." 청해에서 온 관람객은 다음과 같이 썼다. "우리는 할 수 있을 것이다. 될수록 역사의 비극이 재연하지 않게끔 갖은 노력을 다하면…" 이러한 메시지는 많고도 많았다. 관람객들이 기념관을 관람한 후의 소감과 난징기념관의 전시가 전쟁을 기억하고 미래를 계발하는 데 중요한 역할을 하고 있다는 것을 알 수 있다.

3. 난징대학살기념관 건축 중의 '전쟁'

난징대학살기념관은 역사자료를 진열하는 데 공정하고 엄밀한 자세를 견지하고 있으며 전쟁과 역사를 객관적으로 전시해서 평화와 미래를 보여주고 있다. 건축언어에서 보면 진열 주제를 잘 포괄하고 있는 것도 찬탄을 받을 만하다.

조카 메리슨 앤더슨은 신드버그를 기념하기 위해 2004년 노란색의 새로운 장미꽃 품종을 개발했다. 노란색은 덴마크에서 용기를 상징하기 때문이었다. 이 장미꽃의 품종명은 '영원한 난징, 신드버그 장미(Nanjing Forever, Sindberg Rose)이다. (편집자 주)

기념관의 전체 용지는 7만 4천 평방미터인데, 주요하게는 주체기념관과 평화공원 두 부분으로 나뉜다. 제2차 세계대전의 역사에서 심원한 영향과 특별한 의의를 가지고 있는 난징대학살 사건을 기념관은 훌륭하게 넘어서서 역사로 접하고 했으며, 전시실은 비극적 해석을 화합으로 얼싸안음으로써 마무리에서는 전쟁, 살육, 평화라는 3개 개념을 조합하였다. 동쪽에서 서쪽의 순서로 '잘려진 칼', '죽음의 마당', '칼을 쟁기를 만든다'는 3개 공간이 조성되어 있는데, 이들 공간은 서로 구분이 되면서도 호응을 이룬다는 것을 건축상으로 풍자하고 있다. 난징대학살기념관은 난징 강동구 지구에 위치하고 있는데, 역사적으로 난징대학살이 일어난 유적지 중의 하나이다. 좁고 긴 지형은 긴 칼과 같은 모양이어서 건축은 '군용 칼'의 의미를 가지고 있어서 당시 일본군이 중국에서 저지른 극에 달하는 죄와 우연히 잘 들어맞는다. '죽음의 마당'에 있는 자갈과 고목은 죽음을 상징하고 생명의 흔적을 찾아볼 수 없다. 보기만 해도 몸서리쳐지는 새로 만든 만인갱 유적은 사람들로 하여금 이 땅에서 일어난 비참한 역사의 기억을 불러일으키고 있다. 평화공원은 중국의 고사에 나오는 '칼을 쟁기로 만든다'는 기념비로 마지막 말을 하고 있는데, 세계 평화를 바라는 중국 인민의 아름다운 소망을 표현하였다.

기념관의 건축은 길고 높은 벽, 찢어진 건축 형태, 건축 재료의 강렬한 대비, 거칠은 지면, 천천히 흘러가는 물 등의 공간 어휘로 '도성(屠城)', '살육', '평화의 갈망'이라는 공간의 의미를 나타내고 있다. 난징대학살기념관 전시실의 관람과 해독을 통해 현재 사람들의 역사적 사고를 표현하고 역사를 돌이켜 보는 것뿐 아니라 사망자의 영혼을 추모하고 살아있는 사람들의 슬픈 마음을 의지하며 평화를 바라는 사람들의 소망을 드러냈다. 많은 관람객들은 전시실에 들어서는 순간 모두 해당 전시실이 표현하고 있는 건축의 의미와 공간 구성에 감동하게 된다. 특히 기념관 동쪽에 있는 집회광장은 눈에 보이는 곳 모두 자갈이 깔려 있어 전쟁이 인류에게 주는 죽음의 함의를 더욱 쉽게 이해할 수 있게 한다. 전쟁과 죽음을 체현하고 평화공원구역에 들어서면 눈앞이 환해지는 듯하여 더욱 평화를 소중하게 여기고 전쟁을 반대하는 마음이 배로 된다.

이 때문에, 난징기념관은 건축언어상으로도 전쟁역사의 기억과 평화로운 미래를 일깨우는 데 효과적이며 또한 성공적인 것이다.

4. 난징대학살기념관이 구축한 '평화'

난징대학살기념관이 역사를 진열하고 고난을 전시하는 것은 외적 모습이나 과정에 지나지 않는다. 그 한층 깊은 의미는 우리들의 사고를 진일보 계발하여 어떻게 전쟁의 비극이 재연되는 것을 피하고 평화로운 미래를 구축할 수 있는가 하는 데 있는데, 이것이 진정한 중점이다. 몇 년 동안 기념관은 역사를 위한 역사가 아니라 끊임없이 새로운 전시를 하고 기념관의 주제를 전파하는 것을 풍부하게 하고 이성적인 사고를 통하여 평화로운 세계를 구축하기 위해 온갖 힘을 다하고 있다.

1) 역사대비를 통해 전쟁이 인류한테 가져온 상처를 밝히다

아름다운 난징의 여태껏 강남의 진주이며 인간에게 안락한 곳이었다. 그러나 침화 일본군의 야만적인 학살 때문에 1937년 말 아름다운 고성인 난징은 인간지옥이 되었고 30만 명 이상의 무고한 중국인민이 6주라는 짧은 시간 안에 일본군의 총구 아래 생명을 잃고 말았다. 일본군은 학살이나 폭행과 함께 건물을 마구 불태우고 부녀를 간음하며 재물을 약탈하여 난징과 중국 인민에게 거대한 손실과 재난을 가져다주었다. 아름다운 난징과 전란 후 난징을 기념관에 전시하고 그 강렬한 대비를 통해 전쟁이 그 속에 가지고 있는 파괴 작용과 역량을 보여주고 있다. 이런 직관적인 대비를 통해 관람자들로 하여금 전쟁이 인류에 미친 상처를 직접적으로 이해하게 하고 평화구축의 사상적 기초를 마련해주었다.

2) 역사사실의 전파를 통해 평화이념의 인식을 확대

난징기념관의 역사사실 진열은 객관적이고 냉정하며 전시언어상 차분하고 공정하게 써 있고 역사 사실의 묘사하는 데 감정적인 색채를 띠고 있지 않다. 전쟁의 고통과 재난 및 항일전쟁의 승리에 대하여 극심한 고통이나 마음속에서 우러나오는 희열을 다시 서술하는 것이 아니라 전쟁을 반성하고 인류의 재난을 돌이켜 사색하게 한다. 한 민족이 다른 한 민족에게 얼마나 많은 상처를 가져다주었는지 돌이켜 생각하는 것뿐이 아니라 수많은 생명이 희생된 인류의 고통 앞에서 하는 깊은 반성이다. 전쟁은 본래 인류에게 하나의 재난이다. 이러한 생각에 근거하여 기념관의 주제진열의 제목은 바로 '인류의 재앙', 인성이 고려하는 것에 따라서 역점을 두어 보통 사용하는 '죄악의 전쟁' 또는 '일본군의 폭행관'과 같은 이름을 붙이지 않음으로써 천박함을 피했다. 이러한 세세한 부분을 통해서 평화이념의 인식을 확대하고 관람객들이 말한 바와 같이 전시를 통해 우리가 증오해야 할 것은 침략이지 침략을 한 개개 민족이 아님을 명확히 했다. 우리는 응당 전쟁을 증오해야 한다.

역사적 사실을 전파하려는 난징기념관의 오랜 노력은 대중 매체와 잘 어우러져·아주 크게 확대되었으며 날이 갈수록 많은 사람들이 전쟁이 사람들에게 가져다준 불행한 기억을 알게 되었다. 기념관 안의 전시와 몇 년 동안 부단히 진행된 일본, 미국, 덴마크, 이탈리아 등 30여 개 도시 및 베이징, 상하이 우한 등 30여 개 지역의 기획전을 통해 안팎의 관람자가 거의 2,500만 인에 달하고, 그들을 통해 더욱 많은 사람들이 역사를 알게 되었

다. 현재 난징기념관은 역사 사실을 선전하고 평화를 기도하며 역사문화
교류의 중요한 진영이 되고 있다.

3) 활동조직을 통해 평화인식의 체험을 제고

난징기념관은 역사자원을 충분이 이용하고 전시관의 특성을 결합하여
평화를 주제로 하는 각종 활동을 부단히 조직함으로써 참가자들의 평화
인식 체험을 제공하고 있다. 예를 들면 평화연구소의 성립, 평화예술단의
편성, 평화서적의 출판, 평화프로그램의 연출, 평화학교의 명명, 평화 강
좌, 평화법회, 평화콘서트, 평화순시 등 역사를 유대로 하고 평화를 핵심
으로 하는 광범한 활동을 펼치고 있다. 다방면의 참가자, 중학생이나 소학
생뿐 아니라 해외의 벗들이 활동을 통하여 함께 평화로운 생활의 느낌을
공동 체험하며 인류가 전쟁을 원하지 않으며 세계가 평화를 바라고 있다
는 마음을 공동으로 표현하였다.

4) 평화교육을 통해 미래의 평화 역량을 배양하다

머리말에서 서술한바와 마찬가지로, 기념관은 학교교육을 제외한 또 다
른 한 가지 형식의 교육기관으로써 역사교육, 평화교육, 사회교육의 직능
을 감당하고 있다. 난징대학살기념관의 전시는 전쟁을 이름으로 하고 있지
만 실제는 평화의 의의를 가지고 있으며 전시물의 관람을 통해 관람객들은
전쟁을 증오하는 동시에 평화에 대한 이해와 동경의 마음이 더욱 강열해지
고 있다. 이탈리아 저명한 유아교육가 마리아 몬테소리(Maria Montessori)는
교육으로 사회를 개조하고, 이로부터 세계평화를 실현할 것을 주장하였다.
그녀는 평화교육은 증오를 감소하는 가장 좋은 방법이며 평화통일적인 인
류사회를 건설하기 위해여서는 '새로운 사람(新人)'을 배양하는 데 힘을 쏟

아야 한다고 생각하였다. 난징기념관이 바로 이런 평화교육이라는 사회기
능을 맡고 있다. 난징정보공정대학 대기물리학원08급대기물리학과에서
대기환경을 전공하는 한 석사과정 연구생은 "용서는 할 수 있지만 잊을 수
는 없다."라고 하면서, 그 비참한 역사가 우리들한테 가져다준 것은 감개
와 탄식뿐만이 아니라 더욱 많은 것은 미래와 평화에 대한 사고라고 하였
다. 난징서해박건강회복병원의 한 의사는 참관 후 다음과 같이 썼다. "이
번 관람은 나의 마음을 크게 꿰뚫는 듯하였다. 많은 감정은 문자로서 표현
하기 힘들다. 간단하고 이해하기 쉬운 문자로 종합해본다면 가장 큰 소감
은 바로 '나라의 수치를 잊지 말고 평화를 사랑하고 귀하게 여기자.'이다.
많은 관람객들은 문자로 소감을 남기지 않았지만 그들에게도 모두 같은
소감이 하나있었다. 바로 전쟁을 반대하고 평화를 수호하며 역사를 명심
하고 미래로 향하자는 것이다." 수백만의 참관자들이 의문을 갖고 와서 사
고를 갖고 돌아갔다. 그들은 평화를 생각하면서 돌아갔고, 평화에 대한 인
식은 깊어졌으며, 평화의 역량을 배양하였다.

　우리들은 전쟁을 반대해야 한다. 그러기 위해서는 전쟁을 알고 역사를
기억해야 한다. 원한을 마음속에 담아두기 위해서가 아니라 미래로 향하
기 위해서이다. 난징대학살기념관은 전쟁의 기억과 평화의 교육, 평화연
구영역에서 응당 다해야 할 책임을 감당하고 있으며, 이것이 바로 가장 성
공적인 점이 되고 있다.

난징대학살 피해자의 PTSD*

장성(張生)**

전쟁으로 인한 죽음은 매우 가슴 아픈 일이다. 하지만, 전쟁터에서 직접적으로 목숨을 잃은 전사자들에 비해, 전쟁폭력으로 인한 '외상 후 스트레스 장애(PTSD, Post Traumatic Stress Disorder)'로 고통을 받는 이들에 대한 사회의 관심은 크게 부족하다. 수많은 생명이 희생되었지만 아직까지도 전쟁의 상처를 충분히 주목하지 못하고 있는 중국과 같은 나라에서는 특히 그러하다. 난징대학살의 경우, 전문적인 지식이 부족한 기자와 일부 미디어가 많은 희생자를 낸 사건에만 주목하면서, 심리적인 아픔과 같은 '간접적인' 상처는 거의 다루어지지 않았다. 심리적인 문제에 주목은 하지만 '대학살 부정론자'들의 갖가지 주장에 대한 반격에 오랫동안 집중해 온 역사학자들 역시 난징대학살을 주로 학살과 강간으로 단순화하여 기술해 왔다는 면에서 상당한 책임이 있다. 이는 전쟁폭력에 대한 일종의 '제한적기억' 또는 '선택적 기억'이라고 부를 수 있다.

심리학의 정의에 따르면, PTSD는 일반적으로 심각한 위협과 극도의 공포를 느끼면서도 도움을 받지 못하는 폭력 사건을 직접 겪거나 목격하기

---

 * '제7회 역사인식과 동아시아 평화포럼 북경대회'(2008. 11. 6~9)에서 발표한 글.
** 중국, 난징대학 교수.

때문에 생기며, 당사자는 당시의 상황을 머리 속에서 늘 떠올리거나 악몽 속에서 겪으면서 초조감, 불면증, 정서불안, 우울증, 기억상실증 등의 증상을 동반한다. 어른이 된 후 다시 상처를 입게 될 경우 외상 후 스트레스로 인한 장애를 겪기 쉽다.[1] PTSD환자에게 다양한 신체증상이 발생하는 것은 생물학적으로 증명되었다. 연구에 따르면 PTSD환자의 혈청에는 카테콜아민(Catecholamines)과 갑상선자극호르몬(TSH)의 수치가 높고, α2-갑상선수용체의 활성이 커진다. 양전자단층촬영(PET)과 자기공명영상(MRI)에서 공히 PTSD환자 대뇌의 두 주요 구조, 즉 편도체와 해마 구역에 기능적 변형이 확인되는데, 이 두 구역의 기능은 공포 반응과 관련이 있다.

특히 전쟁폭력이 경험자에게 심각한 PTSD의 고통을 남긴다. 9 · 11사건의 예를 보면, 한 달 후 진단 결과 8.5%의 맨해튼 주민이 피해자로 나타났다.[2] 또 다른 조사 결과, 세계무역센터 인근 거주민 가운데 20%가 공포, 초조감, 광장증후군 등의 증상을 나타냈고, 컬럼비아 대학에 따르면 약 40만 명의 뉴욕시민에게 스트레스 장애가 나타났다.[3]

난징대학살은 6주라는 아주 긴 기간 동안 고강도로 진행되었다. 그동안 가해자 일본군과 주민이 직접적으로 접촉하였고 총소리가 끊이지 않았으며, 피해자의 시신이 즐비했다. 의지가 매우 굳건했던 라베 안전지대 리더의 말처럼 "곳곳에 여성의 시신이 보였고, 일부는 음부에 죽창이 꽂혀 있어 구역질이 날 정도였다." 화재가 며칠 동안 계속되었다고 하니, 당시의 공포 분위기가 가히 짐작된다. 다행히 일본군의 총탄을 피한 난징 주민들도 PTSD의 일격을 피할 수는 없었다. "사람들은 스스로를 중병에 걸린 환자라고 생각하고, 공포의 눈빛으로 움직이는 시침을 보면서 너무 느리게 움직인다고 생각했다. 하루가 24시간이 아닌 100시간처럼 느껴졌으며, 그

---

1) Mineka & Zinberg, 1996.

2) Galea & others, 2002.

3) Susser & others, 2002.

누구도 자신이 언제쯤이나 되어야 건강을 회복할 지 알 수 없었다."

그러나 안전지대 담당자 등 당시 역사기록자로서 자격을 갖춘 이들은 안전이나 식량과 같은 가장 긴급한 문제를 해결하는 데 집중하였고, 당시에는 이러한 지식이 아직 부족했기 때문에, 오늘날 우리는 이미 크게 '희석'된 자료 들을 통해서 전모를 파악할 수밖에 없다.

우리는 종종 다음과 같은 질문을 받는다. 그들 피해자들은 왜 재난이 닥쳤을 당시 아무런 행동을 하지 않고 두려움에 떨기만 했는가? 심리학에 의하면, 사람이 PTSD에 빠지게 되면 행동 능력 자체를 상실하게 되는 경우가 많다. 난징 푸커우(浦口) 마을에 살던 황쉐원(黃學文)은 '운이 좋았던' 사람이다. 일본군이 마을에 와서 수십 명을 모아 놓고 그중에서 손에 굳은 살 등 의심스러운 흔적이 있는 사람을 적발했는데, 모두 5명의 남자를 골라냈다. 그중 한 명은 절름발이여서 석방되었다. 황쉐원은 부모와 아내가 일본군의 다리를 붙잡고 살려달라고 빌어서 결국 풀려났다. 나머지 세 명은 외지에서 피난온 사람들로서 사정할 만한 사람이 아무도 없었기 때문에 모두 총살당했다. 그날 오후는 '햇살이 빛나는' 아주 맑은 날이었다. 시골에서 가난하지만 단순한 삶을 영위하던 황쉐원이 어찌 사람을 죽이는 장면을 본 적이 있었겠는가? 그에게 닥친 스트레스 장애는 심지어 심리학자들이 말하는 수준을 훨씬 넘어선 것이었다. "당시 나는 놀라서 눈앞이 캄캄해진 나머지 대낮인데도 한밤중인 것처럼 아무 것도 보이지 않았고," "그저 총소리만 들렸다". 학교를 제대로 다닌 적이 없는 황쉐원은 당연히 PTSD가 무엇인지 몰랐고, 69년이 지난 후 그는 일본군에 대해 그저 "무섭다"는 말만 했다.

연구자들은 일찍이 PTSD의 자극으로 인해 사람들이 명백한 위협 앞에서 반응 능력을 잃는 경우에 대해서 주목해왔다. 그들에 따르면, 제2차 세계대전 당시 공습이 계속되자 영국, 독일, 일본 등에서 사람들은 당황하여 이리저리 뛰어다니기는커녕 오히려 냉정한 태도로 참고 견디는 모습을 보였다.[4] 라베의 집에 피신했던 난징 주민들도 그러했다. "일본군에 의한 고통을 겪은 후 사람들은 공습의 위험에 대해서는 무감각해졌다. 수많은 난민들은 조용히 마당에 주저앉아서 비행기를 쳐다보았고, 어떤 이들은 비행기를 쳐다보지도 않은 채 침착하게 초가집 안에서 일만 했다."

이상과 같은 기록을 언급된 피해자의 교육 수준이 낮다는 사실과 연결하는 이들도 있을 수 있다. 문학 작품 속에서 무지한 중국 빈민들은 종종 무감각한 존재로 묘사되기 때문이다. 하지만 교육 수준이 높고 의지가 강한 이들도 마찬가지로 PTSD로 인한 동요를 겪었다. 조지 피치(George Fitch)는 난징 기독교청년회(YMCA) 간사이자 안전지대 담당자 중의 하나였다. 1938년 봄, 그는 존 마기(John Magee)가 찍은 기록영화를 가지고 미국으로 돌아가 난징대학살을 사람들에게 알리고자 강연할 당시, 설명하기 어려운 기억상실을 겪었다. "강연 도중 내 마음이 텅 비어버렸다. 나는 스스로가 어디 있는지 기억해낼 수가 없었다. 다음에 무엇을 말하려고 했지? 다행히 내가 가져온 영화가 생각났다. 그 영화를 틀면서 대략 말을 이어갔고, 겨우 그럭저럭 마칠 수 있었다. 하지만 마지막 문제가 남아 있었다. 아내가 있는 패서디나의 아파트에 어떻게 돌아가지?' 또 다른 집회에서 강연 중이던 조지 피치에게 똑같은 일이 일어났다. 이번에는 영화도 가지고 오지 않았다. 어찌 할 바를 모르던 그는 "더듬거리면서 강연을 마치고 말았다". X선 검사 결과, 그의 뇌 쪽에는 아무런 문제가 없었다. 그리하여 피치는 "난징에서 매일의 공포스러운 기억이 아마도 나의 이러한 신경성 피로와 어느 정도 관계가 있을 것"이라고 스스로 진단했다. 이는 대체로 PTSD의 초기 보고 사례의 하나일 것이다.

침략자는 여성 신체에 대한 점유를 정복의 상징으로 보는 경향이 있었기 때문에, 여성이 전쟁의 와중에 피해를 입는 경우가 많다. PTSD증상은

---

[4] Mineca & Zinberg, 1996.

이렇게 성폭력을 당한 여성에게 특히 뚜렷하게 나타나므로, 난징대학살의 수많은 사례가 이러한 사실을 설명하는 것도 매우 당연한 일일 것이다. 그러나 나는 여기서 직접적인 성폭력을 당하지 않았지만 늘 눈과 귀로 이러한 폭력을 보고 들은 여성 역시도 PTSD로 괴로워한다는 사실을 지적하고 싶다. 미니 보트린(Minnie Vautrin)이 가장 전형적인 사례다.

1927년 3월 24일, 패잔병, 불량배, 건달 등이 전란을 틈타 난징의 외국인들을 습격했다. 진링(金陵)대학 미국인 총장 윌리엄스(Dr. John Elias Williams) 등이 혼란의 와중에 사망했다. 이 사건은 미니 보트린에게 큰 충격이었다. 일본군이 난징을 공격해 점령한 후의 잔혹한 박해 과정에서 보트린은 늘 이 사건을 떠올렸다. 1927년 3월의 사건이 이미 미니 보트린을 PTSD의 피해자로 만들었다고 할 수 있다. 난징대학살이 일어나자 미니 보트린은 더 심각한 상처를 입었다. 그녀는 일본군의 강간 범죄 현장에서 중국 여성을 여러 차례 구조했으며, 하루 종일 중국 여성이 도움을 요청하는 애원 속에서 살았고, 차마 눈뜨고 보기 어려운 피해자들의 시신을 직접 본 경우도 부지기수였다. 보트린의 노력은 오늘날 우리들의 눈에는 큰 용기와 훌륭한 인도주의 정신이 필요한 영웅적인 행위지만, 스스로는 당시 모든 중국인의 고통을 해결할 수 없었기 때문에 극도의 무력감을 느끼면서 늘 자책했다. 과거와 현재의 외상 후 스트레스가 겹치면서, PTSD증상이 날로 심해졌다.

보트린의 일기는 정신과 의사의 눈에는 아마도 PTSD환자가 스스로 써내려간 병력 일기일 것이다. 간략하게 그 내용을 살펴보면 다음과 같다. 보트린은 "내 기억의 깊숙한 곳에 늘 비참한 장면이 있다. 난민들이 모습이다." 비록 보트린은 들판에 나가 장미를 꺾고 멀리 휴가를 떠나거나 다양한 종교 행사를 벌이면서 우울한 마음을 해소하고자 노력했지만, 강아지가 입에 물고 온 아이의 머리, 곳곳의 시신 썩은 냄새, 중국 여성의 읍소, 외국인들과의 만남 등 모두가 그녀에게는 고통을 떠올리게 하는 일들이었다. 보트린의 일기 속에서 달빛이 점점 일종의 지표가 되었다. 1938년 하반기 이후 휘영청 밝은 달빛이 그녀에게는 늘 슬픔을 불러일으켰다. 영어로 정신병환자를 Lunatic이라고 하는데, 그 어근 Luna는 곧 달을 가리킨다. 옛날 사람들은 정신병이 달 때문에 생긴다고 생각했던 것인데, 보트린의 증상이 공교롭게도 그러했던 것이다. 일기 속에서 피로와 초조감에 관한 내용이 점차 늘었고, 모든 면에서 일본군의 존재가 그녀에게 늘 '혐오감'을 일으켰다. 우울한 마음 때문에 동료와의 다툼까지 늘어났다. 유럽전쟁이 1939년 9월 일어나자, 인간이 겪고 있는 쉼 없는 전쟁의 악몽에 보트린은 마음속으로 피눈물을 흘렸다. 해마다 그 날이 되면, 보트린은 난징대학살 당시의 갖가지 경험들을 떠올리게 되었다. 결국 보트린은 PTSD로 무너지고 말았다. 미국으로 돌아간 그녀는 자살을 선택했다.

자살은 PTSD의 타격에 의한 개인의 극단적인 반응이다. 연구에 따르면, 일반적으로 자살자는 사전에 가족이나 친구들에게 어떤 암시를 주거나 자살에 대해 공개적으로 거론하기도 하며 또는 재산을 다른 사람에게 증여한다. 오랜 세월 비관적이었던 사람이 자살하는 비율은 정상인의 5배다. 자살은 주로 반항이나 보복의 심리에서 출발하는 것이 아니라, 반대로 견디기 어려운 고통을 끝내는 일종의 방식인 경우가 많다.[5]

보트린은 용감한 사람이었다. 그녀는 견디기 어려운 고통과 장기간 맞서 싸웠다. 난징 탕산(湯山) 일대에서 복음을 전하던 선교사 루샤오팅(盧小庭)은 일본군이 도달하기도 전에 비관적이 되었고, 일본군이 난징을 점령하자 "그는 사람들을 열심히 도우면서 자신을 돌보지 않는 훌륭한 정신력을 발휘했지만, PTSD에서 스스로 벗어나지 못하는 모습을 보였다. 그는 미국인 목사 포스터와 마기와의 대화 속에서 죽음으로 사회에 맞서겠다는 생각을 내비쳤다. 포스터 목사는 기독교적인 자세는 살아남는 것이지 죽

---

5) Bostwiek & Pankratz, 2000.

는 것이 아니라고 그를 타일렀다. 그러나 1937년 12월 31일 날이 밝자, 그는 집을 나섰다. 포스터 목자에게 편지 한 장과 시 한 수 그리고 자신의 지갑을 남겼다. 그는 유언장에서 하느님께서 자신의 자살을 죄라고 생각하지는 않을 것이라고 말했다.

이상과 같은 난징대학살 피해자의 사례를 통해, PTSD의 존재와 위험성을 간략하게 살펴보았다. 이는 우리에게 전쟁 피해의 다양한 측면에 관심을 가져야 한다는 사실을 일깨운다.

물론 인간의 위대함 역시 PTSD에서 회복할 수 있다는 힘에 있다. 심리학 연구 결과, 대학살을 겪은 미국 유태인이 대학살을 겪지 않은 같은 연령의 미국 유태인에 비해 정신과 의사를 찾는 일이 더 드물고(18% : 31%), 결혼 생활도 더 안정적이며(83% : 62%), 더욱이 범죄행위를 저지르지 않는다고 한다.[6] 마찬가지로 필자는 필드 조사 결과 일본군의 심각한 학대를 겪은 노인 가운데 현재의 삶에 비교적 만족하면서 자신이 살아남은 것 자체가 '복'이라고 여기는 경우가 많다는 사실을 발견했다.

그러나 전술한 바와 같이, 피해자의 평온한 삶에는 전제 조건이 있다. 그들이 심각한 자극을 더 견딜 수 없으며 견뎌서도 안 된다는 것이다. 실제로 생존자에 대한 조사가 노인들의 쓰라린 기억을 불러일으켜 그들이 이미 치유했던 상처를 들쑤실 수도 있다. 이는 또한 우리가 현재 생존자들에 대한 방문에 매우 신중한 태도를 취하는 이유다. 하지만 불행하게도, 악의적인 방식으로 생존자들의 상처를 들쑤시는 사람이 늘 있기 마련이다. 히가시나카노 슈도(東中野修道)와 마쓰무라 도시오(松村俊夫)가 샤수친(夏淑琴)을 '가짜 증인'이라고 모함한 것이 전형적인 사례다.

의학적 치료의 관점에서 볼 때, PTSD 환자의 경우 일정 수준의 관여가 가능하며, 다음과 같은 방법이 기술적으로 효과적으로 나타났다.

---

[6] Helmreich, 1992.

- **폭로치료**   환자가 고통스러운 기억과 느낌과 마주하도록 도와, 환자의 고통을 완화·해소한다.
- **인지치료**   환자가 자신들을 고통스럽게 만드는 문제의 본질을 찾아내도록 도와, 그 자신감을 회복시키면서 회복을 돕는다.
- **생물반응치료**   센서를 통해 내장기관의 활동 정보를 수집·처리·확대하여 사람들에게 익숙한 시청각 신호로 실시간 전환하여 보여준다. 학습과 훈련을 통해, 일정 범위 내에서 내장기관의 활동의 수의성을 제어하고 정상 범위를 벗어나는 내장기관 활동을 바로잡아 인체 내부 환경의 안정성을 회복하는 방법을 익힌다.
- **약물치료**   다양한 치료 결과, SSRIs와 SNRIs 약물치료가 PTSD에 효과가 있는 것으로 나타났다. 전통적인 항우울제는 전쟁으로 인한 PTSD에 특히 효과적일 수 있다.

　　의학이 발전하면서 난징대학살 생존자와 기타 전쟁 피해자들에 대해 우리 사회가 할 수 있는 일들이 아직 많은 것으로 나타났다. 물론, 의학적 치료는 사후 보완적인 행위에 불과하다. 전쟁을 줄이고 저지하고 나아가 소멸시켜 PTSD의 주요인을 제거하는 것이 우리 인류가 함께 노력해야 할 방향성이다. 이러한 의미에서 국가의 교전권 포기를 국책으로 정한 일본 헌법 제9조는 전후 일본 정치의 진보를 보여주는 지표다. 그 정신을 항구적으로 관철하는가 여부는 일본 정치의 중요한 지표일 뿐 아니라, 시시각각 전쟁을 강권정치의 수단으로 삼는 나라가 본보기로 삼고 성찰해야 할 가치가 있는 것이기도 하다.

【참고문헌】

2006년 6월 26일 추웨이(邱偉), 후링(胡凌), 쑨샹메이(孫香梅)의 황쉐원 인터뷰.

『난징대학살 사료집』 제4책.

『난징대학살 사료집』 제13권.

『난징대학살 사료집』 제14권.

라베(Rabe) 일기, 1937년 12월 28일.

라베(Rabe) 일기, 1938년 2월 3일.

라베(Rabe) 일기, 1938년 2월 6일.

양셴쥐(楊賢菊)·장양(張楊), 「PTSD 및 그 심혈관 반응」, 『심혈관병학 진전』 제23권 제
　　5기, 2002.

찾아보기

저자소개

이신철 성균관대학교 연구교수
서중석 아시아평화와 역사교육연대 상임공동대표 · 성균관대명예교수
아라이 신이치 일본 이바라키대 명예교수
고모리 요이치(小森陽一) 일본 도쿄대학 대학원 교수
부핑 중국사회과학원 근대사연구소장

김한종 한국교원대학교 교수
하야시 히로후미(林博史) 일본 간토가쿠인대학 교수
둥융차이(董永裁) 중국 국무원 발전연구센터 연구원
리쥔링(李俊領) 중국사회과학원 근대사연구소 연구원
쉬신거(許欣舸) 중국사회과학원 근대사연구소 연구원
박삼헌 건국대학교 일어교육과 교수
야마구치 다케시(山口剛史) 일본 류큐대학 교육학부 교수

김민철 경희대 후마니타스칼리지 객원교수
박한용(朴漢龍) 민족문제연구소 연구실장, 강제병합100년공동행동 한국실행위원회
        공동운영위원장
유원난(劉文楠) 중국사회과학원 근대사연구소 연구원
이동기(李東奇) 서울대 통일평화연구원 HK 연구교수
한홍구 한국성공회대학교 교수
나이토 미쓰히로(内藤光博) 센슈대학(專修大學) 법학부 교수
진준봉 침화일군난징대학살위난동포기념관 부관장
장성(張生) 난징대학 교수

아시아평화와역사교육연대

2001년 4월 일본 교과서의 역사왜곡을 바로잡고, 20세기 침략과 저항의 역사에 대한 동아시아 공동의 역사인식을 만들어가기 위해 시민사회단체 · 학계가 모여 '일본교과서바로잡기운동본부'를 결성하였다.

2003년 동아시아의 역사갈등을 해결하기 위해 단체 이름을 아시아평화와역사교육연대로 변경하고, (사)아시아평화와역사연구소를 설립하여 한중일 역사인식과 교과서 문제에 대한 각종 연구사업 및 대중 활동을 진행하고 있다.

○ 아시아평화와역사교육연대의 주요 활동
· 한중일 역사교과서 및 역사교육에 대한 대응 및 캠페인
· 한중일 공동의 역사인식을 위한 '역사인식과 동아시아 평화포럼' 개최
· '한중일청소년역사체험캠프' 등의 청소년교육

○ (사)아시아평화와역사연구소의 주요 활동
· 한중일 공동역사교재 개발
· 한중일 역사인식과 교과서 문제에 대한 연구 및 학술대회
· 교육 및 연구, 대중 활동에 관한 단행본과 각종 보고서 발행

주소 | (110−043) 서울특별시 종로구 통인동 155번지 3층
전화 | 02−720−4637
팩스 | 02−720−4632
홈페이지 | www.ilovehistory.or.kr
후원계좌 | 우리은행 1005−883−302442 아시아평화와역사교육연대